기독교 문화와 상상력

모든 인간은 하나님의 형상을 닮은 존엄한 존재입니다. 전 세계의 모든 사람들은 인종, 민족, 피부색, 문화, 언어에 관계없이 존귀합니다. 예영커뮤니케이션은 이러한 정신에 근거해 모든 인간이 존귀한 삶을 사는 데 필요한 지식과 문화를 예수 그리스도의 사랑으로 보급함으로써 우리가 속한 사회에 기여하고자 합니다.

기독교 문화와 상상력

초판 1쇄 찍은 날 · 2006년 11월 22일 | 초판 1쇄 펴낸 날 · 2006년 11월 25일

엮은곳 · 문화선교연구원 | **펴낸이** · 김승태

편집장 · 김은주 | **편집** · 이덕희, 최선혜, 방현주 | **디자인** · 이훈혜, 이은희, 정혜정 | **제작** · 조석행
영업 · 변미영, 장완철, 김성환 | **물류** · 조용환, 엄인휘 | **드림빌더스** · 고종원

등록번호 · 제2-1349호(1992. 3. 31.) | **펴낸 곳** · 예영커뮤니케이션
주소 · (110-616) 서울 광화문우체국 사서함 1661호 | **홈페이지** www.jeyoung.com
출판사업부 · T. (02)766-8931 F. (02)766-8934 e-mail: jeyoungedit@chol.com
출판유통사업부 · T. (02)766-7912 F. (02)766-8934 e-mail: jeyoung@chol.com

copyright ⓒ 2006, 문화선교연구원

ISBN 89-8350-418-1 (03230)

값 9,000원

- 잘못 만들어진 책은 교환해 드립니다.
- 본 저작물은 저작권법에 의하여 한국 내에서 보호를 받는 저작물이므로 무단 전제와 무단 복제를 금합니다.

기독교 문화와 상상력

문화선교연구원

예영커뮤니케이션

차례

기획의도 : 우리는 왜 지금 상상력을 말하는가?　　　　· 7
　　　성석환 목사 | 문화선교연구원 책임연구원

1장 신학적 상상력과 대중문화의 상상력　　· 15

대중문화의 상상력에 대한 신학적 성찰　　　　　　· 17
　　　- 추태화 교수(안양대 기독교 문화학과)

"대중문화의 상상력에 대한 신학적 성찰"에 관한 논찬　· 50
　　　- 김용규 박사(철학박사)

기독교 문화의 상상력에 대한 비판적 성찰　　　　　· 67
　　　- 신국원 교수(총신대 신학과)

상상력에 대한 기독교적 접근　　　　　　　　　　· 87
"기독교 문화의 상상력에 대한 비판적 성찰"에 대한 논찬
　　　- 송태현 교수(한국외대 외래교수)

복음의 소통과 문화 변혁을 위한 상상력　　　　　　· 97
　　　- 현요한 교수(장신대 조직신학)

2장 기독교 문화와 뉴에이지 문화의 상상력 · 109

뉴에이지 문화의 상상력과 한국교회의 대응 · 111
- 최성수 박사(한남대 기독교 문화원 연구원)

뉴에이지 문화의 상상력과 그 원동력 · 141
"뉴에이지 문화의 상상력과 한국교회의 대응"에 대한 논찬
- 박양식 교수(숭실대 외래교수)

기독교 문화와 뉴에이지 문화의 차별성과 동질성 · 153
- 김성건 교수(서원대 사회학과)

종교사회학과 기독교 문화의 유사성 · 173
"뉴에이지 문화와 현대 미국의 복음주의 개신교 문화"에 대한 논찬
- 최태연 교수(천안대 기독교학과)

포스트모던 시대의 기독교적 상상력
: 뉴에이지 문화에 대한 기독교의 대안 · 184
- 박상진 교수(장신대 기독교학과)

3장 기독교 문화와 창조적 상상력 · 195

종합토론: 한국 기독교 문화의 창조적 상상력을 위한 대안 · 197
- 임성빈 교수(장신대 기독교와 문화)

주 · 205
참고문헌 · 214

기획의도 : 우리는 왜 지금 상상력을 말하는가?

성석환 목사 | 문화선교연구원 책임연구원

지난 2004년 시작된 '기독교 문화 학술 심포지엄'은 빈곤해진 신학적 토론의 장을 복원하고 대중문화 시대에 교회와 신학의 역할을 제안하기 위해 기획되었다. 1회 심포지엄에서는 "기독교 문화, 소통과 변혁을 향하여"라는 주제로 진행되었고, 2회는 "기독교 문화와 상상력: 기독교적 상상력의 경계는 어디인가?"라는 주제로 토론했다. 이 기획도서는 그 결과물로 구성된다. 이 시대의 화두로 "상상력"은 매우 적합한 것으로 최근 여러 장르와 영역에서 학문적 논의와 실천의 대상이 되고 있다.

(대중)문화를 대하는 한국교회의 태도는 매우 다양하게 드러나는데, 90년대 이전 대중문화가 한국 사회에 본격적으로 꽃피기 전에는 오히려 교회의 문화적 친화성이 지금보다 훨씬 더 선명하게 실천되었다. '문학의 밤'과 같은 독특한 형식을 통해 동시대의 문화를 적절히 수용,

해석하는가 하면, 기존 세대들과의 갈등을 문화적 실천행위를 통해 자연스럽게 극복할 수 있었다.

사회의 급격한 민주화 이후, 대중문화는 국민에서 시민으로 그 사회적 지위가 변화된 대중들에게 새로운 삶의 실천으로 다가왔다. 즉 과도하게 공급된 정치적 이슈에 볼모가 되어 자신들의 일상적 욕망을 실천하거나 실현할 수 있는 사회적 공간을 차단당했던 과거에 비해, 민주화라는 상황의 변화는 대중들의 구체적인 자기 삶에 대한 새로운 실현 가능성을 확장시켰다. 상상의 가능성은 기술과 자본력의 동원으로 실현될 수 있었다.

한국교회의 상상력 빈곤과 신학적 반성

과거 경직되었던 사회는 상상력의 유연함을 산업화하면서 더욱 유연하게 발전했지만, 이러한 급격한 변화를 대하는 교회의 태도는 무시 혹은 경계이거나, 동화 혹은 적응이라는 대조적 양상으로 표면화되면서 과거 정치적 사안에 대한 진보, 보수의 대결이 이제 문화 영역에서 동일하게 전개되었다. 하지만 이 긴장이 신학적으로 진지하게 진전되었다면 나름대로 유의미한 것이기도 했겠으나, 안타깝게도 주관과 인상평가에 경도된 논의가 주를 이루었다.

이른바 '뉴에이지 문화비판' 논쟁, 또한 그의 신학적 근거로 제시된 '기독교 세계관' 논쟁, 대중문화의 '음란과 폭력 코드' 논란 등이 한국교회의 문화적 담론을 주도적으로 이끌었다. 이러한 논쟁은 한국교회의 전통적인 보수주의 태도를 강화시키는 작용을 했고, 대중문화의 긍정적 가능성을 적극적으로 수용하여 대응할 수 있는 여지를 차단하는 효과가 있었다. 그 일련의 상황을 한 마디로 "상상력의 결핍"의 결과라 규정해도 무방할 것이다.

한국교회가 발휘해 온 상상력은 내부 구성원들을 동일한 가치와 구조에 헌신하도록 하는 목적에 일차적으로 동원된 고로, '기독교 문화'의 생산물은 기독교 밖의 대중 혹은 대중문화와 더 이상 공명하지 못했다. 교회의 내적 구속력을 강화하려는 목적으로 생산된 결과물들은 대중문화의 결과물들에 비해 종교적 특성을 제외하고는 별다른 상상력을 자극하지 못했던 것이다. 창작의 감수성을 자극하기에는 그 한계선이 여전히 공고했기 때문이다.

리처드 빌라데서는 『신학적 상상력』에서 "상상력, 감정, 상징, 그리고 예술의 영역은 신학이 성찰하고자 하는 기독교 신앙과 전통이 드러나는 장소이다."라고 선언한다. 물론 상징과 예술을 신학의 한 자원으로 사용하려면 복잡하고 깊이 있는 해석학적 노력이 동반되어야 한다. 한국교회가 대중문화에 대해 배타적인 태도를 견지한 것은 바로 새로운 시대의 변화에 대한 신학적 해석능력이 빈곤했기 때문이라고 말할 수 있다.

폴 틸리히의 "종교가 문화의 실체이며, 문화는 종교의 형식이다."라는 말은 종교와 문화를 이분법적으로 인식하려는 태도를 거부하는 신학적 진술이다. 그것은 종교가 '표현' 될 수밖에 없고 그 표현은 반드시 언어의 형태를 띠게 되며 언어는 곧 문화이기 때문이다. 그렇다면 그 종교적 신비를 표현하기 위해서 반드시 상상력이 개입된다는 것은 자명하다. 언어의 상상력, 거룩한 언어와 세속적 언어의 구분 없이 일체가 문화인 것이다.

문화에 대한 신학적 태도가 이렇다면, 문화적 대응에 대한 한국 기독교 신학적 논의는 일차적인 수준에 머물렀다. 차라리 70-80년대 민중 신학과 토착화 신학을 중심으로 일었던 민중문화 논의가 생산적으로 진전되었더라면, 90년대 갑자기 도래한 대중문화 담론에서 내부적 갈등이나 대립에 머물지 않고 주도적으로 우리 사회의 변화를 이끌 수도 있었겠다는 아쉬움도 남는다.

하지만, 상상력 빈곤의 문제는 곧 극복의 대상으로 떠올랐는데, 그것은 자생적인 질문이 아니라 오히려 선교적 위기감에서 강제된 것이었다. 한국교회의 수적 성장이 정체를 겪게 되면서, 더 이상 대중문화의 새로운 변화를 적대시하거나 일방적으로 재단해서는 안 된다는 공감이 확장되었다. 어떻게든 이 변화를 신학적으로 해석하고 대안을 만들어 젊은 세대에게 효과적인 선교적 전략을 고안하지 않으면 교회의 미래가 불투명했기 때문이었다.

앞서 언급했듯이 이 변화를 신학적으로 해석한다는 것은, 곧 신학이 가진 상상의 언어를 복원하고 그 표현을 다양화하여 그 고유한 가능성을 해방시키는 것이다. 이 가능성은 어디서 오는가? 말할 것도 없이 그것은 삼위일체 하나님의 섭리와 경륜으로부터 유래한다. 바르트는 『교회교의학』 '신론'에서 이 점을 분명히 한다. 하나님의 영광은 아름다움으로 드러난다. 그분의 아름다움을 상상할 수 있는 가능성은 그분 자신의 계시로부터 유래한다.

한국교회가 대중문화에 대한 비우호적 태도를 갖게 된 것은, 대중문화 영역에서 이러한 하나님의 자기계시의 가능성을 적극적으로 인식할 준비를 하지 못했음을 의미한다. 우리가 상상력을 하나의 신학적 논의의 주제로 상정하게 된 것은, 대중문화 혹은 문화 전반에 드러난 하나님의 경륜을 신학적으로 해석해 보자는 의도인 것이다. 우리는 어떻게 대중문화의 상상력 속에서 하나님의 음성을 들을 수 있을 것인가?

신학적 상상력의 재구성

최근 우리는 특별히 영화라는 매체를 통해 문화적 상상력의 극치를 맛보고 있다. 『매트릭스』, 『해리포터』, 『반지의 제왕』 시리즈를 통해 소설의 비가시적 상상의 세계를 화면에 옮겨 가시적 상상의 세계로 표현하는 놀라운 첨단 기술의 능력을 경험했다. 그런데 우리는 우리의 관심이 신학적 상상력의 '경계' 라는 다소 비판적 입장에 서 있기에 발생하는 문제에 직면한다. 대중문화의 상상력과 신학적 상상력은 어떻게 비교될 수 있는가?

대중문화의 상상력을 우리는 어떻게 해석해야 하는가? 종종 불온한(?) 방식으로 표현되는 대중문화에 대한 신학적 판단의 명확한 기준은 무엇인가? 이러한 질문에 대해 그 동안 가장 난해한 부분이 바로 '뉴에이지 문화' 에 대한 논란이었다. 일부에서는 뉴에이지 문화의 상상력을 반신앙적인 것으로 규정하여 비난했고, 일부에서는 그러한 입장의 신학적 근거가 빈곤하다고 비판하면서 갈등이 깊어졌다.

최근 뉴에이지 문화도 기본적으로는 영적인 질문을 내포하고 있다는 점에 착안하여, 그 사상이 반영된 문화적 창작물에 대해 긍정적인 평가를 시도하려는 기독교 측 입장도 개진되면서 양측의 전면전 양상은 많이 누그러졌으나, 그 불온한 상상을 그리스도인이 어떻게 해석해야 할지를 놓고는 여전히 한국교회의 합의를 도출하기가 쉽지 않다. 하지만 이 문제를 신학적 논의의 대상으로 올리는 일은 더 이상 늦출 수 없는 과제이다.

그래서 한국교회의 신학적 상상력은 재구성되어야 한다. 개신교는 종교개혁과 더불어 성경에 대한 개인의 개별적인 이해 가능성을 천명했는데, 이는 중세에 차단되었던 개인의 종교적 상상력이 자유를 얻었음을 의미한다. 우리는 그 역사적 계기를 한국교회에서도 다시 고려해야 한다. 한국교회의 신학적 상상력이 재구성되어야 한다는 제안은, 성도 개인의 처한 상황에 따라 성경의 내용을 상상하고 표현하는 방식과 해석이 다를 수 있다는 것을 허용하는 것이다.

그렇다면, 개개인이 놓인 상황이란 구체적으로 무엇인가? 그것은 오늘날 전면적으로 확장되고 있는 일상의 문화적 양상을 빼놓고 말할 수 없다. 즉 정치적 사안이나 경제제일주의 논리에 매몰되었던 개개인의 문화적 일상이 다양해졌기에, 성도 개인의 삶의 양상도 종교적 삶에만 매몰되지 않고 비종교적 일상 문화에 많이 노출된다. 그러므로 성도 개인의 신학적 상상력과 해석 능력이 더욱 절실해진다. 어떻게 그리스도인으로서 살 것인가?

그동안 한국교회의 상상력은 일상의 문화와 동떨어진 채, 교회 안에서만 작동되는 반쪽짜리 상상력이었다면, 문화의 세기가 도래한 이 시대에는 성도 개개인의 일상적 삶을 구체적으로 분별하고 해석하는 매개적 역할을 감당해야 한다. 상상력 자체가 현실과 인간을 매개하는 기본적인 인간 존재의 양식이기 때문이다. 그것이 차단되거나 통제되면 결국 종교는 인간을 비인간화하는 비극이 발생하게 된다.

우리는 어떻게 한국교회의 상상력을 재구성할 것인가? 그것은 대중문화의 상상력을 여과 없이 수용하자는 것도 아니고, 그렇다고 대중의 일상적 문화 생활과 유리된 방식으로 실제성이 결여된 상상의 세계를 강요하자는 것도 아니다. 전자가 아닌 것은, 대중문화의 상상력이 오히려 상상력의 진정성을 차단하거나 약화시키는 역할을 할 수 있기 때문이다. 프랑크푸르트학파와 같은 문화산업 비판론자들의 논의가 이미 그것을 잘 증명하고 있다.

후자가 아닌 것은, '복음과 문화'가 이분법적으로 서로 소외될 수 없으며, 교회의 존재론적 특성이 현실을 초월하면서도 문화적 현실 위에 놓여 있기 때문이다. 말씀으로 세상을 지으신 하나님의 상상력에 기대어, 또한 육신을 입고 오신 그리스도의 다양한 비유를 통한 상상력에 기대어, 또한 믿음은 바라는 것들의 실상이라 설파한 사도들의 가르침에 기대어 우리는 창조세계(문화)의 무한한 가능성을 구체적으로 고백해야 한다.

19세기 부흥사요, 신학자였던 조나단 에드워드도 "상상력은 하나님의 창조사역의 도구로 사용될 뿐만 아니라, 하나님의 아름다움과 지식을 발견하는 통로다. 하나님의 아름다우심은 일차적 미로서 세상의 모든 미의 원천이 되시지만, 인간에게 부여된 상상력은 이차적 미를 통해서 일차적 미의 유비를 발견하도록 한다."고 말함으로써 우리의 논의를 뒷받침해 준다. 한국교회의 상상력을 재구성하는 것은 다시 말해서 하나님을 재발견하는 것이다.

우리는 마지막으로 그 재구성하는 상상력의 한계에 대해 생각해

보아야 한다. 기본적으로 개인의 상상력은 통제될 수 없다. 다만, 개인의 상상력의 자유는 그 사회 혹은 속한 공동체의 윤리적, 도덕적 수준이 반영되어야 한다. 신앙공동체로서의 교회는 성경과 전통을 통해 고유한 상상의 유형을 제공한다. 묵시를 통해서 구약의 공동체가 그러했고, 하나님 나라의 복음과 계시록을 통해 신약의 초대 교회들이 그러했다.

오늘날 한국교회가 성도들에게 제시하는 상상의 세상은 어떠한 것일까? 우리는 이 질문에 답할 수 있어야 하며, 그 세상이 바로 주님이 간절히 소망했던 하나님의 뜻이 이 땅에 이루어지는 세상이었음을 신학적 논의를 통해 밝혀나가야 할 것이다. 그것은 바로 하나님이 세상을 지으신 그 창조적 상상력을 한국교회에 복원하는 것이며, 그 상상력으로 세상을 더욱더 멋지고 살만한 곳으로 변화시켜 나가고자 하는 실천이어야 할 것이다.

이러한 학문적 대화와 토론을 통해 한국교회의 빈곤한 상상력이 풍부해지는 계기가 되기를 바라며, 궁극적으로 온 세상에 사랑의 상상력으로 그리스도의 복음을 전할 수 있기를 소망한다. 상상력의 문제를 미학적 차원보다는 더욱 더 현장과 관련하여 논의되도록 기획한 것은 앞서 언급한 대로 일상의 문화적 삶이라는 차원을 적극적으로 해명하려고 했던 의도였다. 이 논의가 더욱 진전될 수 있도록 한국교회의 후원과 지원을 기대한다.

1장

신학적 상상력과 대중문화의 상상력

대중문화의 상상력에 대한 신학적 성찰
- 4가지 소설을 중심으로

추태화 교수 | 안양대 기독교문화학과

I. 여는 글

현재 우리가 살아가고 있는 시대는 다양한 수식어를 자랑한다. 예를 들면 속도Speed의 시대, 접속Access의 시대, 소비Consum의 시대, 영성Spirituality의 시대, 감각Sensibility, Emotion의 시대, 영상Visual의 시대 등등이 그것이다. 이 용어들은 우리가 몸담고 있는 현대의 외적, 내적 속성을 대변해주는 말로써 모두 포스트모더니즘이라는 용어 아래 집결시킬 수 있겠다. 포스트모더니즘이 추구하는 정신 가운데 개성을 통한 자유, 탈 중심화를 통한 해체와 해방이 그 주요 전략이라는 점을 고려한다면 그 안에 '상상력'이 다시 견인차 역할을 하는 상황을 알게 된다. 이 글의 주제가 되는 상상력은 사실 이 용어들을 차용하여 부각했다고 볼 수 있다.

현대는 그 어느 시대보다 상상력이 광범위하게 활용되는 시대이다. 그것도 통제와 지배 아래 있어 제한받는 상상력보다는 '개인적인, 지극히 개인적인' 상상력이 활동하는 시대이다. 모더니즘 시대를 지배했던 거대 담론들이 과거의 상상력을 지휘했다면 지금은 모든 개체가 제 나름대로 상상력을 표현하는 시대가 되었다. 소위 '성역과 금기'가 해체되어가는 시대에 상상력은 고삐 풀린 짐승처럼 현대인들이 살아가는 가시적인 생존의 광장 뿐만 아니라 비가시적인 내면세계까지 활보하고 있다. 그런 의미에서 현대를 자율적 상상력autonomous imagination의 시대라고 해야 할 것이다.

현재 상상력은 표현의 자유를 법적으로 보장받는 시대에 특권을 누리고 있다. 왜냐하면 역시 법적으로 보장받는 대상이 되었기 때문이다. 또한 자율적 상상력은 인권 보호라는 의미에서 '무제한'에 가까운 보장이 부여되기에 이른다. 그렇기 때문에 질문은 '이처럼 열린 시민사회 시대에 인간은 과연 어디까지 무한한 상상력을 발휘할 수 있는가'이다. 상상력이 문화의 옷을 입고 인간의 자유와 해방, 창조와 오락 등의 다양한 요소와 결합될 때 그 가능성에 한계를 짓는다는 것은 인간을 억압하는 일로 비판을 받을 수 있기 때문에 갈등의 소지가 없다. 따라서 열린사회를 지향하는 포스트모던 시대에 상상력은 완전한 권리를 부여받아야 하는지, 윤리와 도덕적 측면에서 고민할 수 없는지에 대해 토론하지 않을 수 없다. 그렇기에 기독교적 입장에서도 이 문제를 간과할 수 없게 된 것이다.

이 글은 우리 시대에 대두되고 있는 상상력이 어떤 기능과 구조를 가지고 있으며, 대중문화라는 공간에서 어떻게 작용하고 있는지를 있고, 이를 어떻게 수용, 비판할 것인지에 대해 신학적 관점에서 고려하여 살펴보고자 한다. 대중문화의 상상력을 보다 폭넓게 다양하게 토론하기 위하여 다음 4가지 소설을 주요 텍스트로 삼았다: J.R.R.톨킨: 반지의 제왕, C. S.루이스: 나니아 연대기, J. 롤링: 해리 포터 시리즈, D. 브라운: 다빈치 코드.

구성은 다음과 같다. 2장에서는 상상력에 대한 기본 이해를 다각적인 시각에서 접근으로 시도하였고, 3장은 연구 대상이 되는 소설의 텍스트를 스토리와 전체 플롯을 분해하였다. 4장에서는 위에서 살펴본 텍스트들을 해석하는 작업으로 주요 키워드를 적용하여 이해하였고, 5장은 이를 토대로 신학적 관점에서 상상력을 검증하는 작업을 실행하였다.

II. 상상력

1. 상상력의 기능과 역할

인간의 생존에 필수적으로 요구되는 요소가 이성과 감성이라면, 상상력 또한 필수적인 요소이다. 그리하여 이성과 감성이 인간적이라고 지칭될 수 있다면 상상력 또한 인간적이다. 여기서 인간적이라는 것은 어떤 요소가 모든 인간에게 내재되어 있어 인간이라면 누구든지 발휘하는 휴머니즘Humanism의 발로가 된다는 의미이다. 인간의 모든 삶의 활동에서 상상력이 활용되는 것은 의심할 바 없이 인간의 가장 내재적이며, 기본적인 정신 기능mental function이다. 상상력은 인간 정신의 본질적인 요소인 이성, 감성의 인지 작용을 작동시키고perceiving, 두 요소의 상호 작용을 연결하고, 인식 대상을 확장해 나가며, 다른 개체와 연관시켜, 그것을 보다 새롭고 높은 단계로 승화시키는 인간의 정신 작용, 즉 제3의 기관이라 지칭하기도 한다. 상상력은 요약하자면 "사물의 이미지를 형성할 수 있는 능력"을 말하며[1], 이로써 내면 정신의 이미지mental imagery, mental picture를 조성하는 결과를 얻게 된다. 상상력에 관한 고전적 이론가인 코울리지Coleridge는 이를 사물에 대한 연상 작용의 기능으로 설명하며, 칸트는 『순수이성비판』에서 선험적 인식과 판단력을 통합하는 기능으로 받아들이고 있다.[2]

상상력은 삶의 모든 영역에서 자신의 기능을 발휘해 왔다. 집단적 응집성이 강한 과거에는 개인의 상상력이 요구되거나 발현할 수 있는 기회가 적었다. 개인은 집단에 순응하거나 수동적으로 따라가면 되었기 때문이다. 역으로 역사의 전환기에 크게 두드러진 현상은 상상력의 변화이다. 예를 들어 중세 시대를 벗어나는 과정에서 르네상스는 그 역할을 확연히 보여주었는데, 회화나 조각 등 미술 분야에 나타난 상상력은 중세의 것과 구분된다. 또한 이성 주도의 계몽주의에 저항하여 낭만주의가 확산된 시대에 초월적 상상력이 강조된 것도 우연이 아니다.

이런 맥락에서 포스트모던 시대는 그 조건에 있어 크게 다르지 않다. 산업사회에 대한 반작용으로 포문을 연 포스트모더니즘은 문화의 시대를 거론하면서 무엇보다도 자율성과 창조성Creativity을 강조했다. 그런데 이 자율성과 창조성을 발휘하기 위하여 선재(先在)되어야 할 조건이 바로 상상력이라는 것이다. 상상력은 인간에게 주어진 긍정적 가능성으로서 어떤 상황이 주어지기 전에는 가치중립적wertneutral으로 존재한다. 문명의 발전은 인간의 상상력에서 비롯된다고 해도 과언이 아니다. 지금과 같은 디지털 시대에도 역시 상상력은 문화와 사이버 세계의 그 무한한 공간을 채우기 위해 건실한 콘텐츠를 제공해야 한다.

상상력은 종교적 실천의 영역에서도 중요한 역할을 하고 있다. 기독교 사역에서 상상력과 설교를 접맥시킨 W.위어스비는 그의 저서 『상상이 담긴 설교』에 상상력의 중요성을 강조하고 있다.[3] 그는 저서 곳곳에 상상력이 설교자와 회중의 연결고리로서 뗄 수 없는 요소라는 것을 분석적으로 보여준다.

상상력은 인류의 문명을 이끌고 가는 역동적 축의 하나임에 틀림없다. 상상력에 붙은 수식어만 보더라도 확실해진다. 역사적 상상력, 정치적 상상력, 사회학적 상상력, 예술적 상상력, 문학적 상상력, 신화적 상상력, 예언자적 상상력 등이 그것이다. 상상력은 집단 구성원에게 집단 무의식과 같이 영향을 끼칠 수도 있고, 거대 담론의 원형으로 존재할 수도 있고, 역사의 방향에 변화를 주는 역동적 힘이 될 수도 있다.

2. 상상력의 신학

상상력의 신학Theology of Imagination이라는 개념은 아직 정립되어 있지 않으나 상상력에 관한 기독교사를 살펴보면 이 용어가 전체적으로 부정적인 인상을 받았다는 사실을 알게 된다. 특히 기독교에서 지적 요소를 강조하거나 근본주의적 자세를 보이는 시대에 더욱 그렇다. 예를 들면 초기 기독교, 중세 기독교, 경건주의, 청교도, 현대의 근본주의자들 속에 그 현상이 두드러진다. 이 문제는 R.니버의 문화관이 지적하고 있기도 하다. 그는 『그리스도와 문화』에서 "문화에 대립하는 그리스도" Christ against Culture를 논하면서, 그 경향이 역설적이게도 성경 이해에서 기인한다는 것을 확인한다.[4] 또한 터툴리아누스를 인용하면서 그가 예술과 문학을 영적 부패와 우상 예찬에 빠뜨린다고 판단했음을 지적한다.[5] 이러한 사상은 후대에 파스칼이나 실존적 인식으로 신학과 문학을 통합하려한 키에르케고르에 의해서도 나타난다. 그들은 자신들도 문학적인 재능으로 스스로 고백적인 글을 쓰면서 문학적 상상력이 사람의 정신을 미혹에 빠뜨릴 수 있다는 점을 들어 경고한다.

여기서 상상력과 종교성의 관계를 언급하고 넘어가야 할 것 같다. H.틸리히는 종교와 상상의 관계를 예사롭지 않게 여긴다. 그의 압축된 문화관 속에 종교와 상상의 뗄 수 없는 관계가 드러나 있다. "종교는 문화의 실체이며, 문화는 종교의 형식이다."[6] 그에 의하면 기독교의 성례전이야말로 상상력이 기독교계에서 고도로 발전된 형태라고 본다. 즉 성례전은 기호화된 상징으로서 의미를 갖게 된다는 것인데, 이는 성경에 기록된 역사적 사건이 상상력에 의해 신앙인 안에서 내적 체험으로 재생이 가능하기에 성립할 수 있다고 해석한다.[7]

이는 다시 종교적 상상력religious imagination, 영적 상상력spiritual imagination, 성경적 상상력biblical imagination, 신학적 상상력theological imagination 등으로 세분될 수 있겠다.[8] 여기서는 지면 관계로 자세한 논의를 생략하기로 하지만, 이 토론의 키워드인 신학적 상상력은 언급되어야 한다.

신학적 상상력은 성경적 상상력으로부터 도출된다. 하나님의 계시와 신앙의 근본으로서 성경은 무엇보다도 신앙인들의 내면에 육화 Incarnation되므로 그 영향을 끼친다. 수천 년 전에 구전되고 기록된 성경이 어떻게 현대의 크리스천들에게 이해될 수 있는가. 성령과 영적인 조건 외에도 그것이 '지금 여기에' 사실로서 받아들여지려면 상상이라는 과정을 통해 재구성되어야 한다. 한 예를 들면 이렇다. 성경에서 말씀하시는 하나님은 우리가 볼 수 없는 분이시다. 그럼에도 불구하고 하나님에 관한 속성을 설명하는데 빛, 어둠, 산, 목자 등의 용어를 활용한다.[9] 이는 문법적으로 맞지 않는다. 그러나 비유적으로 가능하며, 신학의 범주 안에서 허용된다.[10]

가치중립적이라 평가한 상상력의 현실을 다음 단계로 이해하기 위해서 죄의 영향을 생각해야 한다. 죄는 인간에게 하나님으로부터 멀어지는 분리의 결과를 가져옴과 동시에 인간의 이성, 감성, 오성, 상상력의 왜곡을 가져왔다. 죄로 인해 타락한 인간은 전적 부패의 결과 상상력에도 왜곡현상을 갖게 되었다. 원죄의 영향권 아래 있는 인간은 타락한 상상력을 갖게 된다.[11] 인간은 상상력 자체와 그 능력을 소유하게 되었으나 그 지향하는 방향이 항상 올바른 것은 아니다. 타락한 인간이 세례를 통하여 구원을 받게 되는 것처럼 상상력도 세례를 거쳐 구원의 상태에 이르러야 할 것이다.[12]

대중문화에서 문제가 되는 상상력은 죄로 인해 타락한 부분을 전제로 하지 않기 때문에 발생하는 결과이다. 변혁은 그런 의미에서 죄로부터 돌이키는 과정에서 내적 변화, 즉 상상력에까지 복음의 능력이 미쳐야 한다는 것이다. 영성에서 말하는 전인적 영성Spirituality in Wholeness 은 (현실에서 온전히) 거룩할 수는 없지만 거룩한 것을 지향하는 상상력을 최대한 도울 수 있다고 본다. 여기에 문화변혁성으로 인하여 상상력의 변화를 꾀할 수 있게 된다. 상상력의 신학을 문화와 연관 짓는다면 문화 속의 상상력이 어떤 방향으로 확산되고 있느냐 하는 문제는 문화 안에 내재하는 은혜와 죄의 농도가 얼마나 포함되어 있느냐와 관계가 깊다 하겠다.

3. 대중문화 속의 상상력

문학적 상상력은 인간에게 있어서 어떤 상상력보다 본래적이다. 본래적이란 의미는 상상력이 여러 분야와 방향으로 파생되기 전의 상상력 그 자체를 말한다. 사물의 연관관계를 따라 이미지와 세계를 확장해 나가는 상상력은 수사학과 깊은 관계가 있다. 수사학의 주요 분야는 직유, 은유, 상징, 비유, 알레고리, 패러디, 유머, 중의 등이 있는데 상상력은 바로 사물을 바라보는 시각과, 거기에 존재하는 대상관계에서 연관되어지는 상관성correspondence으로 확장된다. 문학적 상상력은 어떤 내용의 이야기를 어떻게 풀어 가느냐 하는 점과 씨름한다.

그리하여 대중문화의 많은 영역은 사실 문학적 상상력이 생산하고 있다고 해도 과언이 아니다.[13] 문학적 상상력이 비록 창조적이며 중립적인 상상력이라 하더라도 현대에 와서 그 상상력이 왜곡되어가는 경향은 부인할 수 없다.

인간의 본래적 상상력이 왜곡되어 가는 외적 이유로서는 첫 번째 상업화Commercialism를 손꼽아야 할 것이다. 현재 문화의 블랙홀이라 할 수 있는 산업, 상업 자본은 보이지 않는 거대한 손으로 사회를 지배하고 있다. 그들의 주요 목적은 감정과 무의식, 의지를 움직이므로 소비의 시장으로 사람들을 끌어 모으는데 있다. 이때 요구되는 것이 소비자의 동의과정이다. 이 경우 상상력이 소비자들을 설득하는 매개체 역할을 하게 되므로 본래적 이미지보다는 과장되거나 조작된 상태로 포장된다.

두 번째는 이기주의Egoism이다. 위의 경우 상상력은 목적과 수단의 갈등선 상에 있다. 상상력은 이때 자신의 위상에 맞게 변용되기 보다는 목적에 맞게 변형되는 것이 보통이다. 여기에서 상상력은 타자에 대한 책임감을 포기하게 된다. 상상력이 대상에게 전해질 때 어떤 결과를 가져오는가에 대해서는 묻지 않는다. 오직 이익에 맞게 변형될 뿐이다.

세 번째 문제점은 계몽적 이성이 끝내 '이성의 도구화'를 불러온 것처럼 상상력도 결국 도구화라는 비극을 맞기에 이른 것이다. 상상력은 원래의 뜻인 창조성에 맞게 전개되어야 하는데 수단으로 전락하는 도구적 노예 상태에 떨어지게 된 것이다. 이성의 도구화가 인간의 도구화를 불러왔듯, 상상력의 도구화 역시 같은 비극을 불러오게 되었다.

네 번째 이유로는 감정을 통한 상상력의 착취를 들 수 있겠다. 위에서 언급한 소비사회의 병폐는 급기야 인간을 소비하게 되고, 인간의 내적 구성 요소인 정신, 그리고 놀이까지 소비하기에 이르렀다. 인간의 사유, 놀이, 웃음, 울음 등 인간의 내적 가치가 상품화 되고 상상력은 자신의 가치를 상실한 채 착취당하고 있는 상황이다. 인간은 자신의 가장 본능적인 감정인 웃음과 울음조차 대중매체가 포장한 상상력을 통해 울고 웃는 오락의 상품화라는 기현상을 불러왔다.

따라서 상상력은 통전즉 관계imagination in wholeness에서 이해되어야 한다. 현재와 같이 단편적 기능이나 도구화로 왜곡현상이 깊어진다면 문제가 커질 것은 뻔하다. 자율적인 상상력, 개인적인 상상력이 윤리, 도덕적인 가치관과 만나야 하는가 하는 문제는 토의를 넘어선 것이다. 이는 사이버 세계와 비교해 보면 자명해진다.[14] 사이버 세계가 더 이상 윤리의 치외법권 지역이 될 수 없듯, 상상력도 개인적 영역을 넘어선 공적 차원의 책임을 피해갈 수 없는 것이다.

II. 문학적 상상력의 구조와 현상

1. 판타지와 대중문학

21세기에 들어와 유행하는 듯해 보이는 판타지 문학Phantasy Literature은 사실 오랜 역사적 기원을 갖고 있다. 가깝게는 일차 세계대전을 전후하여 발흥한 표현주의Expressionism에서 그 흔적을 볼 수 있으며, 조금 멀게는 19세기 초반 낭만주의 운동에서 그 모습을 발견할 수 있다.

그렇다면 포스트모던 시대에 판타지 문학이 다시 유행하게 된 이유는 어디에 있는가? 두 가지 측면에서 살펴 볼 수 있겠다. 하나는 현대인의 내면 심리의 변화이며, 다른 하나는 문학사적으로 장르의 변화를 들 수 있다.

판타지 문학이 인기를 끌게 된 첫 번째 이유로는 과거 문명에 대한 현대인들의 저항감이다. 현대인들은 더 이상 이성과 합리주의가 주도하는 세계를 허용하려 하지 않는다. 그들은 소외감을 느끼거나, 권태로운 나머지 탈출을 시도한다. 이른바 자유로부터의 도피Escape from freedom이다.[15] 이때 도피의 한 매개체로 등장한 것이 판타지다. 판타지는 현대인들에게 이중적으로 활용된다. 한편에서는 창조의 조력자요, 다른 한편에서는 도피의 협력자이다.

판타지가 유행하게 된 또 하나의 이유는 문학적으로 그동안 유행한 사실주의Realism 문학의 한계 때문이다. 사실주의가 오랜 세월동안 충직히 그 역할을 다해 왔음에도 불구하고 독자들의 반응은 결국 새로운 표현기법을 요구, 신비적이며 초월적인 세계를 갈구했던 것이다. 이로서 판타지는 대중문학에 주요한 표현매체가 된 것이다. 다음으로 논의의 주제가 되는 판타지 문학의 실례를 살펴보고자 한다.

2. 톨킨: 반지의 제왕

《반지의 제왕》은 J. R. R.톨킨이 1937년에 집필을 시작하여 1949에 완성한 영국 판타지 문학을 대표하는 작품으로, 나중에 미국에서 큰 호평을 받아 세계적 명성을 얻게 된 환상문학이다. 그 기본 줄거리는 다음과 같다.[16]

"호빗 빌보가 발견한 반지(『호빗』에 나오는 이야기) 가 제2시대 에레기온에서 만들어진 힘의 반지들을 지배하는 절대반지라는 것을 마법사 간달프가 알면서 시작된다. 삼촌 빌보로부터 절대반지를 물려받은 프로도는 안락한 샤이어를 뒤로 하고 동료들과 함께 도망한다. 그러자 악의 영역 모르도르에서 사우론이 보낸 흑기사들이 그의 뒤를 좇는다. 프로도 일행은 순찰자 아라고른의 도움으로 안전한 리븐델에 도착하는데 성공한다. 리븐델은 가운데 땅에 남은 몇 안 되는 요정 왕국 중 하나이다. 그곳에서 리븐델의 엘론드가 회의를 연다. 회의 결과 반지는 파괴되어야 하고 프로도가 반지 운반자가 되어야 한다는 결정이 내려진다. 그 절박한 여정을 떠나는 프로도를 돕기 위해 반지원정대가 선발된다. 간달프를 지도자로 해서 네 명의 호빗 프로도·샘·메리·피핀과 두 명의 인간 아라고른과 보로미르, 그리고 요정 레골라스와 난쟁이 김리가 그들이다. 절대반지는 그것이 만들어진 모르도르의 불의 산, 운명의 산에서만 파괴될 수 있다.

원정대는 눈 속에서 안개산맥을 넘으려다 사정이 여의치 않자 간달프의 인도를 받아 한때 난쟁이들의 일터였던 모리아의 지하 광산으로 들어간다. 그곳에는 지하 세계의 정령, 무시무시한 발로 그가 창조의 새벽 때부터 살고 있다. 간달프가 자신을 희생해 목숨 바쳐 그 악령과 싸운 덕분에 다른 사람들은 무사히 빠져 나가게 된다. 그리고 이제 원정대를 이끌게 된 아라고른이 고대 서쪽 나라 왕들의 은밀한 상속자인 사실이 밝혀진다. 그들은 요정들의 땅인 로리엔을 지나 거대한 안두인 강으로 내려간다. 한편 한때는 호빗이었고 오래전에 빌보가 마주쳤던 골룸이 잃어버린 반지를 찾기 위해 그들을 뒤쫓는다.

보로미르는 절대반지를 이용해 적들과 싸우고자 완력으로 그것을 빼앗으려 한다. 그때 한 무리의 오르크들이 공격해 오고 보로미르는 프로도의 친구들인 호빗 메리와 피핀을 지키려다 죽임을 당한다. 프로도와 그의 충성스러운 동행 샘은 이제 나머지 원정대와 헤어져 자신들의 목적지인 모르도르를 향해 동쪽으로 떠난다. 나머지 원정 대원들은 메리와 피핀을 사로잡은 오르크들의 자취를 따라 서쪽으로 간다.

이제 이야기는 프로도와 샘의 행보와 나머지 원정 대원들의 행보를 나란히 따라간다. 아라고른, 요정 레골라스, 그리고 난쟁이 김리는 오르크들에게 잡혀 간 메리와 피핀의 흔적을 따라 팡고른 숲으로 들어간다. 두 호빗은 오르크들에게서 벗어난 후 그곳에 숨어 있다. 팡고른 숲에서 호빗들은 삼림의 수호자 나무수염을 만난다. 그는 나무종족 엔트족이다. 엔트족들은 간달프와 같은 마법사인 배신자 사루만의 요새 아이센가드를 공격해 점령한다. 그곳에서 호빗들은 나머지 원정 대원들 및 죽음에서 살아 돌아온 간달프와 재회한다.

로한의 연로한 왕 세오덴의 군대와 협력한 원정 대원들은 이제 사우론 군대의 위협을 받고 있는 고대 도시 미나스 티리스로 향한다. 그리고 아라고른, 레골라스, 김리는 사자의 길을 통과해 무서운 맹세에 매인, 오래전에 죽은 용사들의 영혼을 소집한다. 아라고른 일행은 적들을 공격하기 위해 이들을 이끌고 남쪽으로 향한다.

한편 프로도와 샘은, 배신을 꾀하나 한 가닥 잃어버린 본성 때문에 그러지 못하고 있는 골룸의 안내를 받아 천천히 모르도르를 향해 나아간다. 모르도르로 가는 주요 입구로 지나갈 수 없게 되자 프로도는 비밀 통로로 안내하겠다는 골룸의 제안을 받아들인다. 그곳에서 골룸은 그들을 거대한 거미 쉴로브의 굴로 밀어 넣는다. 수많은 위험(프로도는 거의 죽을 뻔 하기도 한다)끝에 두 호빗은 운명의 산을 향한 가망 없는 길을 간다. 마지막 순간에 프로도는 절대반지를 운명의 산의 틈으로 던져 넣지 못한다. 그러자 호시탐탐 기회를 노리던 골룸이 프로도의 반지 낀

손가락을 깨물어 떼어 낸다. 그러나 골룸은 반지와 함께 떨어져 죽고, 원정은 끝이 난다. 모르도르는 붕괴되고 사우론의 악령이 사라져 갈 때, 프로도와 샘은 독수리들에 의해 구출되고 친구들과 재회하여 그곳에서 영웅으로 환영을 받는다."

3. C. S.루이스: 사자와 마녀와 옷장

    루이스는 예수 그리스도에게로 회심한 후 "기독교 작가"로 소명을 확인하였다. 그의 글쓰기는 기독교 신앙을 변증하는 일에 거의 바쳐졌다. 이때부터 그가 집필하기 시작한 많은 작품들은 그것이 소설이든, 동화이든, 또는 수필이든 상당 부분 기독교적 이미지를 그리고 있다. 루이스가 아동문학가로 명성을 얻은 『나니아 연대기』는 모두 7권으로 된 판타지 문학이다.[17] 『사자와 마녀와 옷장』은 나니아의 첫 번째 작품으로 그 줄거리는 다음과 같다.

    이차 세계대전이 벌어지던 때에 전쟁의 폭격을 피해 피터, 수잔, 에드먼드, 루시 네 아이가 디고리 교수 집으로 피난가게 된다. 스토리는 그들이 피난해 있는 동안에 체험한 일로 구성되어진다. 아이들은 호기심으로 집안을 탐험하기 시작하였다. 술래잡기를 하던 아이들, 그러다 루시가 옷장 안에 숨게 되는데 신기하게도 거기서 어디론지 새로운 세계로 나가는 길을 발견하게 된다. 옷장 뒤로 나뭇가지가 만져지고 그것을 따라가니 분명 집 밖은 여름이었는데 옷장 뒤에는 겨울이었다. 나니아에 들어온 것이다.

    루시는 여기서 툼누스 씨를 만난다. 툼누스는 원래 루시를 납치하려 하였으나 갑자기 그는 자신의 잘못을 뉘우치고 루시를 돌려보낸다. 또한 툼누스는 루시에게 나니아에 대해 설명해주고 하얀 마녀가 마법을 걸어 나니아를 크리스마스 없는 겨울로 만들었다고 이야기 해준다. 루시는 집에 돌아와 이 일을 말하지만 아무도 믿어주지 않는다. 그 후 루시는 다시 옷장 안으로 들어가고 에드먼드는 루시의 뒤를 따라 들어갔다가 하얀 마녀를 만난다. 하얀 마녀는 에드먼드에게 터키 젤리를 주며 그의 형제들을 데리고 자신에게로 오라고 유혹한다.

에드먼드는 자신의 형제들에게 자신이 나니아에 왔었던 것을 숨기고, 후에 형제들은 매크리디 부인을 피해 옷장에 숨었다가 모두 나니아에 들어오게 된다. 그들은 툼누스 씨가 잡힌 사실을 알게 되고 비버 부부를 만나 아슬란에 대하여 이야기를 듣는다. 이때 에드먼드는 마녀에게 자신의 형제들이 왔다는 것을 알리려 도망을 치고 형제들은 마녀를 피해 아슬란이 오는 돌 탁자 언덕으로 피한다. 에드먼드는 마녀에게 가서 사실을 알리고 왕자가 되려 하나 오히려 마녀의 포로가 되고 마녀와 함께 형제를 뒤쫓게 되었다. 그러나 이미 마법이 풀리며 봄이 오고 있었고 마녀는 분개한다. 또한 오지 않던 산타클로스가 와서 아이들에게 무기와 보물을 선물한다.

한편 돌 탁자 언덕에서 아슬란을 만난 형제들은 아슬란의 위엄에 떤다. 그리고 형제들은 아슬란에게 에드먼드를 구해달라고 부탁한다. 그들은 곧 마녀와 첫 번째 전투를 벌인다. 여기서 마녀는 패배하게 되고 아슬란과 마녀는 단둘이 이야기를 나눈다. 그리고 아슬란은 아무도 모르게 마녀에게 가서 마녀의 손에 죽는 대신 에드먼드를 구한다. 하지만 아슬란은 다시 살아나고 마녀는 영원히 추방된다. 그리고 네 명의 아이들은 나니아의 왕과 여왕이 되어 나니아를 다스리게 되고 세월이 흘러 그들은 흰 사슴을 사냥하러 갔다가 다시 옷장 밖으로 돌아온다. 그러나 시간은 전혀 흐르지 않았고 그들은 다시 원래대로 돌아오게 된다.

4. 조안 롤링: 해리 포터와 마법사의 돌

작가 롤링이 풍부한 상상력을 타고 났지만 그에게 무엇보다도 행운이었던 것은 일찍이 톨킨과 같은 영국 환상 문학의 대가들을 접하여 영향을 받았다는 점이다. 해리포터 시리즈는 영국 환상 문학의 토대 위에서 탄생되었다고 해도 과언이 아니다. 톨킨 없는 롤링은 상상할 수 없다고 해도 옳다. 해리포터 시리즈 제 1권 『해리 포터와 마법사의 돌』은 이러한 스토리로 진행된다.

해리 포터가 부모를 잃고 자신을 천대하는 친척집에 맡겨지면서부터 이야기는 시작된다. 작고 마른 체구에 갸름한 얼굴을 하고 흐트러진 까만 머리와 초록빛 눈을 가진 해리 포터. 이마에 번개모양의 가느다란 흉터가 있는 그는 늘 헐렁한 헌옷에 스카치테이프로 붙인 안경을 끼고 다닌다. 해리는 한 살 때, 자신의 부모를 살해한 볼드모트를 물리친 위대한 영웅이지만, 안전을 위해 머글인 페투니아 이모와 버논 이모부 가족에게로 보내진다. 그리고 그는 자신이 마법사라는 사실도 모른 채 온갖 멸시와 학대와 모욕을 당하며 계단 밑 벽장에서 불우한 삶을 살아간다.

그러나 열한 번째 생일날 해리는 이 모든 사실을 알게 되고 호그와

트라는 영국 최고의 마법학교에 입학하게 된다. 호그와트 마법 학교에서 해리는 마법의 약 제조법, 약초학, 변신술, 어둠의 마법을 막는 반어법, 요술지팡이 사용법, 마법의 역사들을 배운다. 또 빗자루를 타고 공중을 날아다니며 경기하는 스릴 만점의 퀴디치 게임에서 스타가 되며, 용의 부화를 도와주고, 머리가 셋 달린 개, 유니콘, 켄타우루스, 히포그리프(말 몸에 독수리 머리와 날개를 가진 괴물) 등 신비한 동물들과 마주치며 모험을 즐긴다. 그러던 어느 날 해리는 머리 셋 달린 개가 지키고 있는 마법학교 지하실에 마법 세계를 지켜주는 '마법사의 돌'이 비밀리에 보관되어 있다는 것과 그것을 호시탐탐 노리고 있는 자가 부모를 죽인 볼드모트라는 사실을 알게 된다. 해리는 마법과 친구들의 도움으로 볼드모트의 힘으로부터 학교와 마법사 세계를 구하며 그 세계에서 영웅이 된다.

5. 댄 브라운: 다빈치 코드

『다빈치 코드』는 위의 세 작품과 비교할 때 장르가 구별된다. 세 작품이 순수한 판타지 문학이라고 한다면, 다빈치 코드는 팩션Faction이라는 장르에 넣어야 할 것이다. 팩션은 팩트Fact와 픽션Fiction의 합성에서 생긴 새로운 소설 장르로 현재 독서계에서 크게 인기를 모으고 있다.

다빈치 코드는 사실과 허구가 어우러진 작품인데, 어디까지가 사실이고 어디까지가 소설적 상상력인지 그 경계가 모호하다. 더구나 사실이 허구 속에서 허구로 인지되고, 허구가 사실 안에서 사실로 탈바꿈

하면서 종교적 진실이 왜곡되고, 허구로 발생한 호기심들이 실증적인 근거가 준비된 타당한 질문인 것 같은 혼란을 야기한다. 특히 기독교적 소재를 다루고 있기에 기독교 진실에 대한 왜곡 내지는 해체를 의도하는 작품에 속한다 하겠다. 그 스토리와 플롯은 다음과 같다.

소설 공간은 파리 루브르 박물관에서 시작한다. 박물관장 소니에르가 죽음을 당하는 사건이 발생한다. 그는 기독교 2000년 사를 뒤엎을 만한 엄청난 '비밀'을 알고 있다는 사람들 중 하나였다. 그는 고행을 강조하는 가톨릭 기관 오푸스데이 소속 사일래스의 총에 맞아 죽어가면서 생애 마지막 15분에 온 몸으로 '비밀'을 남긴다. 이 단서를 파헤쳐가는 주인공들은 종교화와 종교 의식의 기호에 관한 전문가 랭던과 소니에르 관장의 손녀딸이자 미모의 암호 해독가 소피이다.

랭던은 소니에르를 죽인 용의자로 지목되어 소피와 함께 도망치는 긴장감 속에서 비밀스런 기호와 상징들을 조금씩 밝혀내게 된다. 한편 바티칸으로부터 버림받자 '비밀'을 찾아내어 돈과 권력을 회복하려는 오푸스데이의 수장 아빙가로사와 그의 수하 사일래스, 이 둘을 이용하여 '비밀'을 찾아 세상에 알리려고 도청으로 오랜 기간 동안 성배를 찾기 위해 준비해 온 재력가 티빙이라는 인물, 이들과 함께 현장감을 더해주는 중앙 사법 경찰국 파슈 반장의 사이의 쫓고 쫓기는 이야기가 사건을 이어간다.

시간이 더해가면서 다빈치의 그림뿐 아니라 많은 예술작품에서 발견되는 비밀스런 기호학과 상징들의 의미가 밝혀지면서 가톨릭 교회가 오랫동안 동안 숨겨 온 것들이 조심스레 모습을 드러낸다.

소니에르 관장이 온몸과 혈서를 통해 남긴 단서는 다빈치『비트루

비우스의 인체 비례』이었다. 두 주인공은 소니에르 관장이 남긴 단서를 관찰하며 아나그램이라는 기호학과 상징을 통해 그 비밀을 풀이해 나가다 소니에르 관장이 다빈치라는 인물과 그의 작품 〈모나리자〉를 지목하고 있음을 깨닫게 된다. 랭던과 소피는 결국 다빈치의 작품 뒤에 숨겨둔 열쇠를 통해 '비밀'을 담고 있는 상자를 찾게 된다.

또한 소니에르 관장의 단서와 '비밀'이 담겨 있는 상자의 모습을 통해 '비밀'은 성배로 관심이 모아지게 되고, 이 성배는 신성한 여성을 나타낸다는 것을 알게 된다.

저자는 다빈치의 작품 〈최후의 만찬〉에 숨겨진 '코드'를 통해 성배를 나타내는 신성한 여성이 바로 예수와 결혼한 마리아 막달레나라는 것에 초점을 맞춘다. 이뿐 아니라 랭던과 티빙의 입을 통해 초기 기독교가 주장하고 있는 몇 가지 사실들에 제동을 건다. 그 주장들은, "예수의 신성은 교회의 기능과 유지에 필수적인 것이기 때문에 니케아 공의회를 통해 '투표'된 사실이라는 것."과 이로 인해 "페미니스트였던 예수라면 결코 원하지 않았을 여자의 지위가 급격히 떨어진 것." "예수와 마리아 막달레나는 결혼하여 아이를 낳았고, 그리스도의 혈통이 아직도 프랑스 어느 지역에 조용히 자라고 있다는 것이다."

저자는 이 주장을 이야기 속 논쟁의 한복판으로 끌어 들여 자신만의 논지를 스릴러 형식으로 소설화 한다. 마리아 막달레나의 삶의 진실을 전하는 문서와 그녀의 시신을 담은 무덤, 성배를 숨긴 장소, 또 그리스도의 혈통이 아직도 시온 수도회의 보호 아래 조용히 자라고 있다는 '비밀'을 찾아내어 밝히려는 사람들의 숨가쁜 숨바꼭질이 계속된다.

결국 랭던은 일촉즉발의 위기 같은 상자 안의 '비밀'을 해독하고,

소피가 그리스도와 마리아의 직계 가족이라는 '사실'을 알게 되지만, 변한 것은 없다. 성배를 찾는 원정은 도처에 있는 숨겨진 상징 속에서 발견되는 신성한 여성 곧 마리아 막달레나의 뼈 앞에 무릎을 꿇기 위한 원정이고, 추방당한 자의 발아래에서 기도를 올리기 위한 여행인 것이라는 것을 깨닫는다. 아이러니하게도 소설이 밝혀낸 '비밀'을 여전히 유지하고 지켜낼 것을 종용히 권면하고 있다는 점이다.

IV. 문학적 상상력의 해석학적 배경

1. 작가론적 접근

위의 작품을 관통하는 상상력이 어떠한 배경으로 등장했는지 알아보기 위해서 작가의 전기적 측면을 살펴보는 것이 도움이 되겠다.

반지의 제왕의 작가 톨킨은 신앙적으로 가톨릭 교회에 속해있었다. 그가 교리적인 부분을 작품에 직접적으로 표현하거나 내세우지는 않았지만 기독교적 이미지를 작품 속에 형상화하려 한 흔적은 간과할 수 없다.

루이스의 경우는 톨킨보다 더 적극적이다. 그는 현대의 기독교 변증가라는 별명을 얻을 정도로 변증적인 작품을 직접적으로 저술하였고, 작품 속에 교리적 이미지를 구체화 하려 하였다. 이는 그가 회심을 체험하여 복음의 편에 선 1931년경부터 눈에 띄게 실천한 내용이다.

롤링은 전기적으로 보면 불운한 생을 경험해야 했다. 불문학을 전공하여 원치 않는 직장생활에 적응하지 못하였고, 어학 강사로 포르투갈에 체류하는 동안 그곳에서 결혼하였으나 파경에 이르게 된다. 결국 이혼을 감행하고 아이를 데리고 영국에 와 사회복지 재단의 도움을 얻지 않으면 안 될 궁핍한 생활을 하게 되었다. 그의 상상력은 그런 어려운 생활 가운데 생계를 위하여, 상황을 극복하기 위하여 역전의 열정으로 더 힘을 얻었다고 본다.

브라운은 과학과 종교의 상충되는 분위기 속에서 성장하였다고 한다. 그는 앰허스트 대학과 필립 익스터 아카데미에서 공부하였으며, 전업 작가로 나서기 전에는 영어교사로 재직하였다. 브라운은 성장기에 체득하게 된 과학과 종교의 갈등을 소설화하여『천사와 악마』를 스릴러로 만들었는데, 이때 이미 다빈치 코드에서 발휘된 그의 특유한 소설적 영감Inspiration의 흔적이 발견된다.

브라운은 블리스와 결혼하여 종종 탐사여행을 다녔는데 여행에서 얻은 다양한 지식과 체험은 소설에 반영되기도 하였다. 예를 들면 파리 루브르 박물관 여행에서 얻은 체험은 곧 다빈치 코드에 활용되었다.[18]

작가의 전기적 요소에서 보이는 바와 같이 톨킨과 루이스의 경우, 어릴 적부터 기독교적 영향을 깊게 받은 사실이 드러난다. 톨킨은 가톨릭 가정에서 루이스는 북아일랜드의 성공회적 가정에서 성장하였고, 그들은 세상을 떠날 때까지 자신들의 신앙을 저버리지 않았다. 특히 루이스는 9살 때 어머니를 여의면서 신앙적 방황을 시작하다가 30세경에 극적인 회심을 경험하게 되었는데, 이 변화는 루이스의 기독교적 정신세계를 오히려 더 강화하였다.

더구나 루이스와 톨킨의 만남과 지속적인 우정은 루이스의 회심에 큰 영향을 미친 것으로 밝혀졌다.[19] 그들은 옥스퍼드 근교에 자리 잡은 카페 "The Eagle and Child"에서 잉클링즈Inkling란 이름의 모임을 수십 년 동안 지속하면서 자신들의 문학과 창작에 관한 다양한 토론 및 품평회를 하였다. 톨킨은 자신의 반지의 제왕을 루이스의 격려가 아니면 완성할 수 없었다고 고백하고 있으며, 루이스 역시 톨킨의 조언이 그의 기독교 저술에 크게 영향을 미쳤다고 고백한다.

2. 작품론적 접근

2.1 소재의 독특성

『반지의 제왕』은 해박한 신화적 지식과 고대 언어에 대한 전문지식이 융합되어 탄생한 작품이다. 톨킨은 또 다른 영역에서 인간의 삶에 대한 의미를 신화적으로 진단하게 해석하려한다. 그 공간은 인간이 창조한 제2의 영역, 이른바 "가운데 땅"The Middle-Land이다. 여기에서 벌어지는 선한 부류와 악한 자들의 전투, 선과 악의 피할 수 없는 숙명의 전쟁이 펼쳐진다. 소설의 프로타고니스트Protagonist격인 선한 부류에는 호빗족 프로도·샘·메리·피핀, 두 명의 인간 아라고른과 보로미르, 요정 레골라스와 난쟁이 김리, 마법사 간달프 등이 등장하며, 그 반대편, 즉 안타고니스트Antagonist격인 악한 자들은 악의 지배자 사우론, 그의 하수인 사루만, 지하세계의 좀비 오르크족 및 그들과 연합한 종족들이 등장한다. 여기에 호빗족 이었다가 탐욕 때문에 원래의 모습을 상실한 골룸이 등장하여 인과응보에 대한 교훈을 암시한다.

작가 톨킨은 그가 연구한 고대, 중세 언어학적 지식을 활용하여 요정 언어인 엘프어를 개발하여 신비감을 더한다. 반지의 제왕이 전(前) 그리스도 시대의 신화적 분위기를 풍기는 것은 언어에서 오는 이유때문이기도 하다. 또한 그는 가운데 땅을 위시한 소설의 무대를 광대한 대륙에 실증에 가까운 지도를 가미함으로서 판타지의 생명력을 더했다고 하는 평가를 얻었다.

『나니아 연대기』도 반지의 제왕과 같은 신화적 요소를 품고 있다. 인물들은 반지의 제왕처럼 두 부류로 나뉜다. 나니아에 우연히 가게 된 네 명의 소년, 소녀, 그들의 친구로 등장하는 나니아의 동물들, 구원자로 나타나는 사자 아슬란Aslan이 프로타고니스트라면, 나니아에서 크리스마스를 없애고 영원히 추운 계절로 만들려는 하얀 마녀 제이디스, 그의 몇몇 하수인들이 안타고니스트로 등장한다. 하얀 마녀가 눈세계를 동원해 나니아를 얼어붙게 하여 지배하려 하지만 아슬란이 등장하여 대결을 벌이므로 마녀의 마법으로부터 나니아를 구원한다.

여기서도 역시 선과 악의 대결이 주요 플롯으로 등장하며, 등장인물들의 이분적 구도, 선의 최후 승리 등이 스토리의 주요 골격을 이룬다.

『해리 포터와 마법사의 돌』은 공간적인 면에서 위의 두 작품처럼 광범위하지 않다. 반지의 제왕과 나니아 연대기가 대륙적인 광활함을 소유하고 있다면 해리포터는 도시, 전원에서 벌어지는 마술의 세계가 대부분이며 상대적으로 제한되어 있다.

여기에 비해 『다빈치 코드』는 국제적이다. 세계의 여러 도시를 오가는 스릴러 구성상 많은 도시들이 등장하지만 이 도시들의 극적 역할은 미약하다. 여기서 드러나는 소재는 다양하게 구성되어 있다. 성경적 사건으로서 예수, 마리아 등, 교회적 사건으로서 니케아 종교회의, 오푸스데이, 성기사단 등, 예술적으로 레오나르도 다빈치, 프리메이슨, 기호학 등, 신비적으로는 성배, 신비주의, 영지주의, 주술성 등이다.

2.2 주제의 원형성

『반지의 제왕』은 그 중심 플롯으로 그리스 신화에 나타나는 영웅들의 전쟁 모티브, 성장을 위한 모험과 여행의 모티브, 선과 악의 결투 등과 같은 전형적인 원형Archetype을 재현하고 있다. 절대반지는 권력을 향한 인간의 절대욕망을 상징하며, 악의가 없는 선한 종족 호빗이 그 반지를 파괴하는 임무를 띠고 가운데 땅을 지나는 과정에 함께 하는 동지들의 대모험 담이 전체적인 구도를 그리고 있다. 선과 악의 갈등과 투쟁, 모험, 영웅, 마법 등이 인간 심리의 무의식과 신화적 상상력을 보여준다.

『나니아 연대기』에서는 보이는 원형적 흔적은 계절로부터 시작한다. 눈으로 얼어붙은 겨울은 인간이 생존하기에 어려운 비정상적인 상황, 성경적으로 표현한다면 죄의 상황을 말해준다. 거기에 아슬란이 나타나 마법을 풀어줄 때 눈이 녹고, 만물이 소생하는 봄을 맞는 것은 생명체가 다시 생존할 수 있는 생명의 요건이, 죄악의 억압이 풀리고 구원을 맞이하는 원형적 이미지가 들어있다.

『해리포터와 마법사의 돌』은 위의 작품들과 비교할 때 원형적 모습은 그리 뚜렷하게 보이지 않는다. 다만 해리 포터와 그 친구들이 갖고 있는 순수성은 '청소년이 상징하는 원형'을 보이고 있다 하겠다. 마법은 인간의 무의식적 표상으로서 정신분석학적으로 관찰할 때 무의식적 의지의 표상으로 볼 수 있다고 여긴다.

3. 독자수용론적 접근

『반지의 제왕』과 『나니아 연대기』는 영국과 미국에서 유명세를 얻어 나중에 전 세계적으로 읽힌 작품이다. 당시 나니아 연대기는 포스트모더니즘의 뉴에이지 요소가 스며 있지 않은가 의심 받기는 했지만 치명적인 비판에 굴복되지는 않았다. 루이스의 신앙을 작품으로 만난 독자라면 나니아 연대기 뿐 아니라 다른 공상과학 소설에서도 보이는 신비적 표현들이 뉴에이지의 결과라고 보기 어렵다는 판단을 내리게 된다. 루이스는 그런 면에서 전적으로 기독교적 작가인 것이다.

『해리 포터와 마법사의 돌』은 일반 독자들로부터 환호를 받은 작품인 반면에 기독교계에서 적지 않은 비평을 불러일으켰다. 예를 들면 위의 두 작품에서도 마법Magic이 등장하지만 간달프는 해리 포터가 다니는 마법학교에서처럼 그렇게 많은, 휘황찬란한 마법을 사용하지 않는다. 오히려 마법사 간달프가 한 번도 제대로 마법을 사용하지 않았다고 지적받을 정도이다. 그런데 해리 포터는 마법의 천국이다. 이 마법이 어린 학생들 간에 유행처럼 받아들여지거나 오용되어 교계가 심각한 우려를 표명한 바 있다.[20]

『다빈치 코드』는 스릴러로서, 기호학적 해석을 가미한 긴박감 있는 플롯으로 일반 독자들의 호기심을 불러일으켰지만, 노골적인 반기독교적 성향으로 인해 많은 비평전문가들을 집필로 불어 들였다. 그리고 어느 작품보다 많은 비평서를 생산하게 했다.[21]

V. 신학의 한계 안에서의 문학적 상상력[22]

1. 반지의 제왕: 선악의 투쟁

톨킨의 반지의 제왕은 전(前) 기독교적 신화의 세계를 배경으로 하고 있지만 그 안에 성경적 원형Biblical Archetype을 내포하고 있다. 이교도 역사를 그린 듯하지만 결코 이교도라는 범주에서만 이해할 수 없는 면이 있다. 톨킨이 의도한 것은 누구든지 공감할 수 있는 소재를 통해 기독교적 이미지를 그리려는 것이었다. 그것은 "신화와 사실의 결혼"이었다.[23]

성경에서 도출된 구원 드라마의 플롯은 하나님의 창조, 그 안의 인간 창조, 선한 의지, 사탄의 유혹, 죄와의 결탁, 타락, 악의 유혹, 하나님의 구원 의지, 구원자 예수 그리스도, 하나님 나라, 그의 백성, 마지막 전쟁, 악의 멸망, 하나님 나라의 궁극적 도래가 그것이다.

반지의 제왕은 성경적 원형에서 출발한 몇 가지 유비적인 구도를 공유한다. 위 장에서 일부 언급한 것처럼 그것은 성경적 원형을 알레고리화 한 흔적으로 발견하게 한다.

선과 악의 대결, 절대반지를 통한 악령의 지배권, 선한 사람들의 절대반지에 대한 유혹과 흔들리는 의지, 절대반지로 인해 타락한 골룸의 상징성, 간달프를 중심으로 한 선한 사람들의 연합, 선과 악의 지지자들이 벌이는 마지막 대전투, 왕의 귀환(메시야 재림)과 궁극적 승리 등등.

여기에 종말론적 분위기를 가미함으로서 반지의 제왕은 신학의 문학화Literarisierung der Theologie하고, 신학을 소설적 상상력으로 재구성 Rekonstruktion der Theologie durch literarische Imagination하였다고 본다. 이 소설은 구원 드라마를 알레고리적Allegorisierung des Heilsdramas으로 표현한 작품이라 할 수 있다.[24]

2. 나니아 연대기: 숨겨진 구원론

나니아 연대기 중에서 『사자와 마녀와 옷장』은 반지의 제왕과 같이 신학의 일부분을 소설적 알레고리로 변용시킨 흔적을 발견할 수 이다. 루이스는 그것을 결코 알레고리가 아니라고 주장한다.[25] 작품을 수사학적 기법으로 재구성한 것이 아니라, '만약 그런 상황이었다면……'이라는 가정으로 상상해 보았다고 한다. 그렇다면 왜 구원자를 사자로 표현했을까. 그 이유는 동물을 주인공으로 등장시킨 판타지 작품에서 구원자는 역시 동물과 같은 이미지를 하고 있어야 한다는 것이며, 구원자는 동물의 왕으로서 사자가 적격이었다는 점이다.

마녀, 크리스마스가 없는 나라, 눈 덮인 나니아 등은 죄와 사탄의 권세 아래 있는 모습을 그리고, 마녀와 아슬란의 마지막 전투는 역시 종말론적 상황을 극화하고 있다.

전투 과정에서 아슬란이 아무런 항전 없이 마녀에게 잡혀가고 돌 탁자에 눕혀 죽임을 당한다. 그러나 그는 다시 살아나 나니아의 얼어붙은 대지가 녹게 하고, 봄이 왔다고 기뻐하도록 하는 것은 구원자 예수 그리스도의 십자가 죽음과 죄악의 권세를 멸하고 부활하신 능력을 이미지화 하고 있다.

이 작품 역시 신학의 문학화를 통해 문학을 통한 신학의 변증, 판타지를 통한 복음의 선포를 감당하려고 한다. 이는 F.쉐퍼가 주장한 문화변증론Cultural Apologetics에 속하는 훌륭한 방법이기도 하다.[26] 루이스는 이렇게 쓰고 있다. "기독교 신자가 된 이후로 나는 믿지 않는 이웃을 위해 할 수 있는 가장 훌륭한 일이 모든 시대의 신자들이 공통적으로 믿어온 신앙을 설명하고 옹호하는 것뿐이라고 생각했다."[27]

3. 해리 포터: 오락화된 마술

현대인들은 일과 휴식 사이를 오가는 반복적 삶을 살아간다. 일상생활은 그래서 권태롭기도 하고, 평범성을 넘어서는 오락이 필요하기도 하다. 해리 포터의 환상, 마법, 변신, 그를 통한 새로운 세계와 체험 등은 모험 충동을 만족시켜 주기도 하고 반복되는 일상을 견디게 할 수도 있다. 그것이 대리만족이나 배설Catharsis로 이해되어도 관계는 없다. 뭔가 심심한 시간을 이겨냈다는 자기도취가 더 중요하다. 해리 포터의 플롯은 그 극적 구성에서 앞의 두 작품에 비하여 설득력이 약하다. 사건 전개의 인과관계가 다른 판타지 작품에 비해 작위적으로 흘러가는 느낌이 든다. 다른 작품들이 성인에게도 설득력 있어 보인다면 해리 포터의 전개는 아동을 위한 구성 같아 보인다. 해리 포터의 상상력은 반복되는 일상생활 속에 단순화 되어가는 사람들에게 파격적 마법으로 흥미를 부여하는 오락물 그 이상을 넘어서지 못한다.

4. 다빈치 코드: 팩션의 옷을 입은 안티기독교

다빈치 코드는 소설의 극적 설정부터 비기독교적이다. 그래서 여러 비평 자들이 이 작품에 대한 변증적 저술을 쓰도록 하였다. 억측 내지 망상에 가까운 설정은 다음과 같다.[28] 첫 번째, 예수가 막달라 마리아와 결혼하여 그 후손이 프랑스 어딘가에 살고 있다는 설정. 두 번째, 예수가 막달라 마리아를 종교적 후계자로 지명했는데, 남자들로 구성된 제자들이 여성을 몰아내고 남성 중심의 교회를 세워갔다는 설정. 세 번째, 가톨릭 단체인 "오푸스데이"가 예수의 후손을 제거하기 위해 혈안이 되어 추적했다는 설정. 네 번째, 성배 숭배의 비밀은 여성의 자궁, 즉 마리아를 의미한다는 설정, 다섯 번째, 레오나르도 다빈치의 그림 "최후 만찬"에 마리아가 그려져 있다는 설정, 여섯 번째, 신약성경은 제자들이 꾸며낸 허구적 이야기라는 설정 등이다. 작가 브라운은 이러한 악의적 허구에다가 페미니즘, 신비주의, 영지주의, 기호학, 프리메이슨 협회 등 문화적 흥미를 가미했고, 이를 다시 스릴러라는 급박한 진행 형식에 담아 많은 호사가들을 이끌어 내었다. 소설이 역사적인 사실을 다루고 있다고 하여 그것이 역사적 진실과 반드시 상통해야 하는가 하는 질문은 문학에서는 열려있다. 브라운은 바로 이 문학의 허구적 공간을 이용한 것이다. 그러기에 독자들은 내적으로 잘 짜인 하나의 허구를 통해 역사적 진실을 이해하는 오류를 범하게 되는 것이다.

5. 신학과 미학 사이에 선 상상력

죄로 인해 타락한 세계를 바라보는 신학적 입장이 특별계시와 일반계시, 특별은총과 일반은총으로 나뉘게 되듯 상상력에 있어서도 유사한 관점이 적용되어야 한다. 왜냐하면 상상력을 진단할 때 신학적 입장만 가지고는 총체적인 대답을 할 수 없기 때문이다. 어떤 이미지를 품고 있는 상상력 그 자체와 상상력을 표출하는 과정, 그리고 그 결과는 각각 예민하게 다른 차이점을 갖고 있기 때문이다. 신학적 아름다움과 심미적 아름다움 사이에 본래 구분이 있었던 것은 아니다.[29] 그러나 죄와 이기주의의 개입으로 신학과 미학Aestetics 사이에 대립이항이 존재하게 되었고, 그 결과 신학적 선과 미학적 아름다움은 마치 배치되는 현상으로 관찰되었다. 현대 문화에서 활약하고 있는 상상력에 관한 테제를 생각해 본다.

1) 신학적으로 '선한' 것(옳은 것)이라고 모두 미학적으로 선한 것(아름다운 것)은 아니다.[30]
2) 신학적으로 '악한' 것(기독교적으로 수용할 수 없는 것)이라도 미학적으로 선하게 수용될 수도 있다.[31]
3) 신학적으로 선한 것이 미학적으로도 선하면 최선의 전형을 보여준다.[32]
4) 신학적으로도 악하고 미학적으로도 악하다면 그 작품은 존재의 가치가 크게 훼손된다.[33]

이를 다시 도식으로 분석한다면 아래와 같겠다.

신학적 판단 (선)
미학적 판단 (선)
신학적 판단 (악)
미학적 판단 (악)

VI. 맺는 글

상상력은 인간이 소유한 본래적 가능성으로서 그를 통하여 인간은 창조성을 발휘하게 된다.

또한 문화의 시대에 없어서는 안 될 중요한 요소이기도 하다.

거대 담론이 사회적으로 용인되던 시대에는 상상력에도 제한과 검열이 가능했다면, 포스트모던 시대에는 타인이 자유로운 상상력을 지배할 수 없다. 여기에서 윤리적 한계에 부딪친다. 모든 상상력이 가능하고 유익한 것인가. 아니면 개인의 내적 영역에 속하는 상상력을 무슨 근거로 어떻게 통제할 수 있는가.

여기에 성경이 이해의 관점을 제공한다. "모든 것이 내게 가하나 다 유익한 것이 아니오"(고전 6:12). 이 성구를 상상력에 적용하면 이러한 명제가 성립하게 된다. '모든 상상력이 내게 가하나 다 유익한 것이 아니오.' 상상력, 그것이 개인의 내면에서 존재하는 양식은 불가침이다. 그러나 그것이 공공의 장(場)으로 표출될 때는 윤리적 한계 안에 존재하지 않을 수 없다. 왜냐하면 어떤 생각도 현실에서는 윤리를 배제할 수 없기 때문이다. 문화를 생산하는 창조적 상상력의 영역에서도 예외는 있을 수 없다. 윤리와 도덕이라는 검증을 거치지 않고 완전한 자유를 보장받을 수 있는 상상력은 존재할 수 없다.

신학적으로 상상력을 검증한다는 것은 종교적 권위를 가진 자들의 일방적 압력 행사가 아니다. 그것은 보다 본질적인 실존의 검증과정이다. 더구나 상상력을 검증하게 되는 또 다른 이유는 다음 성구에서 찾아진다. "입에서 나오는 것들은 마음에서 나오나니 이것이야말로 사람을 더럽게 하느니라"(마 15:18).[34] 인간의 죄성으로 인하여 상상력이 언제나 왜곡될 가능성을 안고 있기 때문이다.[35]

죄로 인해 왜곡된 상상력은 다음과 같은 역기능적 활동을 하게 된다고 성경은 지적한다.

> 그 중에 이 세상 신the god of this age이 믿지 아니하는 자들의 마음을 혼미케 하여 그리스도의 영광의 복음의 광채를 비취지 못하게 함이니(고후 4:4).

이 성구에 비추어 볼 때 현대 사회에 활동하는 타락한 상상력은 분명히 현대인들의 마음을 혼란하게 하고, 나아가 하나님의 영광을 가리게 된다는 것이다.

결국 문화를 변혁하려는 자들은 육에 속한 상상력이 확산되도록 좌시할 수 없게 된다. 더욱 두려운 것은 그 결과 하나님의 유기(遺棄)라는 심판이 따르기 때문이다.

저희가 마음에 하나님 두기를 싫어하매 하나님께서 저희를 그 상실한 마음대로 내어 버려두사 합당치 못한 일을 하게 하셨으니(롬 1: 28).

대중문화를 형성하는 다양한 상상력은 그 자체로 인정받을 수 없다. 문학에서도 윤리, 도덕적 검증을 거쳐야 한다고 말한 T. S. 엘리엇의 주장과 같이, 상상력에서도 역시 사려 깊은 검증을 통해 '선한 상상력'이 활동하도록 해야 한다.

상상력에 대한 기독교적 존재 가능성

"대중문화의 상상력에 대한 신학적 성찰"에 대한 논찬

김용규 박사 | 철학박사

1.

발제자의 「대중문화의 상상력에 대한 신학적 성찰」은 우선 상상력, 즉 상상력의 기능과 역할, 그리고 상상력이 신학과 대중문화 속에서 어떻게 작용하고 있는지를 인용하면서 시작하고 있다. 내용을 간단히 요약하면 다음과 같다.

상상력이란 인간의 기본적인 정신기능으로서 '사물의 이미지를 형성할 수 있는 능력'이다. 그것은 이성과 감성의 인지작용을 작동시키고, 이 두 가지 요소의 상호작용을 연결하여 인식대상을 점차 확장해 나가면서 또 다른 개체와도 연관시켜 보다 새롭고 높은 단계로 승화시키는 기능을 가지고 있다. 당연히 그 역할의 비중이 크기 때문에 고금을 막론하고 삶의 모든 영역에서 그 기능을 발휘해 왔다. 상상력은 어는 한 집단구성원에게 집단무의식과 같은 영향을 줄 수도 있고, 거대 담론의 원형으로 존재할 수도 있고, 역사의 흐름에 변화를 주는 역동적 힘이 될 수도 있다.

그런데 - 발제자가 '여는 글'에서 주장했듯이 - 현대는 그 어느 시대보다도 상상력이 광범위하게, 그리고 자율적으로 활용되는 시대다. 더욱이 법적 보장까지 받는 등 '무제한에 가까운 특권을 누리고 있는데. 이 부분에서 발제자의 도덕적, 종교적 갈등과 고민 그리고 성찰이 시작했다.

우선 신학적 상상력(발제자는 '상상력의 신학'이라는 용어도 사용하고 있다.)에 대해 고찰하자면, R. 니부어가 주장했듯이 테르툴리아누스로부터 키에르케고르까지 기독교에서는 상상력에 대한 부정적 견해가 주를 따르고 있다. 특히 기독교에서 지적 요소가 강조되거나 근본주의적 자세를 견지할 때 더욱 심화됐다. 그러나 신학적 상상력이란 성경적 상상력의 산물이며, 더욱이 성경은 성령과 영적인 조건 외에도 그것이 '지금 여기에' 사실로 받아들여지려면 상상이라는 과정을 통해 재구성되어야 한다. 그런데 죄인으로서의 인간은 타락한 상상력을 갖고 있기 때문에 "상상력도 세례를 거쳐 구원의 상태에 이르러야 할 것이다."

대중문화의 상상력이 문제가 되는 것은 내적으로는 죄에 의해 타락한 상상력 때문이고, 외적으로는 상업화, 이기주의, 도구화, 착취 등에 의해 왜곡된 상상력 때문이다. 따라서 상상력에도 내적 치유를 위해 복음의 능력이 미쳐야 하며, 외적 치유를 위해 도덕적, 법적 통제가 요구된다.

발제자가 언급한 I. '여는 글' 과 II. '상상력'을 대강 이처럼 정리한다면, 큰 틀에서 동의할 수 있다. 하지만 아쉬운 점이 있다. 상상력에 대한 상세한 역사적 고찰은 차치한다 하더라도, 그에 대한 히브리적 이해와 그리스적 이해의 근본적 차이점은 - 개념적 차원에서라도 - 밝히는 것이 좋지 않을까? 왜냐하면 그것이 상상력에 대한 신학적(또는 기독교적) 이해의 바탕이 되기 때문이다. 그 다음으로 - 간략하게나마 - 상상력에 대한 현대 신학자들의 이해를 비판적으로 소개했어야 순서상 맞을 것이다. 상상력에 대한 최소한의 신학적(또는 기독교적) 이해가 있은 다음에야 발제 문이 다루려는 대중문화의 상상력에 대한 '신학적 성찰'이 가능하지 않을까? 아마도 지면관계상 생략되었으리라. 하지만 여전히 아쉽다. 그래서 사족(蛇足)을 붙이고자 한다. 본문(論贊)의 성격상 개요만 간단히 소개한다.

a. 상상력에 대한 히브리적 이해와 그리스적 이해

고대 히브리인들은 상상력을 창조력과 같은 것으로 보았다. 히브리어에서 'yetser'와 'yetsirah'는 같은 어근을 갖고 있다.[36] 창조란 본래 하나님의 사역이기에 이런 의미에서 히브리인들은 상상력을 두렵고도 놀라운 능력으로 여겼다. 그래서 인간에게 비록 '깨끗지 못함'이 있을지라도 하나님께서 인간을 천사보다 더 낮게 보시는 것은 인간에게는 상상력이 있고, 천사에게는 그러한 능력이 없기 때문이라고 생각했다 한다.

그런데 그들은 인간이 가진 상상력에 대해서 '선한 상상력yetser hatov'과 '악한 상상력yetser hara' 두 가지로 분류했다. 인간의 육체적 속성인 욕망에서 나온 '악한 상상력'은 언제나 '죄'와 연관되어 있다.

반면에 하나님의 속성인 선함에서 나온 '선한 상상력'은 항상 '의'와 연관되어 있다.[37] 한 마디로, 히브리인들에게 있어 상상력이란 것은 놀라운 능력임에는 틀림없지만 그 자체로 선하거나 악한 것이 아니고 어떻게 사용하느냐에 따라 선할 수도 있고 악할 수도 있는 창조력이었던 것이다.[38]

이에 반해, 고대 그리스 철학자들은 상상력에 대해 많든 적든 부정적 견해를 갖고 있었다. 그 대표적인 철학자로 플라톤이을 들 수 있다. 플라톤은 그의 저서 『국가』에서 전개한 소위 "선분(線分)의 비유"를 통해 지식에 관한 총체적인 모델을 4단계로 구분하여 설명하고 있다.[39] 그런데 그는 여기에서 상상력을 가장 낮은 단계의 인식능력으로, 그것의 대상인 이미지를 가장 낮은 단계의 현실로, 그리고 여기에서 얻어진 지식인 예술을 가장 낮은 단계의 진리로 규정했다.[40]

플라톤에 비해 현실세계에 보다 비중을 두는 아리스토텔레스는 상상력에 대해서도 상대적으로 긍정적인 입장을 보였다. 그는 3권으로 된 심리학 저서인 『영혼론』에서 모든 사유작용에는 상상력의 활용이 포함된다고 했다. 즉 상상력을 감각적인 지각과 이성적인 지성 사이에서 서로를 중재하는 능력으로 볼 것이다. 때문에 이성은 상상력의 도움이 없이는 감각적 세계와 접촉할 수 없는 것으로 인식하고 있다.[41] 하지만 스승의 그림자에서 완전히 벗어날 수 없었던 아리스토텔레스는 상상력을 여전히 실재에 대한 모사능력에 불과한 것으로 생각했고, 때문에 그것은 이성에 지배를 받아야 한다는 입장을 견지하고 있다.

상상력에 대해 이러한 공통된 주장과 그 안에 나타난 미묘한 대립현상은 서양 사상에 전통이 되어, 중세에는 아우구스티누스Augustinus와 아퀴나스T. Aquinas, 프란시스코 수도회와 도미니크 수도회의 대립 가운데 나타났고,[42] 근대에와서는 대륙의 합리론과 영국 경험론의 대립 양상을 띠었다.[43] 이러한 대립과 갈등을 해소하여 상상력의 기능과 역할을 정당하게 자리매김하게 되는 시기는 칸트I. Kant에 와서야 가능했다.[44]

b. 상상력에 대한 현대 신학적 이해[45]

역사적으로 보면, 상상력에 대한 신학적 입장은 대체로 부정적이었다. 이는 초기 기독교가 교리dogma를 확정하는 과정에서 신플라톤주의를 통해 받아들인 플라톤 철학의 영향이 컸기 때문이다.[46] 그리고 그것이 하나의 전통으로 기독교사상 안에 여전히 남아있기 때문에 이성이 주도하는 철학, 신학, 교리가 있는 곳에서 상상력과 이미지는 언제나 의심스러운 존재였다.

오늘날에도 말씀과 교리를 중요시하는 정통신학Orthodox Theology[47]이나 신전통주의 신학Neo-Orthodox Theology에서는 "순종의 귀를 중요시여기는 반면에, 보는 눈은 경멸하는 관계로" 또는 "말씀과 선포를 중요하게 여기지만, 언어가 어떻게 작용하는가에 대해서는 중요하게 여기지 않는 결과"로 이어져 여전히 이미지들과 상상력을 여전히 경시한다.[48]

발제문 가운데 R. 니부어의 『그리스도와 문화』를 언급하면서 테르툴리아누스로부터 키에르케고르까지 기독교에서는 상상력에 대한 부정적 견해가 주도적이었고 특히 기독교에서 지적 요소가 강조되거나 근본주의적 자세를 취할 때 그랬다 라고 있는데 ,말이 의미하는 바가 이

것이다.

그럼에도 불구하고 현대신학의 주된 경향은 '유비적 상상력' analogical imagination을 '많든 적든' 허용하는 '해석학적 입장'을 취한다. 이는 진리의 발견을 성서 텍스트 자체의 단순한 해독에 의해서가 아니라 '텍스트'와 '현재 상황'과의 유비적 관계를 고려한 실존론적 해석[49] 내지 상상력이 보이지 않는 의도intention를 재창조recreate하여 '사태 그 자체' Sachen selbst 즉 현상을 드러나 보이게 한다는 현상학적 해석[50]에 의해서 가능하다고 보는 입장이다. 이러한 입장의 바탕에는 성서 텍스트가 비유와 상징으로 구성된 이야기이기 때문에 이에 대한 이해에는 상상력에 의한 해석이 필히 요구된다는 주장이 암암리에 깔려있다.[51] 그 결과 오늘날 트레이시D. Tracy, 린드벡G. Lindbeck, 카우프만G. Kaufman, 맥휘그S. McFague 같은 신학자들은 상상력에 대한 매우 - 관점에 따라서는 '지나칠 정도로' - 긍정적 견해를 표명하고 있다. 예컨대 트레이시나 카우프만은 신학 자체를 인간 상상력의 구성적 작업 또는 상상력이 발현된 결과의 표현으로 보고 있다.[52]

이러한 현대 신학의 해석학적 경향은 문학 텍스트와 성서 텍스트를 구분하지 않음으로써[53] 상상력에 대한 그리스적 이해가 주도적이던 기독교 신학에 상상력에 대한 히브리적 이해를 살려냈다. 이성에 의한 철학적, 교리적, 논리적 이론만이 진리로 나아가는 대로(大路)가 아니고 상상력에 의한 이미지, 신화, 상징, 꿈 등도 진리를 밝히는 수단으로 보기 시작한 것이다. 이것은 신학이 상상력을 긍정적으로 보기 시작했다는 것을 의미하며, 성경이 가진 '이야기(談話)의 힘'을 회복하려는 시도로도 평가된다.[54]

소위 '담화신학' Narrative Theology이라고 불리는 일련의 연구들에서는 기독교공동체의 근저를 이루는 이야기들과 그 영향력에 주목하고 있다. 이들의 관점에서 이야기는 추상적 개념들과 그것의 구조적 연결인 이론보다 더 앞 선 것이기에, 기독교인들의 삶의 이야기인 담화는 교리적인 신학보다 우선한다.[5] 이야기는 상상력에 의해 추상적인 것과 구체적인 것을 묶어주어 인간의 의식과 세계를 연결하고, 직접적으로 소통될 수 없는 진리를 전달하는 간접적인 의사소통 방법이며, 현재와 과거, 미래를 연결시켜주는 가교로서 새로운 통찰력에 도달하게 하는 도구이다. 따라서 교육적으로 뿐만 아니라 정서적 치료를 위해서도 매우 중요한 역할을 하고 있다는 의미인 것이다.[6]

「대중문화의 상상력에 대한 신학적 성찰」에 이러한 고찰이 '최소한이라도' 언급되어야 하는 이유는 무엇보다 발제자가 대중문화의 상상력을 신학적으로 고찰하기 위해 최근 우리사회에 회자되는 4편의 문학작품들을 들었기 예를 때문이기도 하다.

2.

발제자는 Ⅲ. '문학적 상상력의 구조와 현상'에서 J. R. R.『톨킨의 반지의 제왕』, C. S. 루이스의『사자와 마녀와 옷장』, J. 롤링의『해리 포터와 마법사의 돌』, 그리고 D. 브라운의『다빈치 코드』등의 스토리를 요약했다. 이어진 Ⅳ. '문학적 상상력의 해석학적 배경'에서는 작가를 소개한 다음 작품을 분석했다.

여기에서 먼저 분명히 해야 할 것이 있다. 분석analysis과 해석 interpretation의 차이이다. 흔히 별다른 구분 없이 사용되는 이 용어는 마땅히 구분되어야 하며, 그렇게 함으로써 얻어지는 효용이 매우 크기 때문이다.

분석이란 - 영화에서든 문학작품에서든 - 작품의 형식적 구조와 작가의 경향 등에 의한 객관적 이해를 추구하는 전문적인 작업이다. 이 작업의 주된 효용은 작품 제작이나 그에 대한 평가에 있다. 예컨대 문학평론가는 한 편의 시나 소설을 그 작가의 개인적 경향 또는 그 작가가 속한 시대적 경향, 그리고 그 작품의 형식적 구조를 분석함으로써 작가의 의도나 작품의 내용을 객관적으로 밝힌다.

이에 반해 해석은 - 특히 1927년 출판된 M. 하이데거의 『존재와 시간』 Sein und Zeit 이후 - 더 이상 작품의 배후에 숨어 있는 작가의 의도나 감정이입에 의한 독자의 느낌을 밝히는 것이 아니다. 이제 해석은 작품에 의해 전개되는 자신의 존재가능성 Seink?nnen을 추구한다. 해석자가 세계와 삶에 대한 자신의 선이해(先理解)를 바탕으로 작품을 내용적으로 이해하고, 그것을 자신의 존재 가능성으로 획득하는 다분히 주관적이고 실존론적인 작업이다.[57] 때문에 해석은 원칙적으로 세계와 삶에 대한 자신의 태도 변화를 궁극적 목적으로 한다. 리쾨르 식으로 표현하자면 "작품 앞에서의 자기이해" Sich-Verstehen vor dem Text[58]를 얻자는 것이며, "텍스트로부터 더 넓어진 자기를 얻는 것"이다. 그리고 나아가 하이데거가 말하는 '실존론적 변양' existenziale Modifikation[59]을 기대하자는 것이다.

바꾸어 말하면, 작품 해석이 은폐되었던 해석자 자신의 존재 가능성을 열어-밝혀erschlossen준다는 것이다. 흔히 언급되는 것이 H. J. 입센의 『인형의 집』의 경우이다. 이 작품은 자신의 존재가능성을 단지 '한 남자의 아내'이자 '아이들의 어머니'로서만 인식하고 있던 당시 여성들에게 그들도 '한 인간으로 존재할 수 있다'는 새로운 존재가능성을 열어-밝혀줌으로써 일찍이 여성해방운동의 도화선이 되었다. 『비블리오 테라피』의 저자 조셉 골드J. Gold는 그의 저서에서 이와 유사한 다양한 사례들을 예로 들어가며, 작품 해석의 치유기능에 대해 소개하고 있다.[60] 영화 해석도 마찬가지이다. 풀러 신학교 교수인 로버트 존스톤R. K. Johnston이 쓴 『영화와 영성』에도 역시 다양한 사례들이 실려 있다.[61] 바로 이러한 '작품 앞에서의 자기이해', '새로운 존재가능성의 개시', 그것을 통한 '실존론적 변양', '치유' 등이 오늘날 담화신학에 관심을 두는 학자들이 높이 평가하는 작품 해석의 기능이자 역할이다.[62]

이렇게 정리하면, 발제자가 Ⅳ. '문학적 상상력의 해석학적 배경'에서 한 작업은 해석을 위한 분석이다. 하지만 '대중문화의 상상력에 대한 신학적 성찰'을 위해 작품을 선정했다면, 이 네 작품들에 대한 기독교적 또는 신학적 해석[63]은 불가피하다고 여겨진다. 곧 신학(또는 말씀)에 의해 구성된 '선이해'에 의해 작품을 해석하여 새로운 신학적(또는 기독교적) 존재가능성을 밝히는 작업이 다른 어떤 것(예컨대, 작가소개나 줄거리소개)보다 더 중요하다는 것이다. 이유인즉, 대부분의 기독교인들에게는 작품에 대한 올바른 '기독교적 해석' 더구나 '신학적 해석'을 할 능력이 부족하기 때문이다.

바로 여기에 우리가 해결해야 할 문제의 단초가 있다! 대다수의 기독교인들은 일반인들과 똑같은 해석의 전제조건, 곧 '세속적 해석자 지평', '세속적 이해의 선 구조'를 갖고 있다. 때문에 작품을 대할 때 일반인들처럼 이해하고 해석한다. 즉, 개인의 처한 상황이나 아니면 삶에 대한 자기 자신의 성찰을 해석자 입장에서 작품을 해석한다는 것이다. 따라서 설사 작품 해석을 통해 '새로운 존재가능성'을 얻는다 해도, 그것은 '기독교적 존재 가능성'이 아니라 일반인들이 얻는 '세속적인 존재 가능성'과 다를 바가 전혀 없다. 당연히 작품으로부터 '더 넓어진 자기' 내지 '새로워진 자기'를 얻는다고 해도 그것 역시 세속적인 것일 뿐이다.

따라서 기독교, 또는 신학은 올바른 '기독교적(또는 신학적) 해석자 지평'으로 오늘날 우리가 처한 이 특정한 시대적, 장소적, 문화적 상황에 적합한 '기독교적 존재가능성'을 열어-밝히는 작업을 부단히 해야 한다. 더 이상 이 문제, 곧 기독교인들이 일반인들과 똑같은 선이해를 갖고 똑같은 해석자 지평에서 소설을 읽고 영화를 보고, 그것을 통해 '세속적 존재 가능성'을 자기 것으로 획득하여 '세속적으로 더 넓어진 자기'를 얻는 문제를 방치해서는 안 된다는 것이다.

"기독교적 상상력의 경계는 어디인가"라는 질문을 내걸은 이 심포지엄의 궁극적 목적이 여기에 있으며, 발제자가 「대중문화의 상상력에 대한 신학적 성찰」이라는 제목 아래 대중소설 네편을 선정하여 다루는 까닭도 여기에 있지 않겠는가! 발제자는 바로 이 중요하고도 난해한 작업을 'V. 신학의 한계 안에서의 문화적 상상력'에서 시도했다.

3.

발제자는 우선 『반지의 제왕』을 R. Wood의 견해를 빌려 "구원의 드라마를 알레고리적으로 표현한 작품"으로 규정하고 있다. 이유인즉, 『성경』과 『반지의 제왕』에 나타난 구원의 드라마의 구도가 유비적이라는 것이다. 또 『사자와 마녀와 옷장』에도 "숨겨진 구원론"이 들어 있다고 말하고 있다. 그 예로 구원자가 백수의 왕인 '사자'로 표현된 점, 마녀, 크리스마스 없는 나라, 눈 덮인 나니아 등이 죄와 사탄의 권세 아래 있는 모습을 묘사한 점, 마녀와 아슬란의 마지막 결투가 종말론적 상황을 극화한 점 등을 들고 있다. 특히 마녀와 아슬란의 결투 과정에서 아슬란이 아무 저항도 없이 마녀에게 잡혀가 돌 탁자 위에 눕혀 죽임을 당한 다음, 다시 살아나 나니아의 얼어붙은 대지를 녹이고 봄이 왔다고 기뻐하는 장면을 그리스도의 십자가 죽음과 죄의 권세를 이긴 부활을 이미지화 하고 있다는 것이다.

이와는 대조적으로, 『해리 포터』는 반복되는 일상생활 속에 권태로워하는 사람들에게 마법, 변신, 새로운 세계체험, 모험 등이 주는 흥미를 부여하는 단순한 오락물로 규정하고 있다. 왜냐하면 극적 구성이 - 앞의 두 작품에 비해 - 설득력이 약하고, 사건 전개가 작위적이라는 것이다. 나아가 『다빈치 코드』는 '픽션의 옷을 입은 안티 기독교적 작품'이라 한다. 스릴러라는 형식에다가 기독교적 사실을 왜곡하는 "악의적 허구"와 영지주의, 신비주의, 페미니즘, 프리메이슨 협회, 기호학적 지식 등을 흥밋거리로 포장해 기독교 본래의 진실을 해친다는 것이다.

위의 해석은 흔히 언급되는 이야기들로, 다분히 공감할 수 있는 내용들이다. 그러나 여기에도 문제는 있다. 『다빈치 코드』는 논외로 하자! 하지만 『반지의 제왕』과 『사자와 마녀와 옷장』이 단지 『성경』의 구원론을 '유비적'으로 드라마화 했다고 보여 지기 때문에 이들 작품을 만든 상상력이 허용되는가? 그밖에 다른 요소는 무시한 채 말이다. 그리고 『해리 포터』는 '단지' 극적 구성이 앞의 두 작품에 비해 설득력이 약하고, 사건전개가 작위적이라는 것 때문에 단순한 오락물이라 취급할 수 있는가? 그밖에 다른 것은 없는가? 『해리 포터』는 아직 완간되지 않았다. 그런데 만일 『해리 포터』의 마지막 권이 주인공의 희생에 의해 악의 세력을 퇴치되고, 그 결과 주인공도 다시 살아난다는 식으로 전개된다면, 그때에는 이 작품이 단순한 '마술의 오락화'가 아니고 '구원론의 유비적 드라마화'라고 할 것인가? 그렇다면 이러한 판단들은 너무 피상적이고 학적(學的)이지 못한 위험 요소를 내포하고 있다.

때문에 반드시 짚고 넘어가야 할 것이 있다. 바로 위의 네 작품을 다룬 발제 문에는 「대중문화의 상상력에 대한 신학적 성찰」이라는 제목과 발제의도에 걸 맞는 신학적 고찰이 누락되었다는 점이다. 즉 작품의 내용과 작가의 의도를 신학적 (또는 기독교적) 파악하는 분석은 약간 다루어졌을 뿐이고, 신학적 (또는 기독교적) 해석자 지평에 의해 이들 작품들을 이해하여 새로운 신학적 (또는 기독교적) 존재가능성을 밝히는 해석은 생략되었다는 말이다. 역시 지면관계상 그랬으리라. 그래도 무—언가 아쉬움이 남는다. 그래서 다시 '사족'을 붙이고자 한다. 본문이 그 어떤 대안은 제시하지 못한 채 '남의 눈에 티'만 밝히는 식이 되지 않기 위해서도 이 문제는 짚고 넘어가야 할 것이다. 이런 의미에서라면 단 이를 위해 한 가지 예만으로도 족하다. 『반지의 제왕』에 나오는 '절대반지', '프로도', '골룸'을 신학적 (또는 기독교적)으로 간단히 해석한다.

『반지의 제왕』에서, 포르도는 - 비록 호빗이지만 - 세상을 지배할 수 있는 능력을 지닌 절대반지를 파괴하여 사우론의 손에서 중간 계를 구하는 지고한 임무를 맡고 운명의 산(모르도르 화산)에까지 그것을 나른다. 그 역시 도중에 절대반지의 마성에 숱하게 유혹되지만 그때마다 싸워 이긴다. 그러나 마지막 순간 절대반지의 마성(魔性)에 굴복하여 그것을 손에 끼고 만다. 그때 골룸이 포르도의 손가락을 물어뜯고 반지를 빼앗는다. 그리고 춤을 추다 절대반지와 함께 모르도르 화산 불구덩이 속으로 추락한다. 골룸은 일찍이 절대반지를 찾았으나 다시 잃어버린 후, 그것을 찾으려고 삶 전체를 망친 인물이다.

이러한 요소들이 대해 신학적 (또는 기독교적)으로 해석한다고 할 때, 우선 '절대반지'란 무엇인가? 절대반지란 '세상을 지배할 수 있는 능력'을 가진 반지이다. 하지만 기독교 신학에서 세상을 지배할 수 있는 능력은 오직 하나님 한 분이 유일하다. 그럼에도 그것을 넘본 최초의 인간이 아담이었다. 그는 '하나님 같이' sicut Deus 스스로를 높이고 싶었기 때문에(창세기 3:5) 죄를 지고만다. '하나님과 같이 되리라' Eritis sicut di가 최초의 인간을 죄로 이끌고 간 원인이었다. 이로 인해 아담은 '하나님 사랑' amor Dei이 '자기사랑' amor sui으로, '신-중심주의'가 '세상-중심주의'로 바뀌게 만든 죄인이 된 것이다. 그렇다면 절대반지가 의미하는 것은 현세욕concupiscentia(現世慾), 하나님으로부터 돌아서게 하는 것, 즉 죄(罪)를 말 하는 것이다. 이러한 절대반지 해석을 놓고 볼 때 『반지의 제왕』은 현세욕이 인간을 하나님으로부터 돌아서게 한다는 것, 그리고 그것이 바로 죄라는 것, 그 죄의 삯이 사망이라는 것 등 기독교 신학의 근본 진리들을 스토리의 전개를 통해 자연스럽게 열어-밝힌 작품으로 해석할 수 있다.[64]

'기독교인이 된다는 것' 그리고 '기독교인으로 산다는 것'이 어떤 의미인가? 그것은 다름 아닌 매순간마다 '세상을 향한 탐욕' 즉 '절대반지의 유혹'과 싸우는 일이다! 다시 말해 '기독교인이 된다는 것'은 각자가 지닌 절대반지(현세욕)를 파괴할 지고한 임무를 부여받는다는 것, 곧 프로도가 된다는 을 의미한다. 또한 '기독교인으로 산다는 것'은 절대반지의 유혹을 매순간마다 물리친다는 것, 즉 프로도처럼 부여받은 임무에 순종하여 온갖 유혹과 고난을 무릅쓰고 운명의 산을 향해 한걸음씩 나아간다는 것이다.[65] 그렇기 때문에 끊임없이 유혹하는 세상의 모든 마성에 대하여 "사람이 떡으로만 살 것이 아니요 하나님의 입으로 나오는 모든 말씀으로 살 것"(마태복음 4 : 4)이라고 힘주어 외치는 것이다. 이러한 해석이 적용된다면 프로도는 기독교인의 전형(Model)이라고 할 수 있다. 프로도는 죄의 표상인 현세욕의 유혹과 맞싸울 수 있는 '기독교적 존재가능성'을 열어-밝혀주는 인물이다.

골룸은 어떠한가! 그는 '현세욕의 노예가 된 자' 즉 죄인의 표상이다. 죄의 노예가 되면 더 이상 자유도, 의지도, 인격도 가질 수 없다. 골룸이 바로 그런 인물이다. 그는 온몸이 흉물스럽게 변하여 짐승처럼 네 발로 걸으며 제대로 된 옷도 걸치지 않고 물고기를 날로 먹는다. 이 모든 비참의 원인이 절대반지 때문이다. 바로 현세욕 때문이다. 그도 역시 본래는 프로도와 같은 선량한 호빗이었다. 그러나 절대반지를 통해 세상을 지배하려는 욕망 즉 현세욕 때문에 죄의 노예가 되었다. "죄의 삯은 사망이요"(로마서 6 : 23)라는 말씀에 따르면 그가 죄를 짐과 동시에 그의 영이 이미 죽음에 이른 것이지만 그의 육마저도 불구덩이 속으로 추락하는 것을 의미하고 있다. 그렇다면 골룸도 역시 '기독교적 존재가능성'을 반증적(反證的)으로 열어-밝혀준다. 골룸이 죄의 노예가 되고 점차 흉물스러움을 보면서, 그의 불구덩이 속으로의 추락을 보면서 독자들은 그들이 가지 말아야 할 길을 깨닫기 때문이다.

골룸은 프로도와 함께 악이 '악인 이유'와 '선이 선인 까닭' 그리고 그 결말을 보여주는 전형적인 예라 할 수 이다. 그럼으로써 "누구에게 순종하든지 그 순종함을 받는 자의 종이 되는 줄 너희가 알지 못하느냐 혹은 죄의 종으로 사망에 이르고 혹은 순종의 종으로 의에 이르느니라"(로마서 6 : 16)라는 말씀을 작품 안에서 '기독교적 존재가능성'으로 열어-밝혀 주고 있는 것이다.[66]

위의 해석은 단지 빙산의 일각일 뿐이다. 이 같은 작업이 작품 전체에서(주요 인물들에 대해서, 중요 대화에 대해서, 스토리에 대해서, 이항 대립적 구조에 대하여) 행해져야 한다. 그리고 모든 작품에서 행해져야 한다. 그 다음에야 비로소 이런 작품들을 낳은 오늘날 대중문화의 상상력에 대해, 그것의 기독교적임과 비기독교적임에 대해 바로 말할 수 있지 않겠는가.

발제자는 'V-5. 신학과 미학 사이에 선 상상력'에서 바람직한 결론으로 가는 가교(架橋)를 제시한다. 발제자는 상상력을 신학적으로 '선한 것'과 '악한 것' 그리고 미학적으로 '선한 것'과 '악한 것'으로 나눈다. 그 다음 다시 '신학적으로 선하면서 미학적으로도 선한 것'과 '신학적으로 선하면서도 미학적으로는 악한 것', '신학적으로 악하면서 미학적으로는 선한 것', '신학적으로 악하면서 미학적으로도 악한 것' 등 네 가지로 분류한다. 발제자가 여기에서 사용하는 '미학적'이라는 용어를 '대중에게 성공적'이라는 뜻으로 이해한다면,(실제로 발제자는 그런 뜻으로 사용하고 있다.) 의미 있는 구분이라고 할 수 있다. 이는 첫째, 인간의 상상력에는 선한 것과 악한 것이 있다는 것을 말하고 있고, 둘째, 신학적 판단과 대중적 판단은 일치할 수도 있고 하지 않을 수도 있다는 것을 일목요연하게 보여주기 때문이다. 이러한 구분을 통해 발제자는 "인간의 죄성으로 인하여 상상력이 언제나 왜곡될 수 있는 가능성이 있기 때문에" "사려 깊은 검증을 통해 '선한 상상력'이 활동하도록 해야 한다."라는 최종 결론을 도출하고 있다.

4.

"모든 것이 내게 가하나 다 유익한 것이 아니오"(고전 6:12)라는 말씀을 인용하면서 발제자가 도달한 결론은 한마디로 대중문화의 상상력은 신학적으로 검증되어야 한다고 말하고 있다. 듣기에 매우 평범하다. 하지만 교계나 신학의 현실을 감안한다면 의미가 있다. 왜냐하면 이 말은 상상력에 대해 지나치게 부정적인 그리스 철학의 영향 하에 있는 정통신학이나 신전통주의 신학이 취하는 입장과 그 반대편에 서있는 소위 담화신학가들이 말하는 '상상력은 신앙을 결코 위험하게 하지 않는다며 지나치게 긍정적 입장만을 취하는 두 가지 견해의 중간자적 입장을 지향하고 있기 때문이다. 상상력은 반드시 긍정적인 것만도 부정적인 것도 아니기 때문에 검증을 통해 그른 것은 버리고 옳은 것은 취하자는 것이다. 그러나 실제로 그것의 실행은 쉽지 않다.

　　문제는 "사려 깊은 검증", "종교적 권위를 가진 자들의 일방적 압력행사"가 아니라 "보다 본질적인 실존의 검증과정"이 과연 무엇이냐 하는 것이다. 발제자는 이에 대한 해법은 제시하지 않았다. 때문에 본문 역시 이에 대해 언급할 이유는 없다. 허나 노심초사, 다시 사족을 붙인다면, 본인은 작품에 대한 신학적(또는 기독교적) 해석이 해답이라고 생각한다. 소설이든 영화든 대중적 영향력을 가진 작품들에 대하여, 그리고 그 작품들이 열어-밝혀주는 존재가능성들에 대하여 그 무엇이 기독교적이고 그 어떤 것이 비기독교적 인지를 가려 보여주는 일이라고 생각한다.

　　흔히 21세기를 '문화의 시대'라 부른다. 그것은 대중문화의 힘과 영향력이 - 양과 질 모두에서 - 그 어느 시대보다도 막강해졌다는 뜻이다. 한 해에 수백 편의 국내외 소설들과 영화들이 홍수처럼 쏟아져 나오고 있다. 그 중 상당수는 수백만이 넘는 독자와 관객을 확보하고 있다. 『다빈치 코드』는 이미 백 만권 이상 팔렸고, 『해리 포터』는 천 만권 돌파를 자랑하고 있다. 영화도 몇몇은 수백만 그 중 한둘은 천만이 넘는 관객들을 동원했다. 그리고 이들 독자와 관객 가운데 수백만은 분명 기독교인이다! 그렇다면 이제 기독교는 그리고 신학은 자신의 역할을 해야만 한다! 이들 소설들과 영화들을 기독교적 또는 신학적으로 해석하여 제시함으로써, 대중문화의 홍수 속에서, 그것들이 이루어내는 혼돈 속에서 마냥 표류하는 수많은 기독교인들에게 '기독교적 존재가능성'을 보여주는 일을 부지런히 해야 한다.

기독교 문화의 상상력에 대한 비판적 성찰[68]

신국원 교수 | 총신대 신학과

"상상의 나래를 펴라." 이 말처럼 상상력이 무엇인지를 보여주기에 좋은 말도 없을 것이다. 인간에겐 날개가 없다. 당연히 날 수 없다. 그러나 지금 인간은 고공을 비행하고 우주를 날아다니고 있다. 모두가 상상의 힘 덕분이다. 과학과 기술이 상상에서 출발하듯 문화 전체와 예술이 특히 그렇다. 기독교 문화도 하나님께서 인간에게 주신 선물인 상상력의 열매이다. 또한 상상력은 현실을 변혁하기 위한 비전이 시작되는 곳이기도 하다.

발제자에게 주어진 주제는 상상력을 기독교적 관점에서 비판적으로 살피는 일이다. 주로 상상력이 무엇이며 문화에서 어떤 역할을 하는지, 그리고 기독교 역사 속에서 상상력이 어떻게 다루어졌는지도 볼 것이다. 나는 주제를 비판적으로 접근하려 한다. 비판이란 단지 잘잘못을 가리는 것 이상이다. 상상력을 가능하게 하는 근본 조건을 파악하여 그것의 적합한 용도와 한계를 이해하고 부적절한 활용을 밝혀보려는 시도를 함께 하고자 한다.

1. 상상력과 문화 예술

상상력에 대한 논의의 역사를 간단하나마 살펴보는 것은 문화와 상상력의 관계를 조명하는 일에 좋은 기초가 된다.[69] 사상가들은 상상을 순수 감각이나 이성과는 다른 무엇으로 여겨져 왔다. 상상은 분명히 경험에 근거하나 그것을 초월한다. 그것은 지각을 통해 대상을 감지하는 일과 개념적으로 파악하는 인식 활동 사이를 매개한다고 생각되었다. 흥미로운 것은 이런 생각이 경험논자들에게서 처음 주장되었다는 사실이다.

로크나 흄은 타고나는 "관념"을 지식의 근원으로 생각한 데카르트를 반대했다. 하지만 이들도 감각을 통해 마음에 들어온 관념 또는 인상은 복합적인 상태로 발전한다는 사실을 인정할 수밖에 없었다. 결국 흄은 그것을 가능하게 하는 것이 상상력이라고 보게 된다. 칸트는 한 걸음 더 나아가 인간에겐 지각을 사전에 구조 지울 수 있는 능동적인 구성 능력이 있다고 주장하기에 이른다. 이것이 소위 인식론의 "코페르니쿠스적" 전환이다.

이들의 생각은 다음과 같이 정리될 수 있을 것이다. 지각은 사물의 구체적인 면모를 경험을 통해 단편적으로 서서히 이해한다. 이와 달리 이성은 추상적으로 파악하는 능력을 통해 대상의 전모를 단번에 파악한다. 상상은 이 둘의 중간적 성격을 가져 대상의 구체적 형상을 파편으로서가 아니라 과거와 현재와 미래까지 연관시키는 능력과 더불어 이성으로 하여금 그것을 파악하도록 해준다고 보았다. 이런 생각은 상상력에 대한 오랜 불신을 벗겨내고 특히 문화와 예술에 있어 지금처럼 높은 지위를 차지하게 되는 기초를 마련했다.

상상력은 오랫동안 악하거나 의심스러운 능력으로 간주되었다. 그것은 신만이 가진 창조 능력에 대한 인간의 침해를 의미하곤 했다. 프로메테우스가 불을 훔쳐 인간에게 준 것이 문화의 시작이라는 희랍 신화와 성경의 선악과의 범죄 기사에서 그런 암시를 볼 수 있다. 상상은 고대 철학에서도 의심의 눈초리를 벗어나지 못했다. 특히 세계가 본질인 이데아와 현상으로 나누어져 있다고 생각했던 플라톤이 그랬다. 그는 상상에 근거한 예술이 단지 본질이 아닌 현상의 세계를 모사한 것에 불과하다고 보았다. 따라서 그것은 사고 능력을 통해 진리를 찾는 일에 장애로 간주했다. 플라톤의 이런 생각은 중세 신학자들에게도 계승되어 상상력에 대한 오랜 불신과 의심의 근원이 되었다. 물론 예외는 있었다. 아리스토텔레스는 예술이 인간 경험의 개별적 사실에서 보편적인 진리를 도출하는 능력이 있음을 인정했다. 이것은 상상이 감각의 세계를 이성에 중개하기 때문이다. 그의 견해는 훗날 대두된 견해의 선구적 위치에 서 있다고 할 수 있다.

주로 근대 사상가들에 의해 세계를 구성하는 능력으로 부상한 상상력은 낭만주의에 들어서면서 전통적으로 영혼이 차지하던 자리를 차지하면서 더욱 중요해진다. 상상력은 이미 흄에게 있어서도 "일종의 영혼의 마술적 능력"으로 생각되었다. 상상력은 낭만주의에 의해 인간의 의식 저변에 깔려있어 분명히 의식은 되지 않지만 경험을 종합하고 나아가 창조적인 통찰과 영감의 근원으로 간주하였다. 상상력은 능동적일 뿐 아니라 창조적인 능력까지 부여 받아 문화와 예술에 있어 중심적인 위치에 서게 된다. 특히 문화나 예술에 있어 가장 중요한 것이 전통의 계승이 아니라 새로움과 창조성임을 강조하는 오늘날 상상력은 정신의 기능 중 가장 핵심적인 것으로 여겨지고 있다.

2. 상상력에 대한 기독교적 평가

앞서 언급했던 바와 같이 기독교 역사 내에서도 상상력을 부정적으로 보는 시각이 분명히 존재했다. 어거스틴은 플라톤의 영향아래서 상상력을 철학적 명상의 장애로 보았을 뿐 아니라 영적인 삶을 위협하는 것으로 보았다. 그는 공허한 상상력과 호기심을 정죄했다. 아퀴나스도 상상력을 정신의 약한 부분으로 보고 실재와 이미지를 혼동하는 일이 거기서 생긴다고 보았다. 더욱이 "불온한" 상상력과 그것의 문화 예술적 표현은 늘 그리스도인의 혐오와 비판의 대상이었다.

하지만 상상력이 성경에서나 교회사적으로도 항상 부정적으로 간주되어 온 것만은 아니다. 구약의 성전의 장식들은 많은 상상의 결과물들을 채용하고 있다. 거기에는 상징과 가시적인 조형물을 통해서 하나님의 임재와 보이지 않는 그의 거룩함을 비롯한 성품들을 보여주는 것들이 있다. 자연에 존재하지 않는 푸른 석류를 비롯하여 다양한 상상적인 이미지들이 그것이다. 성상논쟁을 여기서 논의할 여유가 없으나 그것을 반대했던 서방교회에서조차 완전히 배제되지 않았던 것은 교회사나 서구문화 전체적으로 중요한 의의가 있었다.[70]

상상력은 하나님께서 인간에게 주신 독특한 선물이다. 인간이 본능에만 매여 있는 존재라면 결코 문화를 이루어내지 못했을 것이다. 판넨베르그의 말처럼 인간은 자기를 중심으로 살아가도록 만들어진 존재가 아니다. 위로는 하나님을 향해 열려 "영원을 사모하는 능력"을 가졌으며 세계와 이웃을 향해서는 책임과 섬김으로 열린 존재이다.[71] 상상력은 인간의 사명인 문화, 즉 세계를 열어 펼쳐 "개현"하는 소명을 수행하는 기초이다.

오늘이 그리스도 문화 연구가들은 대체로 이러한 사실을 주장한다. 예를 들어 라이켄은 "상상에 근거한 문학이 허구이기에 비기독교적이어야 한다"는 가정이 잘못임을 역설한다. 상상의 세계는 결코 헛되거나 현실을 도피하기 위해서가 아니라 오히려 그 속에 뛰어들기 위해서 만들어진 세계이기 때문이다. 문화와 예술의 세계는 "인간이 무엇을 생각하고 느끼고 상상했는지에 대한 역사"이다. 그것은 또한 "현존하는 인간의 가치와 동경, 열망을 가장 정확하게 제시해주는 일람표"이다. 상상의 세계인 문화 예술은 "과학보다 훨씬 풍부하고 구체적으로 인간의 본성에 대해 말해준다." 그것은 "진실을 말해주는 거짓말"이다.[72] 이 말은 "예술은 실재를 깨닫게 해주는 거짓말"이라는 피카소를 인용한 것이다.

이런 주장은 설득력이 있다. 성경은 상상력 자체를 정죄하지 않는다. 그것이 낳은 예술도 부정적으로 말하지 않는다. 인간의 모든 능력과 기능이 그렇지만 잘못된 사용이 문제일 뿐이다. 이는 성경이 진리를 보임에 있어서도 상상력을 활용하는 것에서도 알 수 있다. 성경은 단지 관념을 통해 지성에만 호소하지 않는다. 성경에는 많은 이미지와 환상

vision을 통한 계시가 있다. 예수님도 많은 비유와 이미지들을 사용하여 논리적인 방식보다 직접적이고 구체적인 방식으로 가르치셨다. 대부분의 비유가 상상적 허구며 현실에 대한 의도적인 왜곡조차 담고 있음도 주목할 만하다. 그것은 진리를 보여주시기 위해 의도적으로 상상력을 자극하고 초대하시는 장치인 것이다.

문제는 인간은 흔히 사용할 것을 섬기고 섬길 것을 사용하려 하는 데 있다. 잘못된 상상 역시 "구조"가 아니라 "방향"이 문제이다. 상상을 통해 우상을 만들고 그것을 섬기는 것이 좋은 예이다. 상상을 통해 괴물을 만들고 공포에 빠져 지배를 당하는 경우도 그렇다. 상상의 세계를 통해서 유토피아를 제시하고 혁명적 사상을 불어넣는 일은 혁명가뿐 아니라 대중예술에도 널리 퍼져있는 현상이다. 존 레논의 "Imagine"이란 노래는 그 대표적인 예이다. 달라스 윌라드의 지적처럼 사탄도 그러했고 오늘날의 유혹들도 상상을 통해 시동을 건다. 하지만 그 역도 마찬가지이다. 거룩한 상상은 거룩한 삶의 동기 부여에 중요하다.[73]

3. "불온한 상상력"과 도덕적 비평

문제는 상상력의 모든 사용이 정당화될 수 없다는 것에서 시작된다. 흔히 윤리나 신앙과 긴장을 빚어낸다고 보이는 문화 예술적 상상력에 대해서 그리스도인들은 대개 부정적인 판단을 내린다. 하지만 속단은 금물이다. 상상력의 속성에 대한 오랜 부정적인 이해는 흔히 그리스도인의 문화 예술에 대한 몰이해와 마찰의 원인이 되어 왔기 때문이다.

비교적 근래까지 예술에 대한 비평의 중심은 도덕적인 비평이었다. 사실 서구에 있어서는 기독교 신앙의 가치관이 그 잣대 역할을 했으므로 종교적인 비평이라 해도 잘못이 아닐 정도였다.

하지만 지금 문화 예술의 사정은 달라졌다. 포스트모던의 상대주의와 다원주의 세계관의 위력 앞에 절대 진리는 이론과 철학에서 조차 인정되지 않고 있다. 예술에서의 기준을 생각하기란 거의 불가능한 형편이다. 자연히 문화 예술 비평에 있어 도덕적 비평의 위치는 소멸하다시피 했다. 특히 대중 예술에 대한 비평이 주로 정치, 경제, 사회적 의의를 밝혀내는 마르크스주의적 분석과 기호학적 접근에 중심이 되는 것은 이 때문이다.

물론 예술을 둘러싼 사회적 논쟁은 이런 상황에서도 여전히 벌어진다. 그러나 그 방식은 달라졌다. 예외 없이 도덕적 비평과 심미적 관점에서의 반론과 정당화가 맞서고 정치적 이론이 훈수와 편을 드는 방식으로 전개되고 있다. 이런 분위기 속에서 문화 예술에 대해 기독교적인 것은 차치하고 윤리적인 판단을 하는 것조차도 일반적인 타당성과 설득력을 가질 수 있을지에 대해서는 자신을 잃기 쉽다. 하지만 불가능한 것으로 포기해야 하거나 해서도 안 된다. 예술의 최고 목적이 선을 택하게 만드는 것이라고 주장하는 목소리는 여전히 존재한다. 이들의 주장처럼 상상을 토대로 하는 허구와 예술의 세계라 할지라도 도덕적인 책임에서 면제될 수 있는 것은 아니기 때문이다. 그들 고유의 방식으로 도덕적일 수 있어야 하는 것은 분명하다. 가드너의 말처럼 예술은 인생을 다루기 때문에 도덕적이지 않으면 본질에서 어긋나는 것이다.[74]

하지만 예술에 대한 도덕 비판이 반대에 직면한 것은 그것이 때로 정치적 폭압이나 위선과 상상력의 결여를 은폐하는 역할을 했기 때문이라는 것을 인지할 필요가 있다.[75] 웨인 부츠의 지적처럼 예술을 삶의 실제와 연관 지우는 것을 도덕주의나 전체주의의 선봉으로 간주하고 저항하는 분위기를 아는 것은 중요하다.[76] 당연시되던 예술에 대한 도덕적 비평이 어려워진 가장 큰 이유는 검열에 대한 우려 때문이다. 검열은 예술이 영향을 미친다는 "결과주의"에서 비롯된다. 예를 들면 "독서가 정신을 결정한다."는 식이다. 플라톤 이래 예술이 사회를 세우거나 무너뜨릴 수 있다는 생각이 검열을 정당화했으나 이 가정은 지금 심각한 도전에 부딪쳐 있다. 결과주의를 반대하는 입장은 예술이 삶에 영향을 미친다는 원칙이 받아들여지면, 단지 검열을 반대하는 것이 불가능하다는 단순한 생각에서 무조건 거부한다. 이들은 서구 국가 모두 성경을 읽었지만 노예제도가 쉽게 사라지지 않았다는 점을 즐겨 거론한다. 결국 예술이 아무런 영향을 미치지 못함을 주장하여 검열의 시도를 미연에 봉쇄하려는 것이다.

그러므로 도덕적 비평이 일반적 설득력을 확보하려면 반드시 염두에 두어야 할 몇 가지 중요한 전제가 있다. 도덕적 비평이 설득력을 가지기 위해서 취해야 할 가장 중요한 태도의 변화는 자기 비평으로 돌아서는 일이다. 예술가는 작가로서의 책임을 생각하고 수용자도 져야 할 책임이 있음을 알아야 한다는 것이다. 윤리적 비평을 강조하는 사람들은 자기보다는 남에게 닥치는 위험이나 정신적이며 영적 파산을 경고하는 경우가 대부분이었다. 나아가 예전엔 예술이 도덕적이었는데 지금은 악할 뿐이라는 식으로 문화 전체를 비판하는 것이다. 이런 자세야말로 사람들에게 검열의 도입의 위협을 느끼게 한다. 부츠는 도덕적 비평이 직면하는 가장 큰 어려움은 증거의 문제라고 보았다. 예를 들어 포르노가 성폭력의 원인임을 입증하기란 생각만큼 간단치 않다는 것이다. 인간은 어떤 단순한 방식으로 "원인되었다"고 하기 어렵기 때문이다.

4. "명료화 이론": 문화 예술적 상상력의 영향력에 대한 재검토

문화와 예술의 상상력이 삶에 어떤 영향을 미치는지를 규명하는 데 도움이 될 논의들은 풍부하다. 소위 플라톤으로부터 이어져온 문화 예술의 영향에 대한 비판인 "결과주의"에 대한 논의에서 그것을 찾을 수 있다. 결과 주의적 비평은 이론적인 뒷받침이 약하다는 것이 사실이지만 2천 년이 넘도록 지속되고 있다는 것은 그 신빙성에 대해 무시할 수 없다

하지만 결과주의의 문제점을 간과해서는 안 된다. 무엇보다 과연 예술이 지식을 주는지는 쉽게 단정하기 어렵다. 예술은 하나의 상상적 허구로서 세계에 대한 가설일 뿐이기 때문이다. 결과주의를 검토해서 얻을 수 있는 교훈은 두 가지이다. 첫째, 문화 예술의 행동적 결과를 예측할 수 있다고 가정하는 것과 그에 대한 도덕적 평가를 추정적 예측에 연결하는 것을 피해야 한다는 것이다. 둘째, 예술 작품은 도덕적 신념과 감정의 새로운 독창적인 원천으로서가 아니라 관객이 이미 알고 있는 도덕적 신념과 감정을 토대로 작용한다는 것이다.[77] 이와 같이 결과주의를 입증하는 것이 어렵다면 예술이 삶에 어떤 영향을 어떻게 미치

는지를 포착하기 위해서는 다른 방식을 모색해야 한다.

예를 들어 노엘 캐롤이 제시한 "명료화 이론"은 한 대안으로 고려해 볼 필요가 있다. 여기서 소개할 여유는 없으나 그레고리 게리 등이 제기한 시뮬레이션simulation 이론도 도움이 될 수 있다. 이 이론은 우리가 남의 처지에 서서 그들의 관점을 통해 자신을 이해한다는 대리만족 또는 대리경험에 할 수 있음을 주목한다. 즉 예술을 통해 우리는 남의 형편에 자신을 대입하는 대신 상상 속에서 우리 자신을 시뮬레이터로 이용하기 때문이다.[78] 시뮬레이션은 상상을 통해 자신의 미래 행동을 대가를 지불하지 않고 테스트해보는 도구이다. 허구는 시뮬레이션을 통해서 어떤 행동에 관계된 도덕적 결정에 관한 지식을 제공한다.

캐롤은 문화 예술의 상상적 허구의 세계는 사안을 대화적 이해를 통해 사안을 명료화하는 작업을 돕는 기재라고 본다. 이 이론은 예술의 영향력을 관객이 작품의 상황과 인물을 참조하여 나름대로 도덕적 교훈과 감정을 취하는 것에서 비롯된다고 본다. 그것은 구체적이거나 세밀하지 않은 "옅은" 도덕 교육에 그친다고 한다. 새로운 것을 가르치기보다는 이미 가지고 있는 것을 확장하고 심화하는 과정일 뿐이라는 것이다. 더욱이 그 신념과 정서는 보편적인 생물학적 본성과 문화에 일반적으로 뿌리를 박고 있는 것이라고 생각한다.

명료화이론에 의하면 작품은 관객이 이미 가지고 있는 지식과 감정을 활성화할 뿐이다. 따라서 얼핏 보면 예술이 아무런 영향을 미치지 못한다는 이론처럼 생각될 수 있다. 예술이 전혀 새로운 것을 주입시킬 수 없고 분명하게 만들 뿐이라면 그것의 윤리적 책임을 어떻게 물을 수 있을 것인가가 문제된다. 이에 대해 캐롤은 인간이 죄를 가지고 있다는 것과 그것을 객관화하고 매력적으로 묘사하여 자극하고 격려하는 것은 다르기 때문에 책임을 물을 수 있다고 답한다. 예술은 가능성의 허구적 사실화 또는 가능성의 투영이라고 할 수 있다. 어떤 사실이 상상으로 가능할 뿐 아니라 예술적 허구를 통해 가상적 현실이 될 수 있음을 보여주어 상상적 가능성을 강화하고 격려하며 공감을 불러일으키는 것이다. 이는 "부추김"의 책임이 있다는 것이다.

부추김의 책임은 대중 예술에 있어 특히 심각하다. 대중예술은 대개 이야기의 형식을 취하는데 그것이 청중을 끌어 모으는 강력한 수단이기 때문이다. 이야기의 이해 과정은 이야기가 인식하고 판단하는 도덕적 능력을 일깨우고 불러일으키고 끌어들이는 일을 하기 때문에 "도덕적 능력의 훈련 연습"이 된다. 이를 통해 이미 알고 느끼는 것의 이해를 심화한다는 것이다. 수용자는 이야기를 해석하는 과정에서 이미 습득된 도덕 지식과 감정을 특수 한 경우에 적용하려는 경향을 띤다.

캐롤은 이래서 명료화란 "도덕적 이해의 확장"이라 주장한다. 그것은 이야기와 만나 씨름하며 줄거리를 쫓아가는 파악 과정에서 일어난다. 그리고 그것은 도덕적 판단의 연속적인 과정이다. 사람들은 예술을 대할 때 재미만 느끼는 것 뿐만 아니라 도덕적 이해 행위에 연루될 수밖에 없다. 모든 예술 감상은 도덕적인 행위이다.[79] 예술 작품 중 특히 이야기는 지적 감정적 반응을 촉발하고 격려하는 것이므로 이에 반응하지 않는 것은 지적 정서적 실패이다. 캐롤은 수용이 단지 작품을 임의로 해석하는 능동적 행위 또는 일방적인 영향을 받는 수동적인 행위가 아니라 응답이며 책임 있는 행위responsive and responsible action임을 강조한다. 그것은 또한 지적, 감정적인 것에만 그치지 않는다. 예술작품은 허구라는 제한적인 범위에서나마 전인적 반응을 모방하도록 격려하는 것이라고 했다.

예술 작품은 작가가 이야기를 통해서 수용자로 하여금 삶의 무엇인가를 특별한 방식으로 보고 경험하도록 안내하는 여행과도 같다는 것이다. 수용자는 이 안내에 따라 자신의 경험과 감정을 넓히고 깊게 할 수 있다. 물론 도덕적 이해를 오도하거나 혼란시키는 작품은 비판하는 것이 당연하다. 예술 작품의 도덕적 경험의 모든 내용을 하나의 지평에 올려놓고 판단할 수는 없다. 사안 별로 달리 다루어야 하며 대개는 주먹구구 법칙에 의존할 수밖에 없다. 하지만 모든 윤리적 판단의 상황이 이와 마찬가지이다.[80]

5. 상상력과 "행위"로서의 예술

그리스도인이 문화 예술의 상상력의 본질과 역할을 바로 이해하는 것은 중요하다. 그런 기초에서만이 문화 예술을 일반적으로 설득력 있게 구속적으로 바꿔갈 수 있기 때문이다. 이제 그런 방식으로 문화와 예술을 바라보는 예를 소개하려 한다.

앞서 보았듯이 예술에 관한 가장 오래된 정의는 실재의 모방이라고 보는 입장이다. 오늘날에도 대중예술은 대체로 실재론적 표상론의 관점에서 평가된다. 특히 영화나 텔레비전 드라마 같은 영상예술은 사실성이 강해 현실을 묘사하는 것을 지나 실재인 양 착각을 불러 일으켜 사회적 악영향을 미쳐 우려나 비난을 받곤 한다. 이런 비판에 대해 예술가들은 예술은 상상의 산물일 뿐 현실과 무관하다고 응수한다. 사실 표상에서 예술의 실재적인 속성을 찾으려는 이론은 많은 어려움에 부딪쳐 있다. 비구상적인 회화나 조각, 특히 심포니 음악이 무엇의 모방이며 표상인지 규정하기 어렵기 때문이다.

예술의 본질에 관한 이런 논란은 특히 대중문화 논쟁에 있어 매우 큰 걸림돌이다. 일단 이런 근본적인 논쟁이 벌어지면 거기서 한 발짝도 앞으로 나갈 수가 없다. 실재론적 표상론으로 돌아가지 않고 이 난관을 넘어설 한 가지 방법은 월터스톨프가 제시한 "세계투영(投影)"과 "행위"로서의 예술적 정의에 의지하는 것이다.[81] 그는 예술의 본질이 창작이나 공연을 통해서 세계와 삶의 비전을 제시하는 "세계 투영"이라고 했다. 또 단지 비전의 제시뿐 아니라 "행위"다. 라고 주장한다. 작가의 행위일 뿐 아니라 수용자로 하여금 행위를 하거나 하도록 하기 위한 수단으로 본다.

이 주장은 예술을 단순한 세계의 모방으로 보는 실재론적 표상론을 극복하려는 의도를 가지고 있다. 또한 18세기 미학의 특성인 주관주의적 감정 표현론의 작가의 창작 경험이나 감상에 중점을 두고 예술을 이해하는 것을 비판한다. 이 이론은 예술을 일상의 탈피나 고상한 경험을 위한 것이거나 특히 낭만주의처럼 내면 세계의 감정의 표현으로 보지 않는다. 또 감상용으로 즐거움을 주기 위한 것으로 보지 않는다. 찬송가의 예처럼 많은 예술은 감상용이 아닌 것이 분명하다. 예술은 창작자 주변의 세계의 실재와 작용을 하는 행위이며 나아가 사회의 다른 사람들로 하여금 그런 행위를 같이 하도록 만드는 작업이라고 본다.[82]

예술을 세계를 투영하는 작가의 행위의 관점에서 이해하는 이론은 일대 다의 매스커뮤니케이션 미디어를 통한 대중예술도 예술임을 정당화하는 일 뿐 아니라 그것의 본질을 이해하는 데도 도움이 된다. 대중 예술은 흔히 오락과 연예로서 가볍게 취급되지만 그것의 본질은 세계 투영을 통한 행위이며, 이를 통해 예술이 하는 전형적인 여러 기능을 수행하는 것을 알 수 있다. 즉 교육과 연예의 양면적 기능을 한다.[83] 대중예술의 중요성은 그것이 하는 여러 기능에서 비롯된다. 그것은 공동체의 이야기를 만들어내고 유포한다. 이야기는 재미와 오락의 제공을 넘어서 사물과 실제를 정의하는 기능을 갖는다. 대중 예술도 문화를 전수하고 공동체의 기억을 보존하고 사회를 비평하며 삶을 축하하며 공동체 형성과 관계된다. 대중 예술은 단순히 돈을 벌기 위한 수단이거나 정치적 목적을 위한 도구만이 아니다. 기분전환을 위한 "소일거리"도 아니다. 어느 예술과 마찬가지로 인간의 본질인 상상과 자유를 표현한다. 영화나 가요도 "인간의 자기 이해"와 모방과 세계관의 표현과 매개, 종교심의 표현이다.

예술이 어떻게 행동을 초래하는 지를 이해하는 것은 문화 비평에 있어 중요한 기초이다. 예술은 심미적인 내용에서 경제나 정치와 구별된다. 하지만 그것이 특히 상상력을 통한 세계 이해와 세계 투영으로 유발하는 일은 본질상 예술적인 것이나 정치적이며 경제적인 요소에 연관될 수밖에 없다. 오늘날 많은 사람들은 예술을 포함해 문화를 삶의 전략으로 보는 이유는 바로 여기에 있다.[84] 이 사실을 이해하는 것은 문화와 예술이 삶에 대해 가지는 의의를 다시금 인식하게 해준다. 나아가 문화와 예술이 삶에서 차지하는 교육적 의의를 되새겨 그것을 보다 전인적이며 관점에서 접근하도록 도와준다. 이와 관련해서 기독교적 상상력이 문화 예술에서 어떤 일을 할 수 있고 또 해야 하는지를 생각하는 것이 중요하다.

6. 상상력과 문화 변혁

상상력이 근대 사상가들의 주장처럼 세계 인식을 구성하는 능력과 그것을 새롭게 형성하기 위한 창조적 실천의 근원일 수 있다. 그것이 사실이라면 문화 변혁에 있어 상상력의 위치는 분명해진다. 그것은 출발점이다. 그것은 세상을 다르게 볼 안목을 제공할 뿐 아니라 나아가 독특한 문화 전략을 제시한다. 물론 그것은 비전이며 안목이며 전략일 뿐이다. 상상력 자체는 현실을 변화시키는 힘이 없다. 예술로 구체화되어 표현된 상상력조차도 강한 인지적이며 정서적 영향을 미칠 수 있지만 그 역시 현실로 그대로 번역되는 것은 아니다.

인간은 상상을 통해서 자연 속에 담겨있는 가능성들을 열어 펼치는 일을 한다. 상상력은 단지 현실 도피적 공상이나 백일몽이 될 수도 있고 노끈을 두르고 기차놀이를 하는 아이들에게서처럼 상징적인 행위일 수도 있다. 공예나 기술에서 보듯 무엇을 이루기 위한 도안을 그리는 목적을 가진 상상과 예술과 과학에서 보는 것과 같은 창조적인 상상도 있다. 물론 상상 그 자체만으로는 실제에 아무런 영향이나 변화가 일어나지 않는다. 그것 자체는 비전일 뿐이기 때문이다. 그것은 실천에 의해 수행되어야 현실로 나타난다. 실천이 결여된 비전은 공상일 뿐이다. 공상도 그 자체로서 현실에 대한 비판으로서의 의미는 있을 수 있다. 그러나 진정한 의미를 가진 상상은 실천을 전제한다.

기독교적 상상력은 분명히 비기독교적 상상력과 다를 수 있고 달라야 한다. 그것은 그것의 근원인 성경이 특별한 세계관을 제시하고 삶에 대한 독특한 비전을 투사하기 때문이다. 기독교 세계관은 성경의 진리에 따라 세상을 보는 안목이다. 기독교 세계관과 성경적 세계관이란 말을 서로 바꾸어 사용할 수 있는 것은 이런 이유에서이다. 성경은 세계관 형성을 위한 질문들에 독특한 답을 제시한다. 세상과 인간의 창조에 관한 이야기가 그 첫 주제이다. 어떻게 죄와 악이 세상에 들어왔는지에 대한 내용이 그 뒤를 따른다. 아울러 예수 그리스도께서 이 세상을 구원하신 구속 사건과 그 의미를 말한다. 이 주제들을 통해 세계와 역사의 의미는 하나님 나라의 완성임을 보여준다. 기독교적 상상력은 이 비전에 기초하고 그것에 의해서 인도되는 것이어야 한다.

이 기독교적 상상력이 그리스도인의 문화 예술의 근원이다. 자연히 기독교 문화 예술의 사명은 성경적 세계관에 기초한 상상력의 바른 사용을 통해 하나님 나라의 확장과 완성에 기여하는 것이다. 달리 말하자면 그것은 문화와 예술 활동 속에서 기독교적 변혁과 샬롬의 실천을 행함을 통해 죄악에 빠진 세상을 구속하는 일을 수행하는 것이다.[85] 거기에는 상상과 표현에 기초한 세계 투영을 통해서 현실에 대한 비판과 통찰, 안목 열기, 문화화enculturation, 세계관 기구의 역할을 수행하는 모든 일이 포함된다.

기독교적 상상력과 그에 기초한 문화 예술이 하는 일은 선지자적 사명이다. 세상을 향해 기독교적 비전을 제시하는 것이 그 본질이다. 그것을 문화와 예술을 통해 하는 데 필수적인 것이 기독교적인 상상력이다. 세상을 향해 이야기하고 변화를 추구하는 방법은 한 가지가 아니다. 특히 문화와 예술의 방법은 상상력을 통해 고양되고 세련된 모습을 가진다. 그럼에도 불구하고 그 영향력은 막대하다. 우화나 이야기는 재미와 감동으로 회초리에 못지않은 효과를 낸다. 고함지르고 욕하고 때리기보다 교훈적 우화를 들려주는 것이 문화요 예술이다. 한편의 위대한 소설, 그림, 영화는 수백만의 고함소리보다 수 만발의 포화보다 더 큰 영향을 미칠 수 있다. 그것이 라이켄이 말하는 "상상력의 승리"일 것이다. 하나님의 나라를 향한 세상을 바꾸어가는 일에 그리스도인의 상상력이 필수적인 것은 바로 이 때문이다.

물론 기독교적 상상력에 기초한 문화 예술에는 그리스도인 공동체를 형성하고 풍요하게 하는 점에서도 중요한 역할을 한다. 문화와 예술은 앞에서 본 것처럼 공동체의 과거의 기억을 되살리는 이야기하기를 통해 전통의 보존과 전수하여 축제에 중심에 서고 삶을 하나로 통일하는 역할을 한다. 이를 통해 예술은 공동체 형성에 이바지한다. 이는 일종의 제사장적 사명이라고 할 수 있다.

기독교 예술의 궁극적인 목적은 방향성이 결여된 상상력이 이끄는 것에 따른 자기표현이나, 예술을 위한 예술은 지향할 수 없다. 더욱이 그것은 이데올로기나 정치적 또는 상업적 목적에 종사하는 천박한 상상력의 노예가 되어서는 더욱 안 된다. 과거에도 그랬지만 특히 오늘날 모든 문화와 예술에서 상업적, 정치적 목적이 완전히 배제될 수 없다. 심지어 기독교 예술조차도 대중화와 대량화를 피할 수 없는 시대에 있어서는 기독교 현대 음악의 예에서 보는 것처럼 상업적 구조와 속성을 온전히 피할 수 없을지도 모른다. 그러나 특히 그리스도인이 문화 예술을 통해 바라보아야 할 비전은 모든 행위와 마찬가지로 세상의 변혁을 통해 샬롬을 이루는 것이다. 기독교 공동체의 안과 밖에서 한결같은 마음으로 선지자적이며 제사장적 사명을 수행하여 하나님 나라 형성에 기여함이어야 한다.

7. 기독교적 상상력에 입각한 문화변혁의 꿈과 실천

로크마커는 이런 일을 꿈꾸는 그리스도인들과 특히 예술가에게 구체적으로 어떤 것을 꿈꾸고 어떻게 행동해야 할지를 이야기 한 적이 있다. 그의 권면은 철저히 선지자적 비전과 상상력에 기초해 있다. 특히 그는 미가 선지자의 예언적 비전에 의지하여 "여호와를 우러러 보며" 그를 "구원하시는 하나님을 바라" 본다. 그가 "들으실 것"을 기대하면서. 이렇듯 그의 상상력의 대전제는 하나님의 주권을 인정하고 그가 이미 행하신 일과 하시는 일, 하실 일을 통해 세상을 보는 것이다. 그는 이 비전으로 사는 그리스도인들에게 네 단계의 행동 지침을 말한다. "통곡하라, 기도하라, 사고하라, 그리고 일하라."

첫째, 통곡은 현실에 대한 철저한 이해에서 비롯되는 것이다. 하나님께서 태초에 얼마나 아름다운 세계를 만드셨는지 지금 우리는 창세기와 시편의 구절들에 힘입어 상상할 수 있을 뿐이다. 하지만 그런 제한된 상상만으로도 지금 우리가 살아가는 세상이 한없이 파괴되고 추하며 악한 세상임을 알기에는 충분하다. 더욱이 이사야, 에스겔, 다니엘과 같은 선지자와 예수님의 천국 비유, 그리고 요한계시록의 비전은 회복될 세계에 대한 우리의 상상에 무한한 경지와 영원의 안목을 열기에 족하다. 그런 눈으로 세상을 보면 통곡할 수밖에 없다는 것이다.

로크마커는 그런 상상력의 눈으로 세상을 보라고 권한다.

둘째로 기도도 하나님의 주권에 대한 인정에서 비롯한다. 우리의 부족에 대한 회개, 특히 세상에 대한 우리의 사랑과 관심과 노력 부족을 직시하는 것이 그 시작이다. 기도는 우리들의 힘으로 할 수 없다는 인식의 자연스러운 표현이다. 나아가 주어진 막중한 소명을 행하며 문제를 해결을 위한 지혜, 능력, 인내를 구하는 것이다. 그는 16세기 전반의 종교개혁이 일어났으나 그 정신이 구체적으로 구현된 개혁 주의적 문화와 예술이 나타나기 시작한 것은 17세기에 와서야 볼 수 있었다는 예를 들어 문화 변혁에는 인내와 긴 세월의 작업이 필요함 역설한다. 그렇기에 이를 인식하고 인내를 구하는 기도가 필요하다 했다.

셋째로 사고하는 일은 변혁의 실천에 필수적인 과정이다. 주님의 도움을 구하고 그 말씀에 귀 기울이는 동시에 깊이 사고해야 한다. "우리의 위치는 어디이며, 어디서부터 어떻게 시작할 것인지를 생각해야 한다." 상상만 아니라 연구와 성찰의 필수적이라는 것이다.

마지막으로 이 모든 일의 열매는 실천으로만 얻어진다. "세계가 무신론적으로 된 것은 무신론자들이 설교를 열심히 했기 때문이 아니라 일을 열심히 했기 때문이다"라고 강조한다. 헌신적 실천을 통해 그들은 주도권을 장악했고 현대의 경향성을 확정 지었다. 문화와 예술이 세계 형성에 미치는 영향력은 대단하다. 60년대 록 음악의 영향력을 생각해보라고 했다. 그 대신 "기독교적 상상력에 기초한 창조적이고 흥미롭고 훌륭한 기독교 음악이 유행했더라면 기독교는 훨씬 할 말이 많았을 것이다."[86] 깊이 새겨들어야 할 말이다.

기독교적 상상력의 본질을 파악하여 기독교 문화 연구의 기초를 발견하고자 모인 자리이다. 우리 모두가 로크마커의 이 권고를 진지하게 고려하는 기회가 되기를 바래본다.

상상력에 대한 기독교적 접근

"기독교 문화의 상상력에 대한 비판적 성찰"에 대한 논찬

송태현 교수 | 한국외대 외래교수

블레즈 파스칼Blaise Pascal이 『팡세』에서 상상을 '거짓과 오류의 스승maîtresse d'erreur et de fausseté'이라 명명했음은 상상력 이론의 역사에서 잘 알려져 있다. 상상력에 대한 이러한 비판적인 규정은 사실상 파스칼 개인의 의견을 넘어 서구의 주류 사상가들이 오랫동안 견지해온 일반적인 관점을 대변한다고 볼 수 있다. 고전적인 사상가들이 상상력에 대해 불신해온 것은 상상력이 직접적인 감각의 명증(明證)도, 추상적인 추론의 논리적 정합성도 지니지 못한 기능이라고 파악했기 때문이다. 프랑스의 대표적인 상상력 철학자인 질베르 뒤랑Gilbert Durand이 지적한대로, 서구의 역사는 상상력(이미지, 상징 등을 포함하여)을 평가절하해온 유구한 전통을 유지해왔다. 이러한 경향은 근대에 들어와 더욱 강화되었다. 이성주의와 경험주의, 그리고 계몽주의와 실증주의 등의 토양은 자유롭고 창조적인 상상력이 그 날개를 펼치기에는 너무나 불

리한 여건이었다.

개신교 역시 상상력과 이미지 파괴주의에 동참하게 되었다. 개신교는 이미지와 상상력을 경시하고 대신 언어와 이성을 중시하는 모더니즘의 (자신이 의식하지 못하는 사이에) 영향을 받게 된 것이다. 포스트모던 시대에 들어와 이성 중심의 모더니즘에 대한 강력한 비판이 대두되면서 상상력이 새롭게 부각되고 있다. 그리고 모방(미메시스)을 예술의 주된 원리로 인정하였기 때문에 결과적으로 창조적 상상력을 가로막은 서구 주류의 문화관도 많이 바뀌고 있다. 오늘날 문화의 지형 역시도 새롭게 형성되고 있다. 『해리 포터』나 『반지의 제왕』 등의 판타지가 전 세계에 크게 유행하는 것은 이러한 맥락과 연관이 있다. 『반지의 제왕』과 더불어 판타지의 양대 산맥을 형성해온 C. S. 루이스의 『나니아 연대기』가 실사 영화화됨으로써 이러한 판타지의 열풍은 계속적으로 이어질 것 같다. 그리고 기존의 주류 문화관에 계속적으로 도전해 갈 것이다.

이러한 상황에서 '기독교 문화와 상상력'에 대해 고찰해보는 것은 의미 있는 작업이다. 발제자인 신국원 교수는 "기독교 문화의 상상력에 대한 비판적 성찰"을 시도하고 있다. 발제 문을 요약하며 발제자의 논의의 맥락을 짚어보기로 하자.

(1) 신국원 교수는 이 글에서는 상상력을 기독교적 관점에서 비판적으로 살피는 작업을 수행한다. 우선 신 교수는 상상력에 대한 논의의 역사를 개관하면서 상상력에 대해 전통적인 철학자들이 견지해 온 입장들을 정리하였다. 상상에 근거한 예술이 본질이 아닌 현상의 세계를

모사한 것에 불과하다고 본 상상력에 대해 부정적으로 생각한 플라톤에서부터 출발하여, 상상력을 지각을 통해 대상을 감지하는 일과 인식 활동 사이를 매개하는 것으로 규정한 흄과 같은 경험주의자를 거쳐, 능동적이며 창조적인 능력까지 부여하여 이를 문화와 예술에서 중심적인 위치로 격상시킨 낭만주의자들의 이론을 간략히 소개하고 있다.

(2) 이어서 발제자는 상상력에 대해 기독교적으로 평가한다. 신 교수는 성경이 상상력 자체를 정죄하지 않음과 상상력이 낳은 예술도 부정적으로 말하지 않음을 강조한다. 인간의 모든 능력과 기능이 그렇듯이 상상력의 오용이 문제일 뿐이다. 성경도 상상력을 활용하여 진리를 보이고 있다는 것이다. 성경은 단지 관념이라는 것을 통해 지성에만 호소하지 않고, 오히려 많은 이미지와 환상vision을 통한 계시가 있다. 또한 예수님도 많은 비유와 이미지들을 사용하여 논리적인 방식보다 직접적이고 구체적인 방식으로 가르치셨음을 역설한다. 신 교수는 알버트 월터스가 『창조·타락·구속』에서 다룬 바 있는 구조structure와 방향direction 개념을 도입하여 상상력 문제에 접근한다. 인간의 상상에 잘못이 있다면 그것은 '구조'가 아니라 '방향'의 문제라고 한다. 상상을 통해 우상을 만들고 그것을 섬기는 반면에, 거룩한 상상도 존재하기 때문이다.

(3) 상상력의 모든 사용이 정당화될 수 없다는 주장과 함께 발제자는 신중하게 논쟁점을 향해 달려간다. 윤리나 신앙과 긴장을 빚어내는 것으로 비춰지는 예술적 상상력에 대해 그리스도인들은 대개 부정적인 판단을 내렸으며, 근래에 이르기까지 예술에 대한 비평의 중심은 도덕적인 비평이었다. 하지만 지금은 문화 예술의 사정이 많이 달라졌음을

고려하고자 한다. 포스트모던의 상대주의와 다원주의 세계관의 위력 앞에 철학에서조차 절대 진리가 인정되지 않고 있는 상황에서 예술의 기준을 제시하기란 거의 불가능한 하기 때문이다. 이런 분위기 속에서 예술에 대한 기독교적인 판단은 차치하고 윤리적인 판단조차도 설득력을 가질 수 있을지에 대해서는 회의적이다. 하지만 불가능한 것이라 여기고서 포기해서는 안 된다고 생각한다. 상상을 토대로 하는 허구와 예술의 세계라 할지라도 도덕적인 책임에서 벗어날 수 있는 것은 아니기 때문이다. 물론 도덕적 비평에는 증거의 문제가 난제라고 보았다. 예를 들어 포르노가 성폭력의 원인임을 입증하기가 쉽지 않다는 것처럼 포르노와 성폭력 사이에 실제적인 인과율이 존재하는지 실증하기 어렵기 때문이다. 이 점에서 신 교수는 포르노와 성폭력 사이의 상관관계를 가정하고서 노골적인 성 표현을 비판해온 입장에 대해서는 일단 거리를 둔다. (그 상관관계를 인정하는 입장에서 음란폭력매체를 반대해온 입장에 대해 자아 비판적인 태도라고 간주할 수 있을 것인가?) 따라서 신 교수는 예술적 상상력이 미치는 영향력에 대해 좀 더 설득력 있는 이론을 찾아 나선다.

 (4) 신 교수는 노엘 캐롤이 제시한 '명료화 이론'을 하나의 대안으로 고려해 본다. 캐롤은 예술이 지닌 상상적 허구의 세계는 대화적 이해를 통해 사안을 명료화하는 작업을 돕는 기제라고 본다. 이 이론은 관객이 작품의 상황과 인물을 참조하여 나름대로 도덕적 교훈과 감정을 취하는 것에서 예술의 영향력이 발원한다고 본다. 그것은 예술적 상상력이 새로운 것을 가르치기보다는 감상자가 이미 가지고 있는 것을 확장하고 심화하는 과정일 뿐이라는 것이다. 그러나 캐롤은 인간이 죄를 가지고 있다는 것은 그것을 매력적으로 묘사하여 자극하고 격려하

는 것과 다르다고 주장한다. 그리고 바로 이 점에서 예술가의 책임을 물을 수 있다고 주장한다. 결국 예술작품은 창작자가 이야기를 통해서 수용자로 하여금 삶의 무엇인가를 특별한 방식으로 보고 경험하도록 안내하는 여행과 같다는 것이다. 수용자는 그 안내에 따라 자신의 경험과 감정을 넓히고 깊게 할 수 있다. 이 경우에도 도덕적 이해를 오도하거나 혼란시키는 작품은 비판하는 것이 당연하다.

(5) 실재론적 표상론(표상에서 예술의 실재적인 속성을 찾으려는 이론)은 난관에 부딪쳐 있다. 영화나 텔레비전 드라마 같은 영상 예술의 사실성이 사회에 악영향을 미친다는 비판에 대해 예술가들은 예술이 상상의 산물일 뿐 현실과 무관하다고 응수한다. 실제로 비구상적인 회화나 조각, 특히 심포니 음악이 무엇의 모방이며 표상인지 규정하기 어려운 것도 사실이다. 실재론적 표상론에 의거하지 않고서 이 난관을 넘어설 방법으로 신 교수는 월터스토프가 제시한 '세계 투영(投影)'과 '행위'로서의 예술이라는 관점을 제시한다. 월터스토프는 예술의 본질이 창작이나 공연을 통해서 세계와 삶의 비전을 제시하는 '세계 투영'이라고 말한다. 단지 비전의 제시일 뿐 아니라 '행위'이기도 하다는 것이다. 작가의 행위일 뿐 아니라 수용자로 하여금 행위를 하게 하는 수단이라는 것이다. 찬송가의 예에서 보듯이 많은 예술은 단순히 감상용에 불과한 것이 아님이 분명한 사실이다. 예술은 창작자 주변 세계의 실재와 작용을 하는 행위이며 나아가 사회의 다른 사람들로 하여금 그런 행위에 동참하도록 만드는 작업이라는 것이다. 상상력을 통해 세계 이해와 세계 투영을 유발하는 일은 본질상 예술적인 것이지만, 이는 정치적인 그리고 경제적인 요소와 연관될 수밖에 없다. 오늘날 많은 사람들이 문

화를 삶의 전략으로 보는 이유가 바로 여기에 있다. 이 사실을 이해하면 문화와 예술이 삶에 대해 어떤 의의를 가지는지에 대해 다시금 인식하게 된다는 것이다.

(6) 신 교수는 월터스토프의 예술관을 수용하여 이를 문화 변혁과 연결시킨다. 발제자는 기독교적 상상력은 창조-타락-구속이라는 기독교 세계관의 비전에 기초하고, 또한 그것에 의해서 인도되어야 한다고 주장한다. 기독교 문화 예술의 사명은 성경적 세계관에 기초한 상상력을 올바로 사용하여 하나님 나라의 확장과 완성에 기여하는 것이다. 달리 말해 그것은 예술 활동 속에서 기독교적 변혁과 샬롬을 실천함으로써 죄악에 빠진 세상을 구속하는 일을 수행하는 것이다. 거기에는 상상과 표현에 기초한 세계 투영을 통해서 현실에 대한 비판과 통찰, 안목 열기, 문화화enculturation, 세계관 기구(?)의 역할을 수행하는 모든 일이 포함된다. 기독교적 상상력과 그에 기초한 예술은 세상을 향해 기독교적 비전을 제시해야 한다. 이것이 그 본질이다.

(7) 결론적으로 신 교수는 이런 일을 꿈꾸는 그리스도인 예술가에게 구체적으로 어떤 것을 꿈꾸고 어떻게 행동해야 할지에 대해 네덜란드의 예술사가 로크마커가 행한 권면을 소개한다. 그의 권면은 철저히 선지자적 비전과 상상력에 기초해 있다. 로크마커의 관점에서 상상력의 대전제는 하나님의 주권을 인정하고 그가 이미 행하신 일과 하시는 일과 하실 일을 통해 세상을 보는 것이다. 그는 이 비전으로 사는 그리스도인들에게 네 단계의 행동 지침을 제시 한다 : "통곡하라, 기도하라, 사고하라, 그리고 일하라." 이 권면은 우리 시대의 한국 그리스도인에게 던지는 신 교수의 권면이기도 하다.

발제자의 글은 큰 맥락에서는 논쟁의 여지가 거의 없다. 주어진 과제에 대한 모범답안에 해당하는 글을 제출했기 때문이다. 발제자는 상상력에 대한 극단적인 입장을 피하고, 상상력을 그 자체 인정하되 성경적 세계관에 기초한 올바른 사용은 권면한다. 이는 모든 그리스도인이 받아들일 수 있는 주장이라고 생각한다. 극단에 치우치지 않으려는 신 교수의 신중함은 지나친 면이 있어 문장의 맥락이 조금 어색한 경우도 있다.

논평자가 알기에 국내학자에 의한 '상상력에 대한 기독교적 접근'은 거의 없었다. 이번 심포지엄도 이런 주제로 열리는 국내 최초의 학술회의일 것이다. 이는 어떤 의미에서 상상력이 한국 기독교계에서 경시되어 온 주제임을 반증해주는 것이다. 따라서 (이번 심포지엄에서 발표되는 다른 글들과 함께) 이 글이 한국 기독교계에서 지니는 의의는 매우 크다. 이 발표문은 특히 '도덕적 비평'과 '결과주의'가 설득력을 잃은 오늘날에, 예술적 상상력의 책임을 상기시키기 위해 노엘 캐롤의 '명료화 이론'과 월터스토프의 '세계 투영(投影)'과 '행위'로서의 예술 개념을 도입하여 논지를 전개한 점, 그리고 월터스토프의 예술관을 수용하여 이를 문화 변혁과 연결시킨 점, 나아가 로크마커의 입을 빌어 선지자적 비전으로서의 상상력을 강조하는 등 미덕을 지닌 글이다.

'모범답안'의 성격을 지닌 글에 대해서는 논점을 반박하기가 힘들다. 모범생을 비판하기가 힘들듯이. 하지만 논의의 활성화를 위해 몇 가지 비판과 질문을 던지고자 한다.

(1) 상상력에 대한 논의의 역사를 개관하는 부분은 그 성격에 비추어 매우 간략한 글이기에 오해의 소지가 있어 이 기회를 빌려 해명하고

자 한다. 발제자는 이 글에서 다음과 같이 말한다 : "상상은 고대 철학에서도 의심의 눈초리를 벗어나지 못했다. 특히 세계가 본질인 이데아와 현상으로 나누어져 있다고 생각했던 플라톤이 그랬다. 그는 상상에 근거한 예술이 단지 본질이 아닌 현상의 세계를 모사한 것에 불과하다고 보았다. 그것을 사고 능력을 통해 진리를 찾는 일의 장애로 간주했다. 그래서 플라톤의 이런 생각은 중세 신학자들에게도 계승되어 상상력에 대한 오랜 불신과 의심의 근원이 되었다."

사실 플라톤의 예술관은 오랫동안 오해받아 왔다. 특히 그는 자신의 이상 국가에서 '시인을 추방' 한 인물로 악명이 높다. 이로 인해 플라톤은 예술에 대해 부정적으로 생각해 온 철학자로 널리 알려져 있다. 그런데 플라톤 사상을 『대화록』 전반을 통해 고찰한 학자들에 따르면 그의 비판은 어디까지나 모방적인 시에 대한 것이지, 시 일반을 향한 것은 아니다. 『파이드로스』에서 플라톤은 시를 무사이(뮤즈)신들로부터 받은 영감이라고 기술하고 있다. 무사이신의 영감을 받은 시는 모방과는 전혀 무관한 것이다. 플라톤은 영감 받은 시와 기능적인 시를 뚜렷이 구별하였다. 이데아의 그림자를 모방하며 틀에 박힌 기술만을 활용하는 시인이 있는 반면 무사이신들에게 영감을 받은 광기mania 어린 시인도 존재하는 것이다. 영감 없이 기술에만 의지하는 시인의 시가 단순히 감각적인 실재의 재생에 불과한 것이라면, 신적인 영감에 의한 시는 이데아 존재에 대한 선천적인 인식이다. 플라톤은 모방적인 시를 비판하기 위해, 이를 모방에 대한 모방에 불과한 회화의 수준으로 끌어내린 것이다.

(2)신 교수가 학업을 마치고 귀국한 후 '문화 전략' 혹은 '문화 소

비자' 운동을 시작했던 10여 년 전의 입장과 현재의 입장에는 어떤 차이(혹은 발전)가 있는가? 개인적인 경험을 진술하게 이야기해 주시면 감사하겠다.

    (3) 예술에서 목적성 혹은 이데올로기가 두드러질 때는 좋은 작품으로 인정받지 못한다. 과거 사회주의 진영의 문학이 그 예이다. 사회주의 국가에서는 우선 리얼리즘을 공식적인 사조로 규정한다. 그리고 작품의 내용에서도 사회주의 이념의 고취를 지향한다. 이 점은 기독교 문화에서도 고려해야할 요소이다. 발제자는 기독교 문화의 상상력에 대해서 논의하면서 기독교성을 지나치게 강조하는 것이 아닌가, 하는 느낌이 든다. 기독교 성이 표면적으로 너무 드러나면 사회주의 진영의 문학과 동일한 난점에 빠진다. 물론 선교를 목적으로 삼는 예술 혹은 '경건 예술'도 필요하다. 그러나 기독교 성이 지나치게 강조될 경우 비그리스도인은 마음의 문을 닫고 그 작품을 거들떠보지도 않는다. "저 작품은 예수쟁이 작품이야. 내가 볼 필요가 뭐 있겠어!" 이처럼 세상 문화를 변혁시키기 위해서는 기독교 성을 노골적으로 드러내지 않고 비그리스도인도 충분히 공감할 수 있는 가치관과 내용을 담은 작품이 더 필요하지 않을까?

    (4) 마지막으로 우리는 상상력이 우리 그리스도인에게, 특히 모더니즘의 질곡으로부터 자유롭지 못했던 개신교 신자에게 절실히 필요한 것임을 강조하면서 논평을 마치고자 한다. 인간은 이성과 과학만으로는 온전한 존재로 형성될 수 없다. 그리스도인도 마찬가지이다. 그럼에도 불구하고 기독교 교육과 예술에서 우리는 창조적인 상상력을 중시하기보다 추상적인 사상과 설교하는 태도가 두드러진 불균형한 상태에

이르지 않았는가? 우리는 프란시스 쉐퍼의 다음과 같은 지적에 귀 기울여야 할 것이다. "그리스도인 예술가들이 환상이나 상상력으로 인해 위협을 느낄 필요는 없다. 그리스도인은 자신의 상상력으로 별들을 넘어 날아가야 하는 진정 자유로운 존재이다."

복음의 소통과 문화 변혁을 위한 상상력

현요한 교수 | 장신대 조직신학

　　문화선교연구원은 그 동안 새로운 시대, 새로운 문화 상황에 대처할 새로운 선교 전략을 수립하기 위해 노력해 왔다. 그러던 중 지난 2004년에는 제1회 '기독교 문화 학술 심포지엄'을 개최하여 본격적인 학술적 연구와 토론의 장을 열게 되었다. 그때의 주제는 "기독교 문화, 소통과 변혁을 위하여"이었으며, 그 주제를 중심으로 열띤 연구와 토론을 벌였다. 이번 제2회 '기독교 문화 학술 심포지엄'의 주제는 "기독교 문화와 상상력"이다. 문화를 논함에 있어서 상상 혹은 상상력에 대하여 논하는 것은 매우 의미 있는 일일 것이다. 왜냐하면 우리가 이성의 역할 없이 문화를 생각할 수 없듯이, 우리는 창의적인 상상력이 없이 문화를 이루거나 발전시킬 수 없었을 것이기 때문이다. 일반 세속 문화에 있어서 뿐만 아니라, 기독교 문화 역시 상상력의 역할을 내포하지 않을 수 없을 것이다. 세상이 오늘날처럼 세속화되기 이전 시대에는 문화와 종교는 분리할 수 없는 것이기도 하였다. 파울 틸리히는 "종교는 문화의 실체이며, 문화는 종교의 형식"이라고 말하지 않았던가? 상상력이 문화의 모든 것이라고 할 수는 없지만, 종교이든 문화이든, 종교적 문화이든 세속적 문화이든, 상상력의 역할을 무시할 수는 없을 것이다.

아마도 현재의 문화적, 학술적 상황에서는, 문화와 상상력의 관계를 논하는 것이 자연스러운 것처럼 보인다. 그러나 상상력에 대하여 논하는 것이 항상 그렇게 자연스러운 것은 아니었다. 발제자들이 소개하듯이, 서양 철학의 역사에서 혹은 서구 기독교의 역사에서 상상력에 대하여 부정적으로 생각했던 시절이 있기 때문이다. 그것은 편협한 합리주의에 기울어졌던 계몽 운동과 모더니즘의 흐름 속에서 더욱 강화된 분위기이기도 하였다. 그러나 이제 모더니즘을 비판적으로 넘어서려는 포스트모더니즘의 상황에서 계몽주의적 이성의 편협함이 드러나고, 상대주의와 다원주의의 물결이 몰아치는 현재의 상황에서는 감성이나 상상력을 긍정적인 것으로 보려는 움직임이 강해지고 있다. 그리하여 이제는 상상력을 백안시하거나 위험한 것으로 보기보다는 오히려 상상력을 칭송하고 소중하게 여기며 창의적 상상력을 증진시키기 위해 노력하는 분위기가 형성되고 있기도 하다. 더구나 문화 선교와 기독교 문화를 추구하는 입장에서 상상력은 매우 중요한 착안점이 아닐 수 없다. 그러나 그렇다고 해서 고삐 풀린 망아지처럼 마구 뛰노는 상상력이 바람직한 것은 아닐 것이다. 이러한 사정은 우리들의 신중한 접근을 요구한다. 그러므로 이번 심포지엄의 부제는 "기독교적 상상력의 경계는 어디인가"이다.

문화를 선교적 관점에서 탐구한다면 다시 "소통과 변혁"에 대하여 생각하게 된다. 이것은 지난 해 학술 심포지엄의 주제였다. 소통이라면 합리적인 추론의 소통도 있지만, 감성적 소통도 있으며, 상상의 소통 또한 생각해 볼 수 있을 것이다. 상상력의 관점에서 보면 소통은 '공감적 상상'이라고 이해할 수도 있을 것이다. 그러나 무조건 공감만 추구하는 선교라면 그것은 아무런 의미가 없을 것이다. 그들이 이미 다 알고 있고, 가지고 있는 것을 들추어내어 공감적 상상을 구성한다면, 복음의 새로움과 생명력은 상실될 것이다. 그래서 변혁이 필요하다. 그런데 이 변혁이라는 차원에 있어서도 상상력의 역할은 의미심장하다. 왜냐하면 어떻게 보면 창의적 상상 그 자체는 이미 기존의 것을 깨고 나아가는 변혁의 동인을 가지고 있기 때문이다. 그러므로 선교는 일종의 '변혁적 상상'을 요구하는 것이기도 하다. 선교적 차원에서 말한다면, 기독교적 상상력은 세속 사회 사람들로부터 공감을 불러일으키면서도, 그들의 비복음적이며 세상적인 사고와 삶의 틀을 깨는 새롭고도 매력적인 상상을 사람들에게 제공해야 한다 그러므로 상상력이라는 말은 소통과 변혁을 함께 아우를 수 있는 흥미 있는 주제이다.

'상상력'이라는 주제는 학술적으로 논의하기에는 다소 생소한 주제로 보일 수도 있고, 뜬구름 잡는 것 같이 보일 수도 있다. 그러나 사실 우리는 의식적, 무의식적으로 상상력을 사용하고 있다. 사람들의 뇌는 인체의 각 감각 기관에서 들어오는 부분적인 정보들을 무의식적으로 조합하여 머릿속에 전체적인 상을 만드는 것 같다. 예를 들어 어떤 사람을 처음 보았을 때 그의 키, 체구, 얼굴 생김새, 피부 색, 머리, 옷차림, 냄새, 목소리 등에 관한 정보는 부분적으로 수집되지만, 마음(상상)

속에서 무의식적으로 하나로 종합된다. 그렇게 대상을 파악함에는 지금 이 순간에 포착된 정보뿐만이 아니라, 과거에 수집해서 저장해 놓은 정보도 중요하게 작용한다. 예를 들어 지금 우리가 붉고 둥근 사과의 한 면만 보고 있지만, 우리는 그 사과의 반대편도 붉고 둥글 것이라고 쉽게 상상한다. 그리고 그러한 상상과 기대 혹은 전제는 많은 경험에서 문제가 없었던 것으로 기억되어 있다. 이것은 순간적이고 무의식적인 상상력의 발휘이다. 그러나 그러한 상상의 전제나 기대가 항상 옳았던 것으로 판명되지는 않는다. 그 사과의 뒷면은 붉지 않고, 푸를 수도 있고, 둥글지 않고 찌그러져 있을 수도 있으며, 누군가 한 입 베어 먹은 자리가 있을 수도 있고, 썩어 있을 수도 있다. 혹은 뒷면은 어떤 농부가 사과에 하트 모양이 새겨지도록 기술적으로 햇빛에 익힌 것일 수도 있다. 그래서 우리는 대개는 일반적인 상상에 부합되게 행동하지만, 때로는 조심하게 된다. 그래도 이런 경우는 상상했던 바가 옳은지 그렇지 않은지 쉽게 확인할 수 있고, 객관적으로 판단될 수도 있다. 그러나 어떤 경우에는 그렇지 않을 수도 있다.

 어떤 대상은 움직이고 있거나 변화하고 있어서 시간을 두고 경험해 보아야만 파악이 가능하다. 사람을 제대로 알려면 상당 기간 사귀어 보아야 한다. 그렇게 수집된 기억들은 상상 속에서 하나로 종합된다. 그러나 어떤 때는 그 사람의 변화가 도무지 이해가 되지 않을 수도 있다. 그의 변화가 우리의 일상적인 상상과 어울리지 않기 때문이다. 어떤 대상은 너무 크거나 너무 작아서 직관적으로 파악이 되지 않는다. 우주는 너무 크고, 원자나 소립자는 너무 작다. 그래서 우리는 상상을 동원할 수밖에 없다. 그래서 오늘날 우주 과학이나 소립자 물리학에서는 상상과 사고 모델이 매우 중요한 역할을 한다. 그런데 그런 과학에서 펼쳐 보이는 세계는 우리가 직관적으로 익숙하게 경험하고 있는 세계와는 너무 다른 현상들이 나타난다. 상대성 이론이나 양자물리학이 탐구하는 현상들은 일상 생활에서 경험하는 식으로 상상하면, 도무지 앞뒤가 맞지 않았던 것이다. 그래서 과학자들은 혁명적으로 다르게 상상의 방식을 바꿀 수밖에 없었고, 그렇게 해서 실험 관찰의 데이터에 걸맞은 우주상을 새로이 정립하게 되었다.

'세상'이라는 것에 대하여 생각해 보자. 우리는 '세상'이라는 단어를 말할 때, 대체로 그것의 의미를 알고 있고 꽤 분명하다고 생각한다. 그러나 과연 '세상'이 무엇인지 꼬치꼬치 따지기 시작하면, 점점 세상은 모를 것이 되고 만다. 왜냐하면, '세상'에 대한 우리의 관념은 사실 많은 부분적인 경험과 데이터(그것도 상당 부분이 부정확하거나 불확실한)에 근거해서 나름대로 상상한 것이기 때문이다. 아무도 '세상'을 한 눈에 직관할 수 있는 사람이 없다. 아무도 '세상'의 모든 국면을 다 확인하고 경험해 본 사람이 없다. 더구나 그 '세상'이 시시각각 변화하고 있어서 모든 시간, 모든 시대의 세상을 다 알 수가 없다. 그러니 사실 '세상'이란 것은 상상 없이는 생각할 수 없는 개념이다. 어떻게 보면, '세상'이란 말로써 가리키고 싶은 어떤 현실이 저기 있는 것은 사실이겠지만, 우리의 '세상'은 사실 저 바깥에 있는 것이기 보다 우리 마음속에 있는 것이기도 하다. 그래서 우리들 각자의 '세상'에 대한 관념은 부분적인 공통점이 같이 있지만, 반대로 또 많은 부분이 다를 수가 있다. 그런데 문제는 우리들의 그 세상이 인간의 죄와 부패성으로 인하여 심하게 왜곡되어 있다는 사실이다. 그러므로 요한1서 2:15-16은 말한다. "이 세상이나 세상에 있는 것들을 사랑치 말라……. 이는 세상에 있는 모든 것이 육신의 정욕과 안목의 정욕과 이생의 자랑이니……." 우리가 사랑해서는 안 될 세상은 하나님께서 창조하신 세상이 아니라, 우리가 왜곡하여 상상하고 따라가는 세상이다.

이렇듯이 사람들은 상상 없이는 생각할 수 없고, 말할 수도 없다. 사람들은 왜 상상하는가? 위에서 이미 살펴보았듯이 사람들이 사물을 파악할 때, 무의식적으로 거의 자동적으로 상상을 한다. 한 번에 직관적으로 대상을 파악할 수 없기 때문이다. 그런데 의식적으로 상상하는 경우, 혹은 의식적으로 이전과는 다르게 상상하는 경우는 어떤 경우인가? 첫째, 우리가 경험하는 내용들이 이미 상상하고 있는 세계상과 다를 때, 우리는 이전과는 달리 상상해 보게 된다. 새로이 획득하거나 주목을 끌게 된 데이터가 기존의 패러다임과 이론에 맞지 않을 때, 이전의 패러다임과는 다른 패러다임으로 세상에 대해 상상해 보는 것이다. 주어진 관찰과 실험 결과에 더 잘 맞는 방식으로 세상에 대해 상상하여 새로운 이론을 만들어 보는 것이다. 토마스 쿤에 의하면, 사실 이것이 과학의 혁명적 발전의 방식이었다고 한다. 둘째, 사람들은 현재 자신의 상황을 바람직하지 않은 한계라고 인식할 때 그것을 넘어가 보고 싶은 혁신적 상상을 하게 된다. 예를 들어 사람들은 하늘을 나는 새의 자유로움을 보며 자신도 하늘을 나는 상상을 한다. 그러나 자신의 신체적 능력으로는 도저히 하늘을 날 수 없는 한계를 인식하였고 다른 보조 수단 즉 비행기를 개발하여 하늘을 날게 되었다. 사람이 하늘을 나는 상상을 하지 않았다면 비행기는 개발되지 않았을 것이다. 셋째, 사람들은 정치적, 사회적, 문화적으로 억압되어 있다고 느낄 때, 그것을 벗어난 새로운 세계를 상상하게 된다. 이것은 기존의 체제에는 위험으로 인식되며 '불온한 상상'으로 간주된다. 정치적으로 불온한 상상을 하는 사람들의 힘이 결집되면 혁명을 일으키기도 한다. 문화 예술적으로 불온한 상상을 하는 사람들은 전위적이며 파격적인 예술 작품을 만들기도 한다. 그들은 전통의 권위주의적이고 억압적인 금기 사항에 도전하는 것이다. 그렇게 함으로써 세상을 보다 진실하게 표현할 수 있다고 보기도 한다(그런데 그것은 진실할 수도 있지만, 오히려 더 왜곡할 수도 있다). 넷째, 사람들은 단지 재미와 즐거움을 위해서 상상을 하기도 한다. 그런 상상을 통해 스트레스를 해소하기도 하고, 삶의 새로운 활력소를 얻기도 한다(셋째와 넷째 종류의 상상력은 오늘날 대중문화에서 매우 중요한 역할을 하고 있다).

그런데 사실 하나님을 아는 것도 상상력을 필요로 한다. 우리는 하나님을 단순히 직관할 수 없을 뿐만 아니라, 감각 경험으로도 파악할 수가 없다. 하나님과 하나님의 세계는 광대하고 신비하기 이를 데 없다. 그러므로 하나님을 아는 것은 상상력이 없으면 불가능하다. 사실, 사람들은 자기들 마음대로 하나님에 대하여 상상한다. 그러나 그 상상은 인간의 부패성과 욕심과 편견으로 왜곡되어 있다. 하나님에 대하여 바르게 상상하려면 하나님 아들 예수 그리스도에게로 와야 하고, 그 예수 그리스도를 전해 주는 성경 말씀에로 와야 한다. 그렇지만 하나님과 하나님의 나라는 광대하고 신비하므로, 그에 대한 상상은 유비와 비유들을 필요로 한다. 하나님의 계시를 근거로 하나님을 상상한다고 해도, 우리의 이해력은 여전히 불충분하다. 그래서 예수님도 많은 비유들을 사용하셨던 것이다. 하나님을 믿고 따르는 삶은 이전의 삶과는 다른 삶이다. 새로운 세계관, 새로운 가치관, 새로운 인생관으로 살아가는 삶이다. 이러한 새로운 삶은 새로운 상상을 요구한다. 따라서 복음에 근거하여 형성해 가는 기독교 문화도 새로운 상상을 필요로 한다. 그것은 복음적 비전에 따라 사람들에게 생명을 주고, 자유롭게 하며, 희망의 미래를 향해 나아가게 하는 거룩한 상상력이다. 대중문화에 젖어 있는 사람들에게 이 복음이 소통되려면 공감과 함께 변혁의 상상력이 요구된다. 그런데 만일 우리가 사태를 착각하여 예수 그리스도와 복음의 현실에 맞는 신선한 상상이 아니라, 과거 어느 시점에서 유용했던 사고의 틀에 갇혀서 사람들에게 생명과 자유를 주지 못한다면, 선교는 점점 어려워질 수도 있다.

이번 심포지엄의 제1부의 주제는 "대중문화의 상상력에 대한 신학적 성찰"이다. 오늘날의 도시화되고 산업화된 기술 문명의 사회에서 대중매체를 중심으로 형성되는 대중문화는 사람들의 사고와 삶을 형성하는 데 큰 영향을 미치고 있다. 더구나 이제는 정보화 되고 디지털화 된 네트워크의 사회에서 양방향 소통을 통해 생산되고 확산되는 다중심적이고 파편적인 대중문화는 점점 더 크게 새로운 세대의 사고와 삶을 좌우하고 있다. 그러한 대중문화는 시장 경제 체제의 소비 문화를 타고 이제 상품화되어 팔리고 있으며, 사람들은 자신들의 기호에 따라 대중문화의 상품들을 소비한다. 세속사회 속에서 이러한 대중문화의 흐름은 이제 예전에 종교와 종교문화가 하던 역할을 대신하고 있다. 부모들이 교육을 학교와 학원에 의지하고, 학교와 공교육이 입시 위주 교육에 치우치고, 가치관과 인성 교육에 실패하게 되면서, 새로운 세대는 그들의 인생관과 가치관과 세계관 형성에 있어서 대중매체와 컴퓨터 네트워크가 제공하는 정보와 대중문화에 지대한 영향을 받게 되었다. 예전 사람들이 그들의 가치관 형성에 있어서 종교 경전이나 교양 독서의 영향을 많이 받았다면 오늘날의 세대는 영화와 인터넷의 영향을 많이 받고 있다. 예전 사람들이 그 세계관이나 인생관 형성에 있어서 부모님이나 학교 선생님의 영향을 많이 받았다면 요즈음 세대는 연예인들과 인터넷 정보의 영향을 많이 받고 있다. 어떻게 보면 이제 대중문화의 스타들은 옛날 종교 제사장들이 하던 역할을 하고, 대중 매체의 기자들과 인터넷상의 논객들은 옛날 종교의 선지자들이 하던 역할을 하고 있다. 이러한 대중문화의 발전에도 역시 상상력이 크게 작용하고 있다. 대중문화 상품 기획자들은 다매체, 다채널의 시대, 다양한 문화 상품들 속에서 사람들의 흥미를 끌기 위해 보다 새롭거나 자극적인 소재와 작품들을 개발해 내고 있다. 여기에는 창의적 상상력이 극도로 개발되고, 격려되고, 요구되고 있으며, 사람들은 그 결과물에 돈을 지불하고 당연하게 소비하고 있다. 그들이 기꺼이 지불하는 돈은 사람들이 옛날 종교에 바치던 헌금과 유사하다면 지나친 상상일까? 아무튼 이제 예전에는 금기시되거나 표현이 금지되었던 것들이 '표현의 자유'를 앞세워 분출하고 있다. 그러한 것들이 인생과 세상에 대한 진지한 성찰로 이끄는 경우들도 있으나, 많은 경우는 예술을 빙자한 소비상품에 불과하며 삶에 대한 왜곡으로 치닫기도 한다. 과연 우리가 허용할 수 있는 "상상력의 한계는 어디인가?" 이제 사람들은 재미있고 기발한 상상력에 박수를 보내며 그것을 구매한다. 이런 시대에 기독교 문화를 꿈꾸고, 복음 선교를 추구하는 우리들은 무엇을 어찌해야 할까?

제1부의 첫 번째 글은 추태화 교수의 "대중문화의 상상력에 대한

신학적 성찰- 4가지 소설을 중심으로"이다. 이 글에서 발제자는 상상력과 신학, 상상력과 대중문화에 대하여 간략한 이론적 소개를 한 후, 최근 유행하는 4가지 판타지 문학 작품, 즉『반지의 제왕』,『나니아 연대기』,『해리 포터와 마법사의 돌』,『다빈치 코드』에 대한 신학적 분석과 평가, 혹은 신학적 해석을 제공한다. 그는 상상력 자체는 중립적이지만, 그것을 분별하고 통제하여 선한 방향으로 사용해야 한다고 주장한다. 이 글에 대한 김용규 박사의 논찬은 추 교수의 글에서 부족하다고 판단한 내용 즉, 상상력에 대한 히브리적 이해와 그리스적 이해의 차이에 대한 간략한 소개와 상상력에 대한 현대 신학자들의 이해를 보충적으로 제공한다. 또한 그는 작품들에 대한 보다 면밀한 신학적 '해석' 즉, 작품들을 통해 신학적으로 새로운 '실존론적 변양'을 이루게 하는 해석을 촉구한다. 이것이 신학자들이 대중문화의 홍수 속에서 표류하는 기독교인들을 위해서 해야 할 중요한 봉사라고 지적한다.

두 번째 글은 신국원 교수의 "기독교 문화의 상상력에 대한 비판적 성찰"이다. 이 글에서 발제자는 상상력에 대한 논의의 역사를 간략히 소개한다. 또한 그는 상상력에 대하여 기독교적으로 평가하면서 상상력을 긍정적으로 볼 수 있는 가능성을 열면서, 그 상상력을 올바른 방향으로 사용해야함을 주장한다. 또한 그는 예술 작품에 대한 결과 주의적 비판의 약점을 시인하고, 노엘 캐롤의 '명료화 이론'을 도입한다. 즉, 작품이 사회와 대중을 부추기는 영향력을 발휘하고 있음을 인정하고 상상력을 책임 있게 사용해야 한다는 것이다. 또한 그는 예술을 단순한 모방으로 본 전통적 견해를 넘어서, 월터스톨프가 제시한 "세계 투영"과 "행위"로 이해하면서, 기독교적인 면에서 비전을 가지고 세계를 변혁시키는 실천으로 나아가야 한다고 주장한다. 이 글에 대한 송태현 교수의 논찬은 대체로 신 교수의 논의에 동의하면서, 신 교수가 상상력을 부정적으로 보았다고 소개한 플라톤에 대한 해석의 문제를 제기하고 결과주의에 대한 신 교수 자신의 입장 변화에 대하여 질문하며 예술에서 지나친 목적성에 기울어지는 문제를 지적하는 등, 약간의 비판적 질문을 제기하고 있다.

여기 발표된 글들은 국내에서 상상력에 대하여 아마도 처음으로 학문적, 신학적으로 성찰한 본격적인 탐구의 결과물이다. 독자들은 이 글들과 함께 상상력에 대하여, 기독교 문화와 대중문화에서 상상력의 역할에 대하여, 복음의 소통과 문화 변혁을 위한 상상력의 분별 있는 활용에 대하여 보다 깊은 성찰과 배움으로 들어갈 수 있을 것이다.

2장

기독교 문화와 뉴에이지 문화의 상상력

뉴에이지 문화의 상상력과 한국교회의 대응

최성수 박사 | 한남대 기독교 문화원 연구원

1. 들어가면서

필자는 '뉴에이지 운동'의 복합적이고 광범위한 규모로 인해 단지 뉴에이지의 기본 정신과 목표만을 확인한 후에 각 문화 분야에서 괄목할 만한 성과에 크게 기여하고 있는 문화적 상상력과 그 원동력을 고찰하려 한다. 그리고 뉴에이지에 대한 한국 기독교의 인식과 반응을 비판적으로 살펴보면서, 기독교 문화적인 상상력에 바탕을 둔 바람직한 대응방식을 제안해보려 한다.

2. 본론

뉴에이지는 현재 한국교회 내에 깊이 침투해 있다고 여겨진다.

"뉴에이지는 바로 우리 곁에서 우리와 함께 호흡하며 우리가 누리는 문화의 어엿한 한 자리를 차지"[87]하고 있다는 지적이다. 이런 뉴에이지에 대해 현명하게 대처하기 위해서는 먼저, 뉴에이지에 대한 올바른 이해가 선행돼야 한다. 오해나 왜곡은 대응에 있어서 오류로 나타나기 때문이다. 그 다음으로는 뉴에이지 운동에 대한 사람들의 높은 관심의 배경이나 이유가 파악돼야 한다. 그래야 대안을 강구할 수 있는 방향성을 수 있기 때문이다.[88] 뉴에이지에 대한 자세한 내용은 관련문헌들을 참조하기를 바라며, 이곳에는 주제의 성격상 뉴에이지 운동에서 핵심이 되는 사상만을 소개하고자 한다.

2.1. 뉴에이지란?

뉴에이지는 1970년대 중반에 미국 내 주요 신문과 잡지에서 기사와 논설로 기사화 되면서 여론의 관심을 끌기 시작했고 80년대부터는 다양한 색깔을 나타내며 분명한 모습으로 나타냈다. 처음에는 여러 가지 다양한 이름('새로운 의식', '물병자리 음모', '새로운 동양학', '우주적 인본주의', '인간의 잠재 운동', '전체적인 건강운동' 등)으로 회자되던 것이 결국 '뉴에이지 운동New Age Movement'으로 정리되었다.[89] 1980년대부터는 뉴에이지 운동의 대표자로 알려진 마크 새틴과 매를린 퍼거슨의 저술 작업이 결실을 보기 시작했고, 뉴에이지 사상을 다룬 여러 전문저널들[90]이 출간되었다.

그녀의 작품에 대한 미국 내에서의 반응이 빠른 속도로 확산됐고, 그녀와 뉴에이지에 대한 비판도 많이 나타났다. 특히 러셀 챈들러Russel Chandler, 더글라스 R. 그루티우스Douglas Groothius, 바실레아 슐링크

Basilea Schlink, 제임스 사이어James Sire, 텍스 마알스Texe Maars는 대표적인 뉴에이지 비판가로 알려진다.[91] 도서출판 '정신세계사'와 '명상'을 중심으로 뉴에이지 문헌들이 번역되어 한국 서점가에 소개되자 한국교회는 먼저 뉴에이지를 비판하는 글들을 번역하여 소개하였고[92], 그 후 이것들은 뉴에이지를 비판적으로 다루는 한국인 저자들의 글 속에서 인용되었다. 한국교회가 인식하고 있는 뉴에이지는 대체로 뉴에이지를 비판한 문헌들이 전해주는 내용에 기초하고 있다고 보아도 과언이 아니다.

뉴에이지는 어떤 특정한 사상적 기원을 갖지는 않지만, 공통적으로 궁극적인 실재와 인간 사이에서 일정한 관계를 전제로 한다. 특히 양자의 동일성을 주장하면서 결과적으로는 인간의 신격화를 추구한다. "영적각성"을 출발로 해서 "자아의 발견, 영적 성장, 정신적 계몽"[93]과 같은 것을 운동의 기본으로 삼는다. 복잡한 양상을 띠고 있지만 크게 기본 사상들(인본주의, 범신론적 일원론)과 이러한 사상을 통해 추구되는 가치들(깨달음, 우주와의 합일, 의식의 혁명), 이 가치들을 구체적으로 현실화시키기 위한 각종 수행적인 활동들(요가, 명상, 마인드 컨트롤), 그리고 확산을 위한 매체들(비트를 제외한 서정성 짙은 음악[94], 신비주의적인 색채가 강한 미술 혹은 영상[95], 만화[96], 명상 및 수행방법과 원리를 소개하는 서적[97], 네트워크[98], 인본주의적인 교육[99])로 구성된다.[100]

뉴에이지의 본질을 파악하는 데에 매를린 퍼거슨의 말은 중요한 시사를 준다.[101] 그녀는 당시대를 이끄는 힘에 맞서 새로운 세력이 부상하고 있음을 환기시키면서, "그 뭐라고 형언할 수 없는 힘은 제 때를 맞은 하나의 사상이며, 이제 그 이름을 붙여야 할 만큼 세력이 커진 것 같다."고 말한다. 새로운 세력으로 부상하는 이 운동은 기존 질서와 달리 "비정형적 지휘체계"를 갖고 있으며, "신봉자들의 끈질긴 열정"으로 추진되고 있고, 기존의 사고로는 "도무지 있을 법하지도 않은 성공 사례들"을 갖고 있다고 한다. 또한 이 운동에 참여하는 사람들은 "단순한 협력의 차원"이 아니라 "공모의 관계"를 맺고 있음을 지적한다. 퍼거슨은 특히 이 운동의 성격을 표현하기 위해 "물병자리 시대"라는 점성술적인 개념을 사용하는데, 물병자리란 "고대의 12궁도 중 물병자리를 의미하는 것으로 어떤 것으로도 채워지지 않는 인간의 정신적 갈증을 충분히 채울 수 있는 물병을 상징, 인간 영혼의 참 자유를 단적으로 적절하게 표현한 것이다." 그러므로 '물병자리 시대'란 표현을 쓴 이유는 "어둡고 어지러운 물고기자리 시대를 지나 사랑과 광명의 황금시대, '진정한 정신의 해방'의 시대인 물병자리 시대에 들어선다는 것"을 말하기 위함이다.

    퍼거슨의 말은 뉴에이지가 언제, 어디서부터 또 어떻게 시작되었는지는 모르지만[102] 하나의 강력한 영향력으로 인정받고 있으며, 새로운 세계를 꿈꾸는 사람들의 연대의식 가운데 전개되고 있는 운동이라는 의미를 갖는다. 다시 말해서, 뉴에이지는 현존하는 질서가 갖는 모순에 직면해서 시대 변혁의 필요성을 절감한 사람들이 네트워크를 통해 서로 연대해 새로운 질서 혹은 새로운 세계를 만들어낼 수 있는 방법을 대안으로 제시하려는 일련의 종교혼합에 바탕을 둔 (혹은 종교일치를 지향하는) 문화운동이다.[103] 이것은 기존의 문화 운동과 현저한 차이를 보여준다. 왜냐하면 외부적인 영향력에 의지하기보다 인간의 내면적인 능력[104], 즉 자신의 신적 본질[105]에 대한 자각과 더불어서 그 잠재력을 활성화시키려 하기 때문이다.[106] 뿐만 아니라 종교적으로 이질적인 요소를 하나의 문화 형태로 정제해내려는 노력 역시 기존의 문화 운동과의 차이를 두드러지게 만든다.

뉴에이지의 특징은 제반 과학 분야에서의 발견 및 기술 문명과 동양 및 서양 종교를 상호 결합시켜 각종 문화의 형태로 구체화시키는 일이다. 이것은 뉴에이지의 가장 두드러진 특징인 다양성을 설명해준다. 더군다나 동양의 종교나 동양 철학사상, 그리고 서양의 과학과 유대교, 기독교 계시들을 분석하여 통일된 목적하에 서로를 일치시키려 한다.[107] 결과적으로 뉴에이지는 영지주의와 밀교를 합친 듯 한 형태로 인해 흔히 '혼합주의'라는 비난을 받는다.

뉴에이지의 기본 목표는 의식 혹은 마음의 변혁을 통해 세상 전체를 변혁시켜나가는 데에 있다. 목표에 이르는 과정에서 가장 우선되며 중요하게 여겨지는 것은 인간이 자기 자신의 무한한 잠재적 능력을 자각하는 일이다.[108] 이런 자각을 바탕으로 각자 처한 위치에서 동일한 목표를 지향하는 연대적인 운동이 바로 뉴에이지며, 매를린 퍼거슨은 이런 현상을 가리켜 "물병자리 시대의 공모"[109]라고 표현한다.

2.2. 왜 뉴에이지에 관심을 갖는가?[110]

공동의 배경과 공통된 관심을 가진 사람들이 각 분야에서 수면으로 떠오르면서 '뉴에이지'라는 자기 정체성을 확립하게 된 1980년대 초반부터 현재까지 뉴에이지는 폭발적인 주목을 받았고, 오늘날에는 문화 현상의 하나로 현대 문화와 정신에 깊숙이 침투해 있다고 여겨진다. 단순히 기존 세계관에 대한 반항으로 본다면 그 강한 침투력과 영향력을 도무지 이해하기 쉽지 않을 정도다. 그리하여 "시작도 끝도 알 수 없을 것 같은 뉴에이지 운동"[111]이라고 표현됐을 정도다.

　기독교 역사에서 뉴에이지와 같은 반기독교, 혹은 비기독교적인 현상이 처음은 아니다. 예컨대 신 플라톤 철학과 영지주의, 말키온 등과 같이 이단 혹은 철학 사상들이 기독교에 강한 영향력을 행사했고 또 기독교의 발전에 크게 기여할 수 있었던 이유는 그것들 안에서 기독교적인 요소들을 발견할 수 있었기 때문이기도 하지만, 무엇보다 그들의 사상들이 기독교에 흡수될 수 있는 좋은 터전이 마련되어 있었기 때문이다.[112]

　문제는 교회 안에 있었다. 외부의 자극과 도전은 단지 교회 안의 잠재적인 문제가 드러나는 계기였을 뿐이었다. 오늘날 뉴에이지가 현대 문화와 기독교 문화에 강한 영향력을 행사하고 특히 교회가 그것을 수용하게 된 이유는 세 가지다. 하나는 교회 안에서 도사리고 있는 비복음적인 정신(기복주의, 세속주의, 물질주의)과 당대의 사람들이 바라는 정신이 부합됐기 때문이고, 다른 하나는 뉴에이지가 제시하는 문제인식 및 문제 해결 능력이 기독교가 제시하는 것보다 더 선호되기 때문이다. 마지막 하나는 초월적인 경험에 대한 집착이다.

2.3. 뉴에이지 문화의 상상력과 그 원동력

　뉴에이지에 폭발적인 관심을 북돋아준 세 가지 이유들은 뉴에이지 문화의 상상력에서 비롯된다. 따라서 뉴에이지에 대한 적절한 대응책을 마련하기 위해서는 뉴에이지의 문화적 상상력과 그것의 원동력에 대한 이해가 필수적이다.

2.3.1. 뉴에이지의 문화적인 상상력

뉴에이지의 상상력은 각 분야에서 쏟아지는 작품들에서 입증된다. 가장 논란이 많은 음악은 물론이고, 미술 및 영상 분야, 다양한 장르를 동원한 각종 출판물들, 특히 판타지 계열의 문학과 영상예술은 타의 추종을 불허할 정도다. 뿐만 아니라 현대인의 관심을 이끌어 주면서도 현대인들이 겪는 각종 스트레스로 인해 상대적으로 강하게 나타나는 심적인 갈증을 해소시켜주는 여러 수행방법들은 그들의 상상력이 어떠한지를 단적으로 입증해준다. 뉴에이지 비판가들은 이러한 문화적인 상상력을 감정적으로 대처하고 있으며, 또한 상상력의 근원을 알려고도 하지 않기 때문에 몇몇을 제외하면 대부분 속 좁은 편견에 사로잡힐 수밖에 없다.

이끄는 조직이나 사상을 대변하는 인물도 없이[113] 단지 기존의 것과 다른 문화적인 코드 형태만으로 수많은 사람들의 지지를 얻어내고 뉴에이지의 설득력과, 문화 분야에서 수많은 창작물을 쏟아내는 상상력은 어디에서 비롯되는 것일까?

이 질문에 대한 정확한 대답은 뉴에이지 사상을 대변해주는 글들에서 공통적으로 나타나는 한 가지 특이한 사실을 주목함으로써 발견할 수 있다. 뉴에이지를 대변하는 글들 속에서 공통적으로 나타나고 있다. 예컨대, 퍼거슨이 뉴에이지의 기본 목표와 신념을 지지해주는 것이라면 비록 과학적인 검증 과정을 거치지 않은 것이라 해도 과감하게 뉴에이지의 '공모' 가운데 하나로 수용한다. 특히 그녀의 저서『뉴에이지 혁명』6장 이하에서 다루어지는 내용은 정치, 경제, 의료, 교육, 인간관계 등의 분야에서 나온 결과들이 어떻게 뉴에이지 기본 정신과 부합되는지를 보여준다. 시대의 변혁이라는 목표 의식과 그것을 현실화시키기 위한 방법으로서 개인의 능력에 대한 자각과 내면의 변화를 지지하는 것이라면 무엇이든지 분야를 초월해서 '공모'로 파악하는 특징적인 태도를 견지한다. 뉴에이지의 사상을 확증하기 위한 증거 자료로서 수용하는 것이다. 지나치게 임의적 혹은 자의적이라는 비난을 무릅쓰고 자연과학과 철학, 그리고 예술과 각종 분야의 입장들이 비교적 느슨한 연결고리를 갖고 뉴에이지 문헌 속에서 무수히 발견되는 이유가 바로 여기에 있다.[114]

이러한 태도로 인해 뉴에이지는 과학과 기술 문명에 의한 인간의 불운한 상태와 그것의 메커니즘을 깊이 인식하면서 인류에게 새로운 희망의 계기를 제공해주려고 하는데, 이것은 "뉴에이지의 강점"[115]으로 평가되고 있다. 사실 이러한 태도는 체계 자체가 개방적일 때에 가능한 것인데, 뉴에이지의 문화적인 상상력은 바로 이런 개방적인 태도에서 비롯된다. 그렇다면 뉴에이지의 자유로운 상상력을 가능하게 해주는 힘은 무엇인가?

2.3.2. 뉴에이지의 문화적인 상상력의 원동력

간단하게 말해, 뉴에이지 문화의 상상력을 이끄는 원동력은 세 가지로 정리할 수 있다. 앞서 언급한 대로 문제해결을 지향하는 노력과 시대적인 흐름에 빠르게 적응하는 능력, 그리고 한 가지 더 지적한다면, 뉴에이지의 정체성을 규정하거나 지키기 위한 도그마가 없다는 사실이다.

뉴에이지는 처음부터 시대의 문제를 해결하고 그 대안을 제시하기 위해 시작됐고, 그 결과로 나타난 일련의 공통된 노력이다. 과학적인 탐구에 추진력이 있고 또 그 결과들이 많은 지지를 얻는 것은 기본적으로 문제 해결을 지향하기 때문인 것과 같이, 뉴에이지 사상과 실행방법에 대해 사람들이 보여주는 폭발적인 관심 역시 인간의 한계를 극복하고 시대의 문제를 여러 가지 방법을 통해 해결하려는 근본 의도에서 촉발된 것이다. 문제 해결에 대한 관심과 집중력이 뉴에이지로 하여금 문화적인 상상력에 날개를 달아준 것이다.

문제 해결 능력은 특히 현대인들의 종교적인 갈증 해결에서 큰 호응을 얻었다. 시대적인 위기의식에 직면한 현대인들의 기호와 욕구에 민감하면서도 유연한 반응을 보인 뉴에이지는 시대정신의 흐름에 민첩하게 대처하고 또 적응하는 능력을 보여주었다. 뉴에이지는 과학 기술이 가져다 준 문명의 혜택 속에서 현대인들이 고통을 호소하며 신음하면서 동경하는 세계, 곧 유토피아적인 세계를 영상으로 보여주고 음악으로 들려주고, 또 삶으로 즐길 수 있도록 해주었다.

물론 이러한 뛰어난 적응 능력은 뉴에이지를 규정하거나 혹은 그것을 규제하려는 원리 혹은 도그마가 없기 때문에 가능했다. 규제하는 것이 없기 때문에 무엇에 거칠 것도 없었고 또 거리낌을 느낄 필요도 없이 단지 의식의 변혁에 도움이 되기만 하면 형태와 장르를 초월해서 자신을 표현할 수 있었다.

2.4. 한국교회의 다양한 대응들

기독교가 전래된 이후 활발히 전개되던 기독교 문화 운동[116]은 빠른 경제 발달과 지식 수준의 향상에 기반을 둔 서구 문명의 일반화와 더

불어 70년대에 들어와 급격하게 정체된다. 한국교회에 기독교 문화 운동의 필요성에 대해 강한 도전과 자극을 준 것은 60년대의 토착화 논쟁[117], 소위 청년문화운동의 옷을 입고 나타난 70년대 대중문화 운동[118], 그리고 미국으로부터 유입되어 '뉴에이지 운동'이라는 이름으로 한국에 소개된 반문화운동[119]과 종교혼합 현상이었다. 한국교회는 뉴에이지에 대해 때로는 반성적이기도 하지만, 주로 부정적인 반응을 보이면서 기독교 문화의 필요성을 절감했다.

뉴에이지에 대한 한국교회의 반응을 살펴봄에 있어서 우선적으로 주지해야 할 사실은, 몇몇의 경우를 제외하면[120] 대부분은 미국의 반응을 무비판적으로 수용한 결과라는 것이다. 한국적인 기독교의 정체성을 확립하지 못했고 또한 한국 신학을 정립하지 못했을 때 한국교회는 선교사들을 통해 들어온 미국 교회의 신학을 그대로 수입하고, 또 미국 교회의 분열을 그대로 답습할 수밖에 없었다. 과거의 뼈아픈 경험에도 불구하고 뉴에이지와 관련해서 동일한 전철을 밟는다면, 동양적인 세계관과의 건설적인 관계 속에 성장해야할 과제를 갖고 있는 한국교회는 과제를 충실하게 이행하지 못할 뿐만 아니라, 한국교회의 정체성마저 흔들릴 수 있다. 지난 과오를 반복하지 않기 위해 뉴에이지에 대해 그동안 한국교회가 어떻게 이해해왔으며, 또한 어떤 유형으로 대처했는지를 살펴보면서 한국교회의 대응을 비판적으로 정리해보고자 한다.

뉴에이지에 대한 이해와 소개는 주로 대중매체를 통해 이뤄졌다. 출판 문헌에 처음으로 등장한 것은 '정신세계사'와 도서출판 '명상'에서 번역된 것들인데, 상당수가 베스트셀러에 오를 정도였다. 이에 대한 한국인의 비판적인 고찰이 기독교 잡지에서 처음으로 기사화 된 때는

1989년이다. 오춘희는 "뉴에이지 운동의 정체 비밀리에 번져가는 마지막 시대의 유혹"이라는 제목으로 ≪신앙계≫(통권 266호, 62-67)에 발표하면서, 뉴에이지를 주로 사회문화적인 현상으로 소개했고, 허성수는 뉴에이지의 사상과 종교적 맥락을 다룬 글을 월간 ≪고신≫(11월호, 32-38)에 "사탄의 문화 '뉴에이지운동'의 정체"라는 제목으로 기고했다. 그 이후에 뉴에이지는 각종 잡지[121]와 각 신학대학의 교수논문집, 그리고 학위 논문 등에서 다뤄졌다.[122]

"오늘날 크리스천들이 무시할 수 없는 어떤 것"[123]으로 평가된 뉴에이지에 대한 한국교회의 대응[124]의 대부분은 뉴에이지를 유사종교적인 본질이 문화적인 형식을 통해 나타난 것으로 인식하면서 이뤄지고 있다. 올바른 대응을 위해 사상적인 배경을 분석함과 동시에 반기독교적인 성격을 규명하면서 비판하고 있다. 특히 문화적인 코드로 접근하기 때문에 청소년이나 젊은 세대들에게 침투될 높은 가능성을 경고하면서 뉴에이지에 대한 대안을 모색하는 노력이 강도 높게 촉구되기도 한다.

이곳에서는 한국교회가 뉴에이지에 대해 보여준 다양한 인식과 비판을 살펴보고, 그 후에 한국교회의 기독교 문화 창달을 위해 극복되거나 시도되어야 할 노력들이 다뤄질 것이다.

2.4.1. 뉴에이지에 대한 한국교회의 인식

뉴에이지에 대한 한국교회의 인식을 종합적으로 평가하면서, "지극히 단견적이고 감정적인 비판을 위한 비판에 그쳤다."[125]는 지적처럼, 지나치게 배타적인 경향을 보이는 것은 물론이고, 몇몇의 신학적인 비판을 제외하면 대부분은 비난성 경고의 성격이 짙다. 아쉽기는 하지만, 기독교 신앙에 있어서 성경의 진리성과 하나님사상, 그리고 그리스도 중심적인 구원관을 지켜내기 위한 노력이었다는 점에서 무시돼서는 결코 안 될 것이다.

뉴에이지에 대한 한국교회의 비판적 인식은 크게 세 가지 측면으로 정리해볼 수 있다.[126] 첫째는 각종 사회 문화사적인 배경에 대한 인식과 더불어서 뉴에이지 운동의 성격을 규명하려는 것, 둘째, 종교적 혹은 신학적 이단성과 주술성과 같은 종교적 관점에 따른 인식, 그리고 셋째는 인간관(인간을 신성 소유자로 생각하고 잠재능력개발을 최우선으로 여긴다), 신관(하나님을 에너지로 생각), 구원관(영적 각성, 즉 명상으로 도를 닦으면 구원의 경지에 들어갈 수 있다고 함)과 같은 세계관적 관점에 따른 인식이다.

2.4.1.1. 사회문화사적인 배경에 대한 인식[127]

주로 뉴에이지가 태동하게 된 사회 문화적인 배경을 추적하며, 그로부터 생성된 불순한 동기들을 밝혀내는 가운데 뉴에이지의 본질을 이해하려는 노력이다. 이러한 인식에 따르면, 뉴에이지는 60년대부터 시작된 반문화 운동의 결과이다. 미국의 전후세대들은 당시대에 대해 큰 당혹감을 느끼게 되었다. 무엇보다 진보적인 낙관주의에 대한 믿음을 가능하게 했던 과학 기술 문명에 대한 젊은 세대들의 불신과 회의는 모두에게 큰 충격이었다. 인간에 대한 신뢰가 무너지게 됨으로써 인류 발전에 대한 낙관적인 태도는 수정돼야 했다. 상대주의와 허무주의가 급속도로 번져나갔는데, 급기야 이것은 1960년대 미국에서 시작된 각종 반항세력들로 나타났다.[128] 기존의 질서와 제도에 대해 이의를 제기하는 것이 대부분이었다. 이들은 스스로를 새로운 세계의 주체세력으로 자각하고, 일종의 기득권에 대한 저항세력으로서[129] 반문화 운동 형태로 자신의 이슈와 사상을 전파했다. 그렇다고 해서 뉴에이지가 반문화 운동의 산물이라고 보는 것은 아니다.[130] 반문화적인 경향과 맞물려 있을 뿐이며, 새로운 시대 정신을 전망하면서 기존의 세계관에 대해 한계를 선언한 것이었다. 당시 세계관의 중심을 이루고 있던 기독교에 대한 반대세력으로 부상하게 된 것은 당연한 현상이었다.

인과론적인 기계론에 의해 파편화된 옛 시대의 위기에 직면해서 총체적인 세계에 대한 꿈을 꾸면서 절실하게 요청된 것은 새로운 의식이다. 새로운 세계를 총체적으로 파악하기 위해서는 새로운 의식, 곧 신화적이고 종교적인 의식을 필요로 하기 때문이다. 이러한 의식을 합리적인 정신보다 더 선호하게 된다는 것은 문명의 힘에 바탕을 둔 개혁을 포기하겠다는 또 다른 의지의 표현이었다. "학문 · 예술 · 기술의 진보는 인간을 타락시키고 불행하게 만든다."는 루소의 주장처럼, 서구 문명과 사상, 그리고 문화에 한계를 느낀 사람들은 과감하게 원시적인 형태를 유지하고 있을 뿐만 아니라 자연친화적인 동양 사상에 눈을 돌렸다. 힌두교와 불교, 그리고 각종 동양의 비의적인 사상들과 가치관, 그리고 각종 수양 방법들이 돌파구로서 혹은 대안으로서 수용됐다.[131] 그렇다고 해서 서구 문화가 총체적으로 포기된 것은 아니었다. 단지 한계를 극복하기 위한 수단, 혹은 새로운 세계를 이끌만한 이상을 찾기 위한 노력의 일환이었다. 다시 말해서 동양 사상과 종교는 그동안 자신들의 삶과 사상의 기초였던 세계관의 한계를 극복하기 위해 수용됐으며, 궁극적으로는 동양적인 것을 매개로 자신의 서구적인 정체성을 새롭게

확립하려는 노력이었다.[132]

60년대 말에 구미에서 점진적으로 일어나는 일련의 복합적인 움직임들에 대해 관심을 가진 스팽글러David Spangler는 한 권의 책으로 세계적인 이목을 집중시켰는데, 1971년 '뉴에이지의 탄생'이라는 부제가 붙은 'Revelation'의 출판이었다. 그러나 이 책에서는 뉴에이지의 원칙이나 운동의 방향에 대한 어떠한 정보도 담고 있지 않았다.

존 쿠퍼John Cooper는 뉴에이지 운동을 역사적 맥락 속에서 이해하면서 "평화와 사랑, 생태학에 대한 1960년대 반문화운동의 관심, 1970년대의 자아인식에 대한 추구, 그리고 1980년대의 쾌락주의의 결합"[133]이라고 말한다. 여기에 동방 종교와 고대 자연 종교들의 많은 요소들이 가미되었다.[134] 이런 시대적 경향은 여러 분야에서 일관되고 또 동일한 목표 의식을 가진 연구 결과들로 이어졌다. 공통점은 한결같이 기존의 질서와 제도에 대해 이의를 제기하면서 그 대안을 찾는 중에 얻은 결론들이라는 것이었다. 80년대에 들어서면서 몇 명의 사람들은 이런 결론들을 일정한 목적의식하에 통합하고, 강한 연대의식 속에서 새로운 세계를 꿈꾸는 자들을 운동의 형태로 규합하려는 의지를 강하게 표출했다. 이질적인 요소들이 혼재해 있음에도 불구하고 새로운 관심을 좇는 사람들은 어떤 공통된 신앙을 공유했는데, 바로 이런 종교적 영성[135]이 기초가 되어 나타난 사회 문화적인 현상이 바로 뉴에이지다.

특히, 매를린 퍼거슨은 이 운동의 기수[136]로 자처하면서 1973년에 『두뇌 혁명Brain Revolution』을 출판하여 기존의 사고의 틀을 벗어나 잃어버린 정신세계를 발견할 것을 촉구했다. 1980년에 출판된 『The Aquarian Conspiracy』(물병자리 공모, 1980)[137]는 뉴에이지의 대중화에 크게 기여했는데, 당시에 큰 화제를 불러일으키며 베스트셀러가 됐다. 퍼거슨은 이 책을 통해 일련의 공통점을 갖고 나타나는 현상들을 "물병자리 공모"라는 개념으로 파악하고, 공모자들의 노력을 통해 정치, 경제, 의료, 교육, 인간관계 등에서 나타나는 변화와 결과들을 소개하면서 새로운 세계를 위해서 가장 중요한 것은 마음의 변혁임을 주장했다.

지원용은 이처럼 당시 새롭게 부상하는 움직임을 "안팎으로 오는 도전의 물결 가운데 한 가지", "20세기 판의 노스티시즘", "그 복합성이나 복잡성, 내세우는 현실성이나 신비성, 혼합적 종교성과 무속성, 그리고 정통 기독교에 대한 도전성 등 지난날 그렇게 끈질기게 기독교에 달려 붙던 영지주의를 연상케 하는 것" 등으로 표현하고, "'종교'라고 하기보다는 하나의 '운동'"으로 인식했다.[138]

2.4.1.2. 사상적인 인식

원래 뉴에이지는 새로운 시대를 위한 새로운 사상을 추구하는 여러 노력들을 통해 시작된 사상 운동이다. 그래서 비판가들은 뉴에이지가 가진 반기독교적인 특징이 반기독교적인 사상에 기초하고 있음을 밝혀내고자 했는데, 특히 프로이드, 마르크스, 다윈, 떼야르드 샤르댕과 같은 사상가들에 주목한다. 이들로부터 뉴에이지가 가장 큰 관심을 갖는 것은 인본주의이다. 특히 한국교회가 뉴에이지의 인본주의에 대해 비판적으로 반응하는 이유는 기독교적 인간 이해와 상이하기 때문이다. 다시 말해 뉴에이지의 인본주의는 인간을 신격화시킬 뿐만 아니라, 인간 스스로의 깨달음에 의한 구원이 가능하며, 하나님 없는 유토피아 건설이 가능하다고 보기 때문이다. 그래서 뉴에이지가 세계를 변혁시킬 수 있는 가능성을 인간의 잠재된 영적 능력에 있다고 보는 것에 대해 "인본주의의 부활이다"[139]고 말함은 물론, 조규남은 뉴에이지에서 "인본주의의 절정"을 확인할 수 있다고 한다. 인간이 신이 될 수 있는 잠재 능력이 있다는 전제하에서 뉴에이지는 신과의 합일을 추구하는 인본주의 사상의 결정체라고 보는 것이다.

또한 이원론적인 인간 이해를 문제시한다. 뉴에이지에서는 세계 변혁의 주체로서 인간의 의식만이 중요하게 여겨지는데, 그러므써 육체가 활동하는 공간인 현실에서 확인되는 악은 단순히 환상적인 것에 불과하게 되고,. 이는 자연스럽게 인간의 육체가 정당하게 취급되지 않는 결과로 이어진다. 영지주의적인 인간 이해와 많이 비교되는 까닭도 여기에 있다. 인간의 육체를 경시하는 영지주의가 고대 교회에 심각한 도전이었듯이, 오늘날 한국교회 역시 뉴에이지의 이원론적인 세계관을 매우 큰 도전으로 받아들인다. 가장 중요한 이유는, 인간은 정신과 육체의 결합체로서 '인격'이라는 관점에서 이해되어야 한다고 믿기 때문이다.[140] 그리고 일부는 뉴에이지를 포스트모던의 하나로 인식하기도 한다.[141]

2.4.1.3. 종교적인 인식

한국교회가 뉴에이지에 대해 민감한 반응을 보이는 가장 큰 이유는 "뉴에이지 운동이 말세에 나타날 사탄이며, 적그리스도의 출현과 관계된 것일지도 모른다는 우려 때문"[142]이다. 종교적으로는 크게 두 가지, 곧 사탄주의와 종교 혼합 운동으로 인식된다.

사탄주의

처음으로 뉴에이지를 비판하는 글을 기고한 오춘희는 뉴에이지 운동의 궁극적인 목표를 "불법의 사람, 즉 적그리스도가 이끄는 세계정보와 종교의 통일"[143]이라고 파악한다. 이러한 견해는 한국교회의 전체적인 분위기를 지배해 대다수가 뉴에이지를 사탄주의로 본다. 그렇게 보는 이유 중 공통적인 것은, 뉴에이지가 인류를 여호와 하나님의 신앙에서 멀어지게 한다는 데에 있다.

김창엽에 따르면, "이 운동은 인간이 하나님께 행한 최초의 불순종-지식과 능력에 있어 하나님과 같이 되고자 하는 욕망으로서 표현되었다."[144] 김성수는 한국교회가 뉴에이지를 사탄주의로 규정하는 논리가 텍스마알tm에서 비롯된 것임을 지적하고 있는데, 실제로 텍스 마알스는 뉴에이지를 "대규모적인 사탄의 음모"라고 본다. 바실레아쉴링크 역시 뉴에이지가 지향하는 시대를 사탄의 시대로 보고 "반기독교적 운동", "위험한 영적도전"으로 규정한다. 미국에 바실레아쉴링크와 텍스마알이 있다면, 한국에서 이런 입장의 대변자는 신상언과 조규남이다. 그들은 뉴에이지를 서슴지 않고 "사탄의 음모"라고 규정한다.

신상언은 뉴에이지 사상의 핵심을 7가지로 요약하면서 뉴에이지를 "이단 종교"이며 "사회 전반을 잠식하여 들어오는 사탄의 음모"이고 "사탄의 역사가 시작된 이래 계속되어온 침투와 도전의 한 방법일 뿐"이며, "문화를 우상시하는 현대인들의 한 틈바구니를 비집고 들어와 하나님으로 채워져야 할 공간에 사탄의 검은 그림자로 가득 채우는 교묘한 속임수일 뿐"이고, "반기독교, 반 하나님적인 무서운 음모를 담고 있는 종교적 영적 세계관"[145]이라고 역설한다. 신태균은 종말론적인 관점에서 조명하면서 뉴에이지운동을 "악마가 대중문화를 도구로 삼아 이 세계를 장악"[146]하려는 의도를 가지고 있다고 주장한다.

신상언은 뉴에이지를 사탄주의로 볼 수 있는 몇 가지 이유를 제시하는데, 특히 하나님을 에너지 혹은 기로 생각하는 신관, 인간을 신성 소유자로 생각하여 의식의 변혁을 통한 세계의 변혁을 사람의 힘으로 가능하다고 보는 강한 인본주의적 인간관, 영적 각성, 즉 명상으로 도를 닦으면 구원의 경지에 들어갈 수 있다는 구원관 등이다.[147]

조규남은 뉴에이지를 종말론적인 관점에서 이해한다.[148] 조규남은 사탄주의로 볼 수 있는 두 가지 이유를 제기하고 있는데, 하나는 하나님으로부터 멀어지게 하기 때문이고, 다른 하나는 신 없는 유토피아를 실현하기 위한 노력이기 때문이다.[149]

이양림은 사탄의 역사적인 출현을 말하면서 뉴에이지 운동이 세 번째 세력, 곧 이방종교, 과학에 이어 나타난 것이라고 한다. 사탄주의로 볼 수 있는 이유는 하나님으로부터 인류를 분리시키려는 의도가 다분하기 때문이다.[150] 사탄의 전략의 하나로서 뉴에이지가 갖는 특징은 진화론을 토대로 한 세속적 인본주의와 동양종교를 토대로 한 세속적 인본주의가 접목되어 나타났다는 것이다.[151]

강인중은 "뉴에이지의 문제는 참된 선을 추구하려는 노력이 예수 그리스도가 아닌 이교적, 신비주의적 영성과 결합하려 한데 있고 이는 우리를 하나님이 아닌 다른 세계로 미혹할 수 있기 때문에 교회는 이 문화에 대해 경계를 요청하고 있는 것이다."[152]

종교혼합운동

뉴에이지가 추구하고 있는 지적되는 현상은 종교혼합인데, 이것은 하나님으로부터 멀어지게 하는 방법으로써 매우 설득력 있는 것으로 여겨진다 주로 힌두교와 불교를 바탕으로 기독교적인 요소를 혼합해 신비주의적이고 밀교적인 형태를 취한다. 앞서 말한 대로 뉴에이지 운동은 기존의 가치와 세계관에 한계를 느끼고 그것을 극복할 뿐만 아니라 대안을 찾기 위한 노력의 결과였고, 동양사상에서 새로운 가능성을 찾았기 때문에 처음부터 종교혼합의 성격을 가질 수밖에 없었다. 뉴에이지는 이러한 종교혼합을 상상력을 통해 일종의 문화의 형태로 가공해냄으로써 비기독교적인 정신과 신앙을 기독교내에 침투시키려는 뉴에이지들의 계략을 대개 사탄의 문화운동으로 간주한다.[153]

손종태는 이런 뉴에이지를 "오늘날의 기독교가 대처해야할 가장 심각한 적"이요 "2000년의 교회 역사 가운데 가장 막강한 규모의 적"이라고 보면서, 그것을 "종교와 문화의 통합적인 운동"이요, "그 규모에 있어서는 인류사에 나타난 거대한 두 운동, 즉 르네상스와 종교개혁을 훨씬 능가하는 것"이라고 본다.[154]

안점식 역시 뉴에이지를 "일종의 문화적 현상"으로 보며, 또한 "동양의 범신론적 사상들을 현대화시킨 것에 지나지 않는다"고 규정한다.[155]

2.4.1.4. 기독교적인 자아정체성 확립을 위한 계기

하지만 뉴에이지를 보는 관점이 항상 부정적인 비판으로 가득한 것은 아니다. 뉴에이지가 추구하는 동양 사상이 한국의 종교 문화사상에 낯설지 않다는 점에 유의하면서, 뉴에이지를 비판하게 될 경우에 자 칫 잘못하면 한국교회의 동양 문화적인 정체성에서 위기에 직면할 수 있음을 염려한다. 뉴에이지에 대해 극단적인 공격이나 혹은 단순한 방 어자세만 취할 것이 아니며, 오히려 동양사상과의 적극적인 대화는 한 국기독교의 정체성 확립에 크게 기여하도록 할 것이라는 논리다. 뉴에 이지에 대응함에 있어서 먼저 기독교의 자기 정체성확립이 중요하다는 인식에서 비롯된 것으로, 교회는 뉴에이지 운동에서 받은 자극을 계기 로 두 가지 방향에서 자기 정체성을 확립해야 한다고 보는데, 곧 "기독 교 세계관 정립과 교회 변혁운동"[156] 이다.

2.4.2. 한국교회가 제시하는 대안으로서 과제

뉴에이지를 비판하며 그 위험성을 경고한다면, 한국교회가 과제 로서 뉴에이지에 대한 대안을 기대하는 것은 자연스런 일이다. 김성수 의 다음의 경고는 대안모색의 절박한 심정을 잘 읽어볼 수 있다: "… 만 약 그리스도인으로서 우리가 뉴에이지 운동의 이교주의에 대해서 경고 만 하는데 그치고, 우리 세계가 안고 있는 제 문제의 뿌리에 놓여 있는 원인에 대한 분명한 모습을 보여주지 못하고, 나아가 신앙의 인내로서 다음 세기를 향한 대안적인 방법을 보여주지 못한다고 한다면 그것은 그리스도인들의 비극적인 실패가 될 것이다."[157]

뉴에이지를 어떻게 이해하느냐에 따라 과제에 대한 인식도 달라 지지만, 크게 교회 내적인 과제와 교회 외적인 과제로 구분된다. 교회 외적인 과제란 교회의 이미지를 개선해 복음의 대 사회적인 영향력을 높이기 위한 과제를 일컫는다.

2.4.2.1. 교회 내적인 과제

대안모색에 있어서 한국교회 내에서 먼저 공통적으로 확인되는 현상은 뉴에이지 정체를 바로 아는 일의 중요성을 역설하는 것과 기독교 문화의 부재에 대한 반성이다. 뉴에이지의 출현이나 강력한 침투력은 결국 인식의 부족과 기독교 문화의 부재로 인한 결과였다는 평가가 지배적이라는 말이다. 대안으로서 가장 강조되는 과제는 한국교회가 바른 신앙체계 및 세계관을 확립하고, 역사적이면서 실천적인 신앙을 갖는 일이다.[158] 한국교회가 진정한 교회로 거듭나는 일에 있다. 여기에는 개인적으로는 구원의 확신, 영 분별력을 높이기 위해 복음에 대한 바른 인식, 깊이 있는 성경연구에 바탕을 둔 세계관 형성, 동양문화와 사상 속에서 사는 기독교인으로서의 강한 자기 정체성 확립, 그리고 문화 전문사역자 양성이라는 과제가 포함된다. 학문 분야에서도 서로 독립적인 위치에 서 있을 것이 아니라, 기독교 복음을 다방면으로 이해할 수 있게 하는 학제간의 연구의 필요성이 인식되기도 한다.[159]

2.4.2.2. 교회 외적인 과제

한국교회의 과제를 모색하면서 김성수는 교회가 기독교 문화 사역에 있어서 현재보다 더욱 적극적이어야 할 것을 역설하면서 "선교적인 의미에서의 문화 사역"을 말한다. 교회의 벽을 넘어 적극적으로 교회와 기독교 문화를 확산시켜야 한다는 말이다. 같은 의미는 아니지만 비슷한 맥락에서 신상언은 "사탄문화와의 싸움은 곧 마태복음28:18이하의 선교명령을 완수하는 일"[160]이라고 말한다.

교회 외적인 과제에서 특히 강조되는 것은 대 사회적인 측면에서

빛과 소금의 직분을 강조하는 것이다. 윤리의 부재를 극복하고, 교회의 분열을 지양하고, 복음적인 삶을 실천하는 일이다. 주목할 일은 기독교 문화의 토착화를 통해 동양 문화와 사상을 보다 긍정적으로 인식하고 수용할 수 있는 길을 마련해주어야 한다는 목소리다. 뉴에이지가 수용해서 전제하고 있어서 부정적인 이미지로 각인된 동양사상과 문화를 오히려 교회적인 차원에서 적극적이면서도 비판적으로 수용하고 활용하자는 뜻이다. 이런 주장들은 이미 토착화 혹은 종교 및 문화 신학을 통해 제기된 것이지만, 뉴에이지와 관련해서 그 필요성을 새롭게 인식하게 되었다.[161]

2.5. 비판적 고찰[162]

시대의 변혁을 꿈꾸는 각 분야에서의 노력과 결과들, 곧 뉴에이지를 반 기독교적인 운동으로 규정하는 한국교회의 반응은 사실 뉴에이지에 대한 미국 교회에서의 반응을 그대로 이어받은 것이다.[163] 서구로부터 유입된 기독교 문화와 문명을 한국적인 토양에 맞는 기독교 문화로 일궈내지 못하던 때에 또다시 미국으로부터 유입된 뉴에이지는, 한편으로는 큰 충격이면서도, 다른 한편으로는 문화적으로 신선한 도전이었다. 왜냐하면 한국교회가 기독교 문화 창달을 위해 기울인 노력은 뉴에이지 문화와 종교적인 혼합에 대한 대안을 마련하기 위한 고육책에서 비롯되었기 때문이다.[164] 뉴에이지로 인해 한국교회의 자기정체성 확립이 주제로 인식되었고, 이론과 삶 양 방향에 있어서 교회의 본질 회복이 강조되었으며, 무엇보다 기독교 문화 사역의 활성화가 이루어졌다.

이에 반해 "기독교의는 자기 방어에 급급한 나머지 뉴에이지 운동을 객관적 시각으로 바라보지 못하고 성급하게 정죄하는 시행착오를 범한 것 같다. "[165]는 지적과 같이 뉴에이지를 지나치게 사탄주의로 보는 비판적 반응은 신학적인 측면에서 볼 때, 그 근거가 지극히 박약하다.[166] 이 점과 관련해서 신태균의 지적은 주목할 만하다. "사실 이들[반뉴에이지]의 입장에 따른다면 이 지상의 문화 현상과 사회 현상 중에서 악마의 입김이 없는 것은 거의 없어 문화에 대한 종말론과 다를 바 없다."[167]

그동안 한국교회가 보여준 대응에서 발견되는 문제점으로 네 가지를 지적해볼 수 있다. 첫째, 뉴에이지를 수용하는 자의 관심을 배제하고, 단지 뉴에이지의 반문화적이고 또 반기독교적인 성격에 대한 경고에 집중해 온 것이다.

둘째, 뉴에이지 이해에 있어서 대부분 2차 문헌에 의존해있고, 주로 미국 저서를 그대로 인용하는 수준으로 만족하는 것이다. 한국적인 맥락에서 고찰은 거의 이뤄지고 있지 않다. 뉴에이지가 미국에서 발생한 것이어서 미국의 반응을 중요하게 참조해야 하는 것은 당연하지만, 그렇다고 해서 이미 동양 사상과 문화와 더불어 살면서 나름대로 정체성을 확립해 나가고 있는 한국교회가 굳이 미국의 반응을 그대로 수용할 이유는 없다.

셋째, 뉴에이지 비판가들은 뉴에이지와 유사한 입장을 보인다는 이유로 뉴에이지로 분류한다는 것이다. 심지어 뉴에이지가 출현하기 훨씬 이전부터 있었던 한국의 전통 종교마저도 뉴에이지로 분류하는 오류를 범하기도 한다.[168] 어떤 일정한 문화적인 현상을 뉴에이지로 판단할 수 있기 위해서는 그것의 기본적인 의도가 뉴에이지의 사상을 전제하고 있을 때이다. 그런데 이미 초창기에 지적됐음에도 불구하고[169], 단순히 주장에 있어서 유사하다거나 혹은 동일한 방법을 사용하고 있다는 이유만으로 뉴에이지라고 규정하는 것은 이분법적인 흑백논리에 따른 인식 관행에서 유래한다. 이러한 관행은 문화적 상상력을 스스로 무력화시키는 일이다. 그렇다고 해서 다원주의를 전제할 필요는 없다. 중요한 것은 다양한 종교와 문화가 공존하는 사회에서 뉴에이지를 보는 관점이 좀 더 포괄적일 필요가 있다는 말이다.[170]

넷째, 내용적인 측면에서 뉴에이지는 다각도에서 다뤄지고 있지만, 뉴에이지에 대한 인식을 제공한 텍스트가 확실치 않다. 뉴에이지 비판서 들을 바탕으로 한 것인지, 아니면 뉴에이지를 대표하는 자들의 저서를 근간으로 한 것인지 분명치 않다는 말이다.[171] 이는 뉴에이지 활동가들의 저서를 직접 읽기보다는 2차적인 문헌을 탐독한 결과이다.

2.6. 기독교 문화의 상상력에 바탕을 둔 바람직한 대응 방식

2.6.1. 기독교 문화의 상상력

뉴에이지 문화의 상상력이 개방성에서 비롯되었다면, 기독교 문화의 상상력은 어디서 비롯되는 것인가? 아니 기독교 문화의 상상력이 존재하기는 하는 것인가? 기독교 문화 활동은 주로 계몽이나 개화의 차원에서 저개발 국가나 전 근대적인 사고를 가진 국가에서 활발하게 이루어지고 있을 뿐, 문명의 이기를 누리며 사는 국가에서는 -기대와는 전혀 달리 - 그다지 큰 역할을 수행하지 못하고 있다. 오히려 앞서가는 세속 문화의 뒷북을 치는 경우가 허다하다. CCM이 그 대표적인 것이지만, 대부분의 경우 기독교적인 정체성을 부각시킬만한 요소를 드러내지도 못한 채 대중문화와의 대화를 위해 대중문화의 기독교화에 전념할 뿐이다. 간단히 말해서, 현대 기독교는 적어도 문화 사역에 있어서 창의적인 사고와 자유로운 창작 활동을 통해 문화를 선도하거나 영감을 주는 역할을 수행하고 있지 못하고 있다.

기독교 문화의 상상력 부재는 기독교 문화적인 작품 활동이나 혹은 감상 및 참여가 주로 교회 안에 제한되어 있는 현실에서 여실히 드러난다. 루이스C. S. Lewis와 같은 저술가들의 활동은 상당히 고무적이지만 한국교회는 그러한 저술가들이 아직 나타나지 않고 있다. 이로 인해 뉴에이지의 경우처럼 실생활에 파고들어 문화적인 삶의 형태로 구체화시키지 못하고 있는 실정이다. 오히려 언어에 있어서든, 상징을 사용하는 일에 있어서든 기독교적인 냄새가 노골적으로 풍겨야 안심하는 추세다. 이렇게 해서는 기독교적인 정신을 일상적인 삶 속에 결코 침투시킬 수 없다. 더욱이 주요한 것은 복음의 정신과 능력이지 복음의 모양이 아니기 때문이다.

최근에는 교회 건축에 있어서 설계 과정에서부터 신학적으로 배려하려는 움직임이 많아지고 있고, 또 기독교 음악에 있어서 국악을 사용하며, 영화에 있어서 기독교적인 상징을 암시적으로 제시함으로써 기독교 메시지를 표현하려는 노력이 늘어가고 있는 추세다. 그러나 아직도 분명하지 않은 질문은, '문화의 기독교적 정체성은 무엇을 통해서 확인될 수 있는 것인가?' 이다.

기독교 문화에 상상력 부재를 야기하는 세 가지 이유가 있다. 대표적인 것은 사고의 경직성이다. 보이는 것에만 사로잡혀, 비록 보이지는 않지만 상징을 통해 암묵적으로 표현되는 의미를 경시한다. 자구에 얽매이는 태도나 표현을 위해 동원되는 각종 상징들에 대한 규제가 대표적인 경우다. 뿐만 아니라 특히 문제 해결을 지향하지 않는 한국교회와 신학의 관행이다. 교회의 문제에 대한 신학적 인식이 부족한 상태에서 각종 신학이론에 매달려 있고, 문제에 대한 진단이 나오지도 않은 상태에서 신학적 판단이 범람하고 있다. 이것은 교회와 신학에 대한 신뢰성을 떨어뜨릴 뿐이다.

한국 전통문화에 대한 외면은 상상력 부재의 또 다른 중요 원인이다. 기독교 전통을 외면하면서 동양 사상과 문화에서 기독교 신학의 텍스트를 길어내려는 시도들에 대해 신학의 전통을 환기시키는 움직임이 있었고, 그로 인해 신학 고전에 대한 연구가 활기를 띠고 있다. 만일 한국교회가 한국교회의 정체성에 지대한 영향을 미친 한국 전통 문화를 소홀히 한다면, 한국교회의 현재와 미래는 결국 각종 수입명품으로 포장될 뿐이다.

기독교 신학적인 관점에서 볼 때 기독교 문화의 상상력은 하나님의 자유로운 행위에 기초한다. 창조주 하나님은 인간과의 관계 속에서 당신의 주권적인 자유를 결코 포기하지 않으신다. 하나님의 자유는 인간의 인식능력을 넘어서는 상상력을 요구한다. 하나님께서 말씀과 약속을 통해 보여주셨지만 아직 현실화되지 않은 세계를 인식하는 매개로서 상상력은 그리스도인들의 믿음을 돕는 힘이다.

과거 전근대적인 세계관 속에서 지배적이었던 신화적인 상상력이 힘을 잃게 되었을 때 과학적이고 합리적인 인식은 20세기 영성의 핵심적인 차원을 형성했다면, 21세기는 상상력을 통한 인식과 직관, 그리고 통찰이 중시된다. 새로운 시대에 대한 의식과 그에 따른 새로운 사상이 요구되는 가장 중요한 이유는 바로 하나님의 자유에 대해 인간의 응답이 요구되기 때문이다. 변화는 하나님의 주권적인 자유에 따른 사역의 결과다. 따라서 변화를 추구하는 것은 뉴에이지의 전유물이 아니며, 오히려 처음부터 기독교의 과제였다. 이를 위해 기독교 역시 탁월한 문제 해결 능력과 뛰어난 적응 능력을 배양할 뿐만 아니라 복음적인 사고에 있어서 보수와 진보의 논의를 떠나 보다 포괄적인 맥락에 서있을 필요가 있다.

2.6.2. 뉴에이지에 대한 바람직한 대응방식

기독교 역사는 수많은 도전에 대한 응전으로 이뤄졌다. 복음은 불변하지만 복음을 담고 있는 틀은 시대에 따라 변했다. 교회사 속에서 기록을 남긴 각종 이단이나 자유주의 사상들은 복음의 능력에 대해 이의를 제기했고, 심지어 복음의 내용을 변조하거나 다른 것으로 대체하려고 했기 때문이었다. 도전이 제기될 때마다 교회는 이탈자나 배교자들의 출현으로 몸살을 앓았고, 때로는 초기 대응에 실패해 분열되는 아픔을 겪어야만 했다.

현대 기독교에게 있어서 뉴에이지는 무엇인가? 아무리 반기독교적인 종교라 하더라도, 기독교의 진리를 위협하는 한 그것은 역사적인 산물일 뿐이다. 달리 표현한다면, 뉴에이지는 복음이 불투명해졌을 때 나타난 하나의 경종이다. 그것은 교회의 교회됨과 기독교 진리의 진리됨을 다시 한 번 환기시켜주고 또 각인시켜 줄 뿐만 아니라, 교회가 복음의 정신을 회복해야 하는 필연성을 강조해준다. 이런 의미에서 마치

중세시대에 자행됐던 마녀 사냥 마냥 일정한 기준을 들이대고 뉴에이지를 평가하는 것은 바른 태도가 아니다. 하나님의 영광을 드러내지 못한다는 점에서는 적극적으로 행하는 반기독교운동이나, 소극적 의미에서 교회가 하나님의 말씀을 순종하지 않는 것은 그렇게 큰 차이를 갖지 않는다.

첫째, 뉴에이지가 현대 기독교에 주는 도전적인 의미가 크면 클수록, 교회는 기독교적인 정체성을 회복하기 위해 노력해야 할 뿐만 아니라, 복음적인 삶을 통해 성경이 진리임을 더욱 분명하게 증거 할 수 있어야 한다. 가장 먼저 자기 반성적인 태도를 가져 복음을 통한 교회의 개혁운동에 적극 동참해야 한다. 왜냐하면, 역사적으로 볼 때, 반 기독교적인 운동들은 대개 교회 안에 비복음적 요소나 이단적 요소를 이용하며 출현했기 때문이다. 반기독교적인 운동은 교회 안에 비복음적인 요소를 개혁하게 되면, 발붙일 곳을 찾지 못하게 된다.

둘째, 그리스도인다운 삶을 회복하는 것이다. 사상은 현실의 한 단면을 설명하는 기제이기 때문에 또 하나의 현실을 대표하는 사상으로만 대응할 수는 없다. 현실은 결코 이념적인 것만 아니라 시간과 공간 속에서 엮어지는 구체적인 삶이기 때문이다. 삶을 통해 현실은 구성된다. 잘못되거나 왜곡된 현실을 돌이키기 위해서는 의식의 변혁만으로 불가능하며, 그리스도에 대한 신앙이 요구됨을 보여줄 수 있는 가장 좋은 길은 복음을 삶으로 살아내는 일이다. 복음, 곧 하나님의 말씀이 순종하는 삶을 매개로 현실이 된다면, 아무리 감동적인 사조라 하더라도 결코 큰 도전으로 여겨지지 않는다. 시험이란 원래 사람이 자기의 욕심에 이끌려 일어나는 갈등의 결과이기 때문이다.

셋째, 뉴에이지에 대한 반감보다는 문화를 기독교적으로 독해하고 누릴 수 있는 안목이 더 중요하다. 다시 말해서 뉴에이지를 알기위해 기울이는 노력보다는 오히려 하나님의 말씀을 알고, 또 그 말씀에 순종하는 삶을 위해 더 많은 노력을 기울이는 것이 더욱 중요하다. 보다 자세하게 말하자면, 문제에 직면해서 '기독교적으로' 혹은 '복음적으로' 해결할 수 있는 능력을 배양하는 일에 더 많은 노력을 기울여야 한다는 것이다. 이것은 흔히 세계관이나 가치관이라는 이름으로 이루어지지만, 중요한 것은 그리스도인으로서 인식과 사고, 그리고 대화하는 능력을 함양하는 일이다.

넷째, 전통문화에 더욱 깊은 관심을 갖고 기독교적 이해를 위한 신학·목회적 노력이 필요하다. 왜냐하면 뉴에이지에서 볼 수 있듯이 한국의 전통문화 속에는 기독교적인 인식의 폭과 지평을 열어줄 수 있는 많은 것들이 내장되어 있기 때문이다. 기독교 신학적으로 새롭게 이해할 수 있는 틀만 제공된다면 한국교회에 유익을 줄 수 있는 것들이 많다.

3. 결론

뉴에이지가 기존의 질서에 대한 회의로 인해 새로운 세계관을 추구한 결과라는 것은 모두가 동의하고 있는 바이다. 종교의 필요성이 거부되고 이성적인 합리성이 지배적이던 사회가 한계에 부딪히게 됐을 때 "일종의 영적 각성에서부터 시작된 운동"[172]이다. 기독교 역사에서 마르키온에 의해 편집된 성경이 정경 논의를 촉진시켰고, 2세기에 등장한 각종 이단들로 인해 기독교 신학이 확립될 계기를 얻었던 것처럼,

현대 기독교 문화의 가장 큰 도전으로 인식되는 뉴에이지는 오히려 교회의 거듭남을 위한 큰 기회가 될 수 있다. 적어도 뉴에이지에 대한 사람들의 높은 관심을 염두에 두고 기독교 문화 사역을 생각해본다면, 한국교회는 서구보다 오히려 더 좋은 기회를 갖고 있다. 왜냐하면 한국사회는 동양사상을 전통으로 가지고 있을 뿐만 아니라 문화라는 형태로 이미 생활 곳곳에 스며들어 있기 때문이다. 한국교회가 전통적인 사상과 문화를 단지 배척만 할 것이 아니라 기독교적 관점에서 스스로를 재인식하여, 새로운 방향을 찾는 사람들에게 유익한 콘텐츠를 제시해줄 수 있다면, 동양사상은 오히려 기독교와의 만남에서 새로운 발전의 계기가 될 수 있을 것이다. 바로 이런 점에서 60년대 이후로 기독교 신학 안에서 전개된 토착화 작업과 논쟁은 좀 더 거시적인 차원에서, 특히 문화 신학이라는 맥락에서 보다 깊이 다뤄질 필요가 있다.

전후 60년대의 미국의 젊은 세대들이 느꼈던 한계가 기독교 세계관의 한계로 인식된 것은 기독교 안에 새로운 것이 없기 때문이라기보다는 날마다 새로운 하나님의 역사를 제대로 표현하지 못했거나, 아니면 인식하지 못했기 때문이다. 우리 한국교회는 미국과 달리 반만년 역사의 문화적 전통을 가지고 있다. 이것을 하나님 없는 문화나 하나님에 거역하는 종교의 유산으로만 취급한다면, 우리 역시 문화적 고갈 상태에 직면하게 될 것이다. 그러나 하나님이 동행하신 역사의 산물로서 예수 그리스도의 복음에 의해 새롭게 조명돼야 한다는 것으로 생각된다면 무한한 자원이다. 역사와 시대를 바르게 인식하는 것은 물론이고 하나님 경험을 표현함에 있어서 한국기독교 신학과 교회의 책임을 바로 인식할 필요가 있다.

뉴에이지 문화의 상상력과 그 원동력

"뉴에이지 문화의 상상력과 한국교회의 대응"에 대한 논찬

박양식 교수 | 숭실대 외래교수

I.

발제자 최성수 박사님의 "뉴에이지 문화의 상상력과 한국교회의 대응"은 방대한 자료를 섭렵하여 논의를 전개한 매우 성실한 글이다. 이 글을 통해 논점을 파악하고 논의를 좀 더 구체적으로 진행해 갈 수 있는 발판을 얻을 수 있다. 특히 뉴에이지 문화의 상상력에 대한 한국교회의 대응을 검토함으로써 부정적 대응으로 일관해 온 한국교회에 새로운 대응을 촉구하였다는 점은 매우 고무적인 것으로 생각된다. 발제자가 지적한대로 한국교회가 앞으로 뉴에이지 문화에서 자극을 받아 자기 정체성을 더욱 공고히 하며 새로운 길을 개척해 나간다면 하나의 이정표가 세워질 것으로 생각된다.

발제자는 뉴에이지가 인간의 내면을 신성화시키려는 노력으로서

그 기본 목표는 의식 혹은 마음의 변혁을 통해 세상 전체를 변혁시켜나가는 데 있음을 밝혀주었다. 이런 뉴에이지가 폭발적인 주목을 받고 문화 현상의 하나로 현대 문화와 정신에 깊숙이 침투해 있다고 지적한 발제자는 뉴에이지 문화의 상상력과 그 원동력에 관해 논한다. 뉴에이지의 상상력이 음악, 미술, 영상 등 각종 예술 및 매체로 표출되는데, "뉴에이지의 공모"로 나타나는 뉴에이지의 문화적 상상력은 개방적 태도에서 매우 활성화되고 있다. 이러한 태도와 함께 뉴에이지의 문화적 상상력이 지닌 원동력은 문제 해결을 지향하는 노력과 시대적 흐름에 빠르게 적응하는 능력, 그리고 뉴에이지의 정체성을 규정하거나 지키기 위한 도그마가 없다는 데서 나온다.

이어서 발제자는 그러한 뉴에이지 문화의 상상력에 대한 한국교회의 다양한 대응들을 제시하고 있다. 논의의 전개는 뉴에이지에 대한 한국교회의 인식 대부분이 비난성 경고의 성격이 짙다는 것과 뉴에이지에 대한 한국교회는 대체로 부정적으로 흘렀음을 지적하였다. 그럼에도 발제자는 한국교회의 시각에 항상 부정적인 것만은 아니라는 점을 보여주고 기독교적인 자아정체성 확립을 위한 계기를 삼을 수 있다고 주장한다. 이에 발맞추어 발제자는 한국교회가 제시하는 대안으로서 과제를 교회 내적인 것과 교회 외적인 것으로 구분하여 제시한다. 교회 내적 과제로서는 뉴에이지 정체를 바로 아는 일의 중요성을 역설하는 것과 기독교 문화의 부재에 대한 반성을 토대로 하여 바른 신앙 체계 및 세계관을 확립하고, 역사적이면서 실천적인 신앙을 가져야 한다고 논의된다. 교회 외적 과제로서는 기독교 문화의 토착화를 통해 동양 문화와 사상을 보다 긍정적으로 인식하고 수용할 수 있는 길을 마련해

주어야 한다고 하였다.

　마지막으로 발제자는 한국교회의 대응이 지닌 문제점들을 지적하고 기독교 문화의 상상력을 어떻게 키워갈 것인가에 대해 문제를 제기한다. 여기서 발제자는 2차 문헌에서 불확실한 정보로 접근해 간 문제점을 지적하면서 기독교 문화에의 상상력 부재 원인으로 사고의 경직성, 문제해결을 지향하지 않는 한국교회와 신학의 관행, 한국 전통문화에 대한 외면을 들었다. 이어 발제자는 뉴에이지의 도전이 주는 의미를 되새기면서 정체성의 회복 노력, 그리스도인 다운 삶의 회복, 반감보다는 기독교적 독해 역량 함양, 전통문화에 대한 기독교 이해 노력을 들고 있다.

　논찬자의 자의적 요약이라 발제자의 의도에 못 미치는지 모르겠다. 그럼에도 논찬자의 의무가 좀 더 논의를 활발하게 촉발시켜야 한다는 점에서 발제 문을 토대로 하여 몇 가지 논점을 제기하고자 한다. 시간의 제약도 있기 때문에 지엽적인 문제보다는 핵심적인 문제에 초점을 맞추어 제기할 수 있는 논점들을 다음과 같이 찾아보았다.

II.

　우선 제기할 수 있는 논점은 상상력의 문제다. 문화의 영역에서 왕성한 영향력을 발휘하는 뉴에이지 문화의 상상력이 무엇이고 그것이 우리 그리스도인들에게는 어떻게 다루어져야 하느냐는 것이다. 이에 대해서 발제자는 뉴에이지 문화의 상상력이 여러 분야에 표출되고 있다는 사실만을 언급한 채 뉴에이지 문화의 상상력의 원동력을 다룬다. 그 원동력은 앞에서도 지적한 것처럼 문제해결을 지향하는 노력과 시대적 흐름에 빠르게 적응하는 능력, 그리고 뉴에이지의 정체성을 규정하거나 지키기 위한 도그마가 없다는 데서 찾는다.

이런 발제자의 논의는 뉴에이지 문화의 상상력에 관한 방향성을 이해하는 데는 어느 정도 도움이 된다. 하지만 뉴에이지 문화의 상상력을 제대로 이해하는 데는 부족하다. 그러다보니 발제자의 논의 전개가 뉴에이지 문화의 상상력에 대한 밀도 있는 내용을 다루는 것으로 집중되지 못한 감이 든다. 뉴에이지 문화의 상상력은 어떤 것이고 또한 그런 상상력으로 뉴에이지 문화가 보여주는 세계는 무엇인지를 논했어야 하는 아쉬움이 있다. 그래서 이에 대한 발제자의 해명이 있었으면 한다.

상상력은 감지될 수 있는 표상들을 정신적으로 생산하는 것이다. 이런 생산력은 추론을 통해 풍부해지고 그런 풍부한 상상력은 어떤 하나의 세계를 만들어낸다. 이렇게 해서 만들어진 상상력의 세계는 감지될 수 있는 표상의 배타적 영역을 벗어난다. 바꾸어 말해서 상상력의 세계는 실체를 파악할 수 없는 비현실의 세계이다. 그렇지만 그것으로 표현되는 특정의 상마저 파악할 수 없는 것은 아니다.[173] 상상력의 세계가 인류에게 영향을 미치는 것은 그때문이다. 따라서 그리스도인들은 세계의 실재에 대한 질문에 대해서 상상력의 세계를 제시하는 사명의 중요성을 인식하고 그에 따른 시대적 소명을 감당해 가야 할 것이다.

이렇게 생각해 볼 때 상상력에 관련하여 현대 문화 속에서 막강한 영향력을 행사하는 뉴에이지 문화의 상상력은 무엇이고 그것의 세계

실상이 어떤 것인지를 좀 더 구체적으로 알아보는 것이 필요하다. 그와 함께 기독교 문화의 상상력은 어느 상황이고 어떻게 발전시켜야 하는지도 논의될 필요성이 있다.

발제자의 응답을 별도로 하고 논찬자의 이해에 의거해 말해보자면, 뉴에이지 문화의 상상력은 그들의 태도에서 나온다는 점을 진지하게 검토할 필요가 있다. 그것은 자아가 신성임을 알고자 하는 노력의 과정에서 나온 결과다. 자아의 신성을 발견하고 표출하려는 노력을 여러 분야에서 나타난 것이 뉴에이지 문화인 것이다. 그런데 그것이 보여주는 바는 물질주의, 이성주의를 통해 발견하지 못한 새로운 상상력의 세계였다. 바꾸어 말해서 뉴에이지 문화에는 과학주의에 의해 소외되었던 인간의 영혼과 그것의 세계가 다루어진 것이다. "사랑과 영혼"이란 영화에서 볼 수 있듯이, 사랑하는 이를 놓고 저 세상으로 가지 못하고 현실에서 방황하는 영혼의 이야기는 사랑의 애틋함을 표현하는 데 성공하였다. 이로써 죽은 영혼관에 대한 사람들의 의식을 자극하였다. 그림에 있어서도 그냥 보아서는 아무 것도 아닌 그림이지만 눈의 초점을 조정하면 그 안에 입체적인 그림을 보이도록 한 것도 사람들의 호기심을 끌었다. 자신이 우주의 창조자라고 생각한 뉴에이지 음악가는 저 우주 끝에서 우주를 창조할 때 생기는 소리를 음악으로 만들어내어 신비한 음색과 분위기 있는 음악을 만들었다. 이런 것들은 뉴에이져들이 믿는 신념을 실천한 결과였는데, 그런 새로움이 현대인들의 마음을 파고들었다.

이에 반해 기독교는 합리주의에 뒤쫓아 가는 태도를 버리지 못하고 기독교만의 상상력으로 새로운 시대의 문제를 해결해 줄, 실마리를 던져주는 상상력의 세계를 보여주지 못하였다. 영의 실체를 가장 잘 알고 있는 기독교이지만 뉴에이지만큼 영의 실상을 보여주지 못하였다. 그 결과 영의 세계에 대해 뉴에이지가 보여준 상상력은 기독교 상상력에 호응을 얻을만한 것을 창출해내지 못하였다. 그만큼 기독교의 상상력이 부재했던 것이다. 이에 대한 기독교의 반성이 있어야 할 줄로 안다. 하지만 기독교는 반성보다는 뉴에이지의 등장에 위협만을 느끼고 공격적 태도를 취한 것이 현실이었다.

III.

발제자는 뉴에이지에 대한 한국교회에 대응을 자세히 소개하였다. 다양한 논의를 소화해서 대체로 부정적인 전반적 흐름을 지적해 내고 이어서 뉴에이지를 무조건 부정만 할 것이 아니라는 점을 일깨운 것은 발제자의 소중한 연구 결과다. 발제자가 기독교의 정체성 정립과 동양 사상의 수용 문제 등을 제기하면서 뉴에이지 문화에 대한 전향적 대응을 제안한 것은 앞으로 한국교회가 대중문화의 대응에서 수용해야 할 대목이다.

논찬자로서 발제자의 전향적 대응을 한국교회에 촉구한 것은 매우 고무적인 일로 판단된다. 문제는 그 전향적 대응이라는 것이 어떤 것이냐 하는 것이다. 발제자는 그 가능성의 하나로 동양 사상의 수용 가능성을 모색하며 토착화 논의의 재가동을 제안하였다. 이러한 언급이 뉴에이지 문화에서처럼 기독교도 동양 사상을 수용함으로써 기독교 문화의 상상력을 키울 수 있다고 주장하는 것인지는 불분명하다. 또한 그에 대한 구체적인 실마리는 과연 어떤 것인지도 제시되어 있지 않다. 이에 대한 발제자의 좀 더 진전된 견해를 묻고 싶다. 그 응답에 대해서 진전된 논의가 전개될 수 있으리라 생각된다.

그러면서 동시에 논찬자의 의견을 피력해 보기로 한다. 이에 대한 발제자의 의견도 듣고 싶다. 발제자의 의도는 아니겠지만 본 글로만 보면 우리 기독교 문화의 상상력을 키우려면 뉴에이지 문화에서처럼 외부의 동양사상을 수용하는 문제가 해결되는 것이 우선적인 일로 보인다. 물론 그런 일도 필요하다. 그렇지만 꼭 그런 것만이 아니다. 기독교 내부 안에서 발견되는 풍부한 상상력의 원천들이 있다. 사실 비기독교인이나 반기독교인들도 자신들의 상상력을 위해서 요한계시록의 종말 상황을 이용하고 있다. 오히려 뉴에이지 운동가들이 기독교의 상징과 이미지를 차용하여 새로운 세계를 상상력으로 제시하는 노력들이 많이 이루어지고 있다. 이에 반해서 기독교인들은 기독교적 상징마저 사탄적이라 규정하며 외면하고 있다. 그 대표적인 예가 산타클로스이다. 기독교적 기원을 가진 산타클로스를 현대 상업주의 문화에 빼앗기고 나서 그것을 사탄적이라고 규정하는 기독교의 경직성은 발제자가 지적한 대로 그리스도인들의 상상력을 마비시키는 일이다. 이런 면에서 볼 때 우리 기독교 세계는 뉴에이지 같은 외부의 세력보다는 내부의 무지와 나태함에 기인한 자성찰의 부재 때문에 상상의 세계를 잃고 있음을 되짚어 볼 필요가 있다.

상상력의 부재로 인한 상상력의 세계를 제시하지 못하는 문제의 심각성은 우리의 논의에서 반드시 짚고 넘어가야 할 과제다. 근본적인 의문이 있다. 과연 우리 한국 그리스도인들이 상상력의 중요성을 얼마나 인정하고 받아들이는가이다. 지금 논의하는 상상력 문제가 뉴에이지 문화의 영향력 때문에 논하게 된 것이라면 그 자체가 안티적 반응에서 나온 것이 된다. 그렇다면 상상력 자체가 가진 중요성보다는 상대에 대한 비판과 자기에 대한 반성에 집중될 것이다. 이런 상황은 상상력에 대한 심도 있는 논의가 이루어지기 어렵다. 그런 점에서 이번 논의 이후 우리 기독교계가 상상력에 관한 논의의 초점을 이 시대 속에서 차지하는 위상에 맞추어 상상력 자체가 더욱 더 생산적인 결과들을 만들어 내는 실천이 이루어졌으면 한다.

예를 들어서 상상력하면 판타지를 주로 떠올린다. 그러나 상상력의 발휘는 판타지 소설이나 영화 같은 데서만 이루어지는 것이 아니다. 전쟁이 많아지고 자연 재해로 고통 받는 세계에 대해 어떻게 사람들을 이끌 것인가도 상상력으로 제시해 주어야 세계이다. 생명공학과 우주공학의 발전을 통해 인간이 직면하게 될 세계를 보여주고 어떻게 기독교적 가치관을 붙잡게 할 것인가를 보여주는 것도 기독교 문화의 상상력으로 풀어야 할 과제이다. 이런 과제를 실천하기 위한 교회의 사명을 어떻게 일깨우고 어떻게 실천해 갈 것인가에 대해서 우리는 진지하게 물어보아야 한다. 이에 대한 발제자의 견해가 어떠한지 궁금하다.

IV.

여기서 제기해야 할 또 다른 논점은 이것이다. 기독교가 의욕도 갖고 있고 노력도 하고 있는 상상력 발휘가 제대로 안 되고 있다고 느끼는 이 시점에서, 현대 사회에 급부상하여 많은 영향력을 행사하는 뉴에이지 문화의 상상력을 배워야 할 것인가, 또한 배울 것이 있다면 무엇이 있겠는가를 물어야 한다는 것이다. 이에 대한 중요성을 어떻게 말해야 할 것인지 발제자의 의견을 듣고 싶다. 사실 이 점이 대응방식의 문제점을 논하는 것보다 더 근본적이지 않을까 하는 것이 논찬자의 생각이기도 하다.

그동안 한국교회는 뉴에이지의 비기독교성 때문에 무조건 배타적으로 대하였다. 그래서 어처구니없게도 가장 기독교적인 작가인 C. S. 루이스의 『사자. 마녀. 옷장이야기』를 뉴에이지성 문학이라고 규정하는 일까지 일어났다. 그 이유는 단순히 마녀가 등장한다는 것 때문이었다. 같은 이유로 기독교 작가로 잘 알려진 어느 유명 인사는 애니메이션 "라이언킹"을 놓고 사람이 안 나오고 동물들만 나오는 디즈니 만화영화를 사탄 적이라고 단정하였다. 같은 논리로 안데르센 동화 같은 것들 조차도 기독교가 거부해야 할 것으로 주장되었다.

이런 한국교회의 실정을 감안할 때 과연 뉴에이지 문화의 상상력에서 배울 점을 논한다는 것 자체가 정서상 어느 정도 용인될지 의문이다. 이것이 문제라면 어떻게 풀어야 할지 정말 진지하게 고민해야 할 것이다. 이에 대한 발제자의 진전된 논의가 글에도 반영되었더라면 좋았을 것이라는 아쉬움을 갖는다. 그러나 논찬의 응답에서라도 발제자가 생각하는 방안을 제시해 준다면 듣고 배움을 얻는 좋은 기회가 될 것으로 생각된다.

논찬자의 입장은 이렇다. 비기독교적인 것에서 그리스도인이 배울 것을 찾는 것이 정서상 용인하기 어렵겠지만 그것 역시 주님의 창조 질서 안에 있는 것이라면 우리 그리스도인이 못 배울 것도 없다는 것이다. 뉴에이지 문화의 상상력을 놓고 볼 때 그 내용은 받아들이기 어렵지만 그 내용을 담는 형식이나 내용을 대중 속에 전파하는 역량은 배울 것이 있다는 것이다. 예를 들어 물질문명에 신물이 난 현대인의 심리적 상황을 꿰뚫어보고 영의 세계를 보여주려고 했던 발상은 문화 파악과 문제 해결의 실마리 찾기라는 점에서 그리스도인도 배워야 할 점이다. 시대를 이끌고자 하는 사람이 뉴에이지 문화의 성공적 대중 침투에 관련한 형식 논리를 읽어내어 적용하는 것은 이상한 일이 아니다. 그리스도인도 마찬가지이다.

루이스 세미나에서 한 기독청년이 이런 고민을 토로하였다. 그는 "신 실크로드"라는 TV 프로그램을 보고 거기 나오는 예술품에서 자기에게 침투해 들어오는 무얼 느꼈는데 그런 비기독교적인 것에서 감흥을 느끼고 받아들이게 되는 선을 어디까지 두어야 할지 모르겠다고 하였다. 이 청년은 오늘을 사는 그리스도인들이 상상력을 발휘하여 주님의 세계를 표출하는 데 있어 교회 밖의 것에서 무엇을 배워야 하는지에 대해 진지하게 문제 제기를 하고 있는 것이라 여겨진다. 물론 교회 밖보다는 교회 안에서 우리의 상상력을 풍요롭게 해 줄 것을 찾는 것이 매우 중요하다. 그럼에도 교회 밖에서 그야말로 침투해 들어오는 것들에 대해서 외면만 하는 것은 너무 안이한 태도다. 교회 안에서 상상력을 키워 발휘할 수 있게 하는 동력을 잃은 현실에서는 더욱 그렇다.

이에 대한 답의 실마리는 존경받는 영성가 토마스 머튼의 태도에서 찾을 수 있다. 머튼은 스리랑카를 방문해서 폴로나루와에 있는 누워 있는 붓다의 거대한 조각을 보고 얼이 빠질 정도로 흥분과 감흥을 받았다. 그는 붓다 조각에서 영적 정화를 경험하였던 것이다. 이에 반해 머튼을 그곳에 데려다 준 신부는 우상숭배나 다름없다고 전전긍긍해 하면서 그대로 차에 남아 있었다. 뉴에이지에게서 배운다는 것도 비슷하다. 붓다 조각을 보는 것 자체를 우상숭배라 생각하는 그리스도인도 있을 수 있지만 오히려 그것을 통해 놓치고 있던 것을 깨달을 수도 있는 것이다. 그런 차이는 신앙적으로 말하면 영적 깊이에서 나온다. 머튼은 붓다 조각에서 붓다를 경배한 것이 아니라 그 조각상을 통해 영적 자극을 받아 주님의 섭리에 더 깊이 들어갈 수 있는 계기로 만든 것이다. 논찬자는 이런 머튼의 영적 역량을 겹보기 능력이라 부른다. 세상 모든 것은 이중적이다. 그 이중적인 것들을 따로 떼 내어 볼 수 있는 능력은 세속적인 것과 하늘 나라의 것을 구분하게도 하지만 그 각각에서 주님의 뜻을 읽어낼 수 있다. 이에 대한 신학적 관점은 굉장히 다양하게 나올 수 있어 격렬한 논쟁이 일어날 수 있다. 그런 논쟁적 논의가 한국교회 안에 제대로 이루어지는 것이 아주 절실하다 하겠다.

따라서 그리스도인이 뉴에이지 문화의 상상력에 관련하여 배울 점이 있다고 생각하는 것은 잘못이라고만 몰아붙여서는 안 된다. 재삼재사 강조하지만 뉴에이지 문화에서 배울 수 있는 것은 내용이 아니라 내용에 관련된 형식 논리임을 잊지 말았으면 한다. 한 가지 덧붙일 것은 그렇다고 해서 교회 밖의 것에서만 배우려는 태도는 분명 지양해야 한다. 교회 안의 것에 깊은 이해와 소명을 받지 않고 교회 밖의 것에서만 배우려 한다면 정작 기독교 진리는 놓친 채 진리에 관련한 것만을 붙잡을 수 있기 때문이다. 기독교 문화의 상상력은 성령의 감동을 통해 가장 잘 키워질 수 있다. 이 사실이 소홀히 하는 그리스도인은 균형을 잃은 것이다.

V.

우리가 사는 문화 현실 속에서는 교리가 사람을 바꾸지 못하고 정서가 사람을 움직이게 한다는 것이 논찬자의 생각이다. 그런 점에서 우리 그리스도인들이 상상력을 풍부하게 발휘할 수 있는 환경을 만들어 가는 일이 시급하다.

발제자도 지적했듯이 상상력의 문제는 21세기의 키워드이다. 그렇다고 할 때 우리는 기독교의 상상력 키우기 작업에 문화 선교의 역량을 집중할 필요가 있다. 그러기 위해서 우리의 접근 태도는 현상이 나올 때 즉각 대응하는 식의 이슈파이팅에만 머물러서는 안 된다. 오히려 선제공격 차원에서 시대의 문제를 파악하고 문제 해결의 실마리를 찾아내며 찾은 실마리를 어떻게 상상력의 세계로 표현하여 사람들에게 재미와 감동을 주어 이끌어올 것인가를 실천하는 사역을 발굴해야 한다. 이에 대한 체계적 접근이 쉽지만은 않을 것이고 그런 구체적인 방안을 찾는 것도 다각적으로 전제되어야 할 것이다. 그렇지만 지금부터라도 장기적 플랜 속에서 한 가지 한 가지 숙제를 풀어가야 한다.

시간과 학문적 역량을 쏟아 좋은 글을 써서 토론거리를 제공해 주신 최성수 박사님의 노고에 깊이 감사드리며 부족한 논찬을 마칩니다.

뉴에이지 문화와 현대 미국의 복음주의 개신교 문화
: 종교사회학적 이해

김성건 교수 | 서원대 사회학과

I. 문제의식[174]

현대 미국의 새로운 사회 문화 현상으로서 '뉴에이지 운동The New Age Movement'의 의미를 종교 사회학 및 지성사적 관점에서 밝혀보면, 이 운동은 매우 최근에 생성된 것으로서 1960년대 중반에 미국 사회를 중심으로 출현하였다. 여기서 주목할 점은, 1960년대 미국 대학 캠퍼스에 불었던 정치적 소용돌이 이후 나타난 것은 바로 '종교적 실험'이었다는 사실이다. 다른 말로, 60년대 거센 반(反)문화의 사회적 분위기 속에서 한때 분출된 '정치적 에너지'가 시간이 흘러 고갈된 바탕 위에서 '새로운 종교'가 나왔는데, 이로써 예전의 정치적 에너지는 훨씬 조용한 방향으로 선회하게 되었다.[175]

그뒤 뉴에이지 운동은 레이건 행정부의 신보수주의 정책과 함께 펼쳐진 '시장 문화' market culture가 지배한 결과 정신적 위기감이 고조된 80년대 중반에 미국 사회에서 중요한 세력으로 자리 잡게 되었다.[176] 이른바 '레이거노믹스Reaganomics'의 목표는 자유방임 자본주의의 유토피아적 이데올로기에 새로운 생명(활력)을 주는 것이었다. 그 결과 '레이거노믹스'가 지배한 당시 사회적 분위기 아래 좋은 삶은 권력, 쾌락, 재산 등을 때로는 어떤 방법으로든지 획득하는 것이라는 식의 사고였다. 그런데, 이 같은 보수적 경제 정책의 의도하지 않은 '문화적 결과'는 바로 '정신적(영적) 황폐화'로 나타났다. 달리 말해서, 이미 60년대에 괄목할 만하게 발전했던 반문화가 그 당시에 뉴에이지 운동으로 통칭되는 새로운 종교적 운동을 대중이 잘 수용할 수 있는 환경을 만들어 주었다. 그로부터 이 운동은 오늘날에는 미국을 비롯한 서구 사회를 뛰어 넘어 한국 등 산업화된 사회들 속으로도 계속 도입되어 바야흐로 하나의 세계적 운동으로 그 영향력이 현재 급속히 확산되고 있다.

이 글에서는 이 같은 뉴에이지 문화를 오늘의 기독교 문화와 비교해 보고자 하는데, 필자는 우선 기본 개념인 '문화culture'를 영미 사회학자들의 일반적 정의를 따라 '특정 집단의 신념, 관습 및 삶의 양식의 전체 세트'로서 신념 체계, 가치 체계 또는 이데올로기 같은 보다 분화된 개념을 활용하여 정의하고자 한다.[177] 보다 구체적으로, 이 글에서 필자는 『문화전쟁』[178] 이란 유명한 책을 낸 미국의 종교 사회학자 헌터 James D. Hunter가 1990년 초 당시 미국인들이 도덕성과 사회적 규범의 쟁점에 대해서 정통파(보수파) 엘리뜨와 진보파 엘리뜨로 크게 양분된 것을 '문화 전쟁culture war'으로 명명하면서 문화 전쟁의 핵심을 서로 다른 세계관worldviews 간의 싸움으로 본 것을 수용하여, 문화를 '세계관'과 거의 동일시하여 취급하고자 한다.

한편, 아시아에서 필리핀 다음으로 기독교 인구 비율이 높은 한국에서 뉴에이지 운동에 관한 연구는 현재로서는 아직 일천하다고 볼 수밖에 없다. 그동안 국내외에서 기독교계 내부의 필자들에 의해 쓰인 뉴에이지에 관한 서적들이나 논문들은 대부분이 뉴에이지를 근본주의적 기독교의 배타적 관점에서 단순히 '사탄'으로 공격하며 경원시하는 등 피상적이며 감정적으로 접근하고 있다고 판단된다.[179] 그 결과 이것들은 학문적 가치도 별로 크지 않고, 뉴에이지 문화가 일반 대중 특히 전 세계적으로 상당수 기독교인들에게까지도 크게 침투하고 있는 현실에서 요구되는 대안적 관점이나 올바른 평가를 제시하는 데 실패하고 있다.

이에 필자는 아래에서 우선 최근 종교의 '사사화privatization'와 함께 체험적 '영성spirituality'이 크게 부흥하고 있는 것을 배경으로 뉴에이지 운동의 영향력이 확대일로에 있는 것을 주목한 뒤, 기독교 문화(세계관)와 뉴에이지 문화(세계관)의 차별성과 동질성을 밝혀보고자 한다. 그런데 이 비교 부분에서 필자는 양자의 '차별성'[180]은 기독교 진영 내부에 있는 필자들의 기존 연구가 이미 상당한 수준으로 밝혀냈다고 보아, 현대 미국 문화의 기저를 이루고 있는 복음주의 개신교 세계관과 뉴에이지 문화간의 '동질성'에 주로 주목하여 분석하고자 한다. 결론에서는 본 연구의 결과가 최근 들어 정체상태에 빠진 현 한국교회 상황에 주는 시사점을 간단히 정리하여 제시해 보고자 한다.

II. 종교의 사사화, 영성의 부흥과 뉴에이지 운동

1. 종교의 '사사화'와 체험적 영성의 부흥

현대 사회의 '구조적 특성'[181]으로서 계속 확대되는 제도적 '분화'(分化)는 사회 내에서 다양한 제도적 영역들(하위체계)이 서로 분리되어 각 제도가 전문화된 기능을 수행하게 되는 과정을 지칭한다. 분화는 자아self - 사회 내에서 유일무이한 개인 - 의 발견과 나란히 전개된다. 따라서 이 같은 분화의 과정은 현대 사회 속에서 종교가 차지하게 되는 위치에 대해 중요한 함의를 갖는다. 즉, 공공적 제도 영역 중 힘을 갖는 것 - 주로 경제 - 이 '사적'(私的) 영역의 가치들로부터 분리된 결과 종교는 대체로 '사적' 영역으로 지위가 떨어지게 된다. 이로써 개인의 의미와 소속을 향한 욕구는 예전과 달리 이제는 '사적'인 영역에서 추구되어야만 한다.

제도적 분화와 이와 나란히 나타나는 '다원주의pluralism' 그리고 그 결과 대두되는 정당성의 위기와 기존 상징적 세계관의 파괴 등을 필연적으로 맞이할 수밖에 없는 현대 사회 내에서 종교는 예전과 비교하여 볼 때 점점 더 사회의 여타 영역으로부터 분리된 실체로서 여겨지게 되었다. 그러나 다른 한편으로 동시에 분화와 다원주의는 사람들로 하여금 역설적으로 이 같은 상징체계를 더욱 필요하게 하고 추구할 가능성을 증가시킨다.

한편, '사사화privatization'란 많은 개인들에게 있어서 '의미'의 문제를 초래한다. '사사화'란 분화된 특정의 제도적 영역(예: 종교)이 지배적인 공공적 영역의 제도로부터 분리되어 한갓 '사적'인 영역으로 전락하게 되는 과정을 일컫는다. 이 같은 분리가 의미하는 바는 '사적' 영역의 규범과 가치가 '공적' 영역의 제도들이 작동하는데 부적합함을 말하며, 이로써 결국 '사사화'는 개인이 자신의 정체성identity의 근원을 점점 더 '사적'인 영역에서 찾게 됨을 의미한다. 종교 사회학에서는 종교의 '사사화'란 종교가 공공생활의 지배적 측면으로서보다는 한갓 개인적 선택의 문제로 여겨지게 된 것을 뜻한다.

종교 사회학자 루크만Thomas Luckmann과 벨라Robert Bellah 양자 모두 '사사화'에 대해 비판적인 해석을 하고 있다.[182] 이들은 모두 개인의 '주관성'의 증대를 거룩한 것으로 여기는 종교성의 새로운 양식으로서 '사사화 된 종교성'은 사회질서의 비인간화를 극복하는데 어떤 도움도 주지 못한다는 점에서 문제가 있다고 인식한다. 즉, 그들이 보기에 사사화 된 종교성은 오히려 이 같은 비인간화를 지지한다. 사사화 된 종교적 표현은 공공적 영역의 비인간화된 역할에 대항하지 못한다. 이로써 종교의 현대적 형태는 개인으로 하여금 사적 영역으로 후퇴하게 동기화 하는 것에 의해서 기존 사회를 간접적으로 지지한다.

최근 세계화 추세가 제도적 분화를 통해 종교 내에 다원주의의 증가, 권위와 정당성의 위기 그리고 종교의 '사사화'를 한층 더 촉진시키는 문제적 상황에서도 세계적으로 계속적으로 성장세를 보이고 있는 것은 다양한 세계종교들 중 개신교 내 오순절 성령운동처럼 주로 신학적으로 보수적(근본주의적)이며 동시에 개인의 '영적 체험'을 강조하는 진영임을 재 주목하게 된다. 달리 말해, 개인의 '정체성' 구축의 근원으로서 '성령의 경험'에 대한 강조가 두드러진 순복음 교회 같은 오순절 성령운동 집단은 진보적인 종교 집단과는 달리 다종교사회 상황에서 대중과의 순수한 종교적 의사소통 면에서 다른 개신교 집단이나 가톨릭과 불교 등 여타의 종교 집단보다 단연 성공(?)한 사례라고 볼 수 있다. 따라서 세계화의 전면적 영향을 받고 있는 오늘날 평균적인 현대인들에게 종교의 '사사화' 경향은 결코 거스를 수 없는 세력이 되어 '조직종교systemic religion' - 제도화, 조직화, 전문화된 종교로서 그 속에 종교적 전문가가 존재하는 것 - 로서는 주로 순수한 종교적 의사소통에 점점 힘을 모을 수밖에 없을 것이라 본다. 그렇지만 현대 종교의 딜레마 혹은 구조적 위기는 간단히 말해서 자아의 정체성을 추구하는 체험적 영성의 부흥과 결합하여 종교의 '사적'(사사화 된) 영향은 증가하지만 '공적' 영향은 오히려 계속 쇠퇴하는 데 있다.[183]

2. 포스트모던 시대 대중종교로서 뉴에이지 운동의 본질: '존재(거주)의 영성Spirituality of Dwelling'에서 '탐구(추구)의 영성 Spirituality of Seeking'으로

앞에서 살펴본 바와 같이, 현대 종교의 구조적 위기의 핵심은 종교의 사적 영향은 증가하지만 공적 영향은 계속 쇠퇴하는 데 있다. 그런데 이 같은 위기가 오늘날 보다 현저하게 나타나고 있는 곳은 주로 서구 기독교 문명권임을 주목할 수 있다.[184] 즉, 근대화와 세계화가 원래 시작된 지역으로서 기독교가 지배적인 유럽과 북미에서 조직 종교(기독교)의 딜레마가 가장 뚜렷하게 존재한다고 볼 수 있다. 반면 아시아의 종교 상황은 본래 공적 종교의 전통이 결여된 채 대체로 기복적인 종교적 이기주의자를 양산하는 불교, 유교, 도교, 힌두교, 무속 신앙 등이 주로 지배한 결과, 이 지역에서 종교의 '사사화'는 옛적부터 존재한 전혀 새롭지 않은 통상적인 종교성의 양식이다. 이 같은 아시아의 특이(?) 상황과는 달리, 서유럽과 북미의 경우는 '개인의 주관성의 증대'를 거룩한 것으로 여기는 종교의 '사사화'는 최근의 세계화 (특히 글로벌 경제) 와 정보화 그리고 개체화와 기성 권위의 해체를 지향하는 포스트모더니즘 등에 의해서 한층 더 가속화되어 나타나고 있는 문제적 현상으로서 이는 분명히 현대 사회의 구조적 변동이 낳은 종교성의 '새로운' 양식이자 딜레마의 최대 근원이라 할 것이다.

최근 새 천년millennium의 도래를 갖다 준 21세기는 이미 미래학적 관점에서 전망되었듯이, 물질적, 경제적 번영에도 불구하고 정신적 측면에서는 가치관의 혼란과 위기감의 증대 그리고 그로인한 '영혼의 위기' (신념의 위기)를 강하게 경험하고 있다. 이런 측면에서 오늘날 많은 사람들은 조직 종교로부터 탈피하여 이른바 '카페테리아 스타일의 영성' [185]을 찾는 일종의 '대중 종교popular religion'로서의 뉴에이지 운동처럼 매우 사적이며 개인을 위한 정서적인 신앙을 강하게 원하고 있다고 볼 수 있다. 달리 말해, 이들은 어떤 종교 집단에 속하지는 않으면서도 무언가 영적인 것을 믿으려 하는 새로운 경향Believing without Belonging을 보여준다고 말할 수 있다. 그래서 첸들러Russell Chandler는 자신의 최근 저서 『21세기를 향한 경주』(1992)라는 유명한 책에서 21세기 미국의 종교적 미래를 전망하는 데 세 가지 영역 즉, (1)커뮤니케이션과 테크놀로지, (2) 가족과 사회, 그리고 (3) 영성(靈性)이 가장 중요한 것이 될 것이라고 주장한 바 있다.

이런 맥락에서 미국의 저명한 종교 사회학자 우스노우-Robert Wuthnow는 오늘날 미국이 겪고 있는 심대한 가치의 위기가 오히려 사람들에게 초월성에 대한 추구를 자극한다고 본다. 즉, 그에 따르면, 새로운 영적 수단의 탐구이며 또한 거룩한 순간을 '개인적'으로 찾는 것을 뜻하는 이른바 '추구(追求)의 영성spirituality of seeking'이 그 동안 전통 종교가 제공한 것으로서 교회, 성당 같은 특정의 거룩한 장소 내에서 초월성을 경험하는 이른바 '정주(定住)의 영성spirituality of dwelling'을 대체하고 있다.[186] 간단히 말해서, 우스노우는 오늘날 미국에서 종교적 경험은 개인적 선호의 문제가 되고 말았다고 본다. 개인 소비자들은 현대 '종교 시장'에서 사용 가능한 영적인 원자재들 중 그들의 취향에 맞는 개인적 세계관을 선택하고 있다. 여기서 이 원자재들은 자아실현의 여정을 위해 요구되는 '영적 자본spiritual capital'을 말한다. 루크만이 이미 관찰한 바와 같이, 일반적 경향으로서 '수축된 초월성shrinking transcendence'이 '거대한 초월성'을 대체하고 있다. 다시 말해서, 영성의 추구자들이 경험하는 '작은 초월성들'이 구원 종교들의 '거창한 초월성' 및 세속적 영역과 초월적 영역 사이의 간극을 연결하는 약속을 대체하고 있다.[187]

그런데 우스노우에 따르면, 그가 말하는 '정주의 영성'과 '추구의 영성' 양자 모두 전적으로 새로운 것이 아니다. 두 유형의 영성은 한 형태 혹은 다른 형태로 언제나 존재해오고 있는 사고 및 경험의 양식이다. 이 두 유형의 영성은 시간 속에서 각기 부침을 하며 역사적, 물질적 조건에 의해 추동되는 순환적 패턴을 보인다. 구체적으로, 안정된 시대 속에서 사람들은 거룩한 장소를 창조해왔고 또한 관습적인 영성 형태를 실천하였다. 반면에, 불안정한 시대 속에서 사람들은 거룩한 것을 찾기 위해서 자신들과 그리고 또한 상호간에 교섭하지 않을 수 없었다.

불안정한 시대는 일반적으로 새롭거나 또는 재조직된 행위 전략의 가능성을 열어준다. 그런데 이 같은 전략은 아무 것도 없는 것으로부터 구축되는 것이 아니라 기존의 문화적 양식으로부터 새로운 행위의 수단을 창조하게 된다. 이런 면에서 뉴에이지 운동은 가치가 위기에 빠져있다고 인식한 시대 동안에 만들어진 기존 문화적 모델들로부터 구축된 믿음의 새로운 조합의 좋은 예라고 볼 수 있다.[188] 『새천년의 징조』의 저자 블룸Harold Bloom은 뉴에이지 운동은 영지주의의 '저속한' 버전에 불과한 것으로서 이 운동은 19세기의 심령주의spiritualism와 1960년대 반문화를 포함하여 모든 것에 뿌리를 두고 있다고 보았다.[189] 우스노우가 적시하였듯이, 뉴에이지 운동은 옛 전통, 신화, 기성 종교, 동양적 신비주의, 주술적 신비주의, 현대 물리학, 점성술, 고도의 테크놀로지, 연금술, 통전적 의학holistic medicine, 페미니즘, 생태학, 음악, 심리학, 의사심리학parapsychology, 심령주의, 천년왕국신앙, 무술(武術), 샤머니즘, 요가 및 여타 문화적 요소들의 혼합이다.[190]

오늘날 미국에서 뉴에이지 믿음을 전적으로 수용하는 사람은 별로 많지 않다. 그러나 미국인의 다수는 이 같은 믿음의 일부에 대해서 믿는다고 고백하고 있어서 뉴에이지 운동을 일부의 관심만으로 돌리는 것은 어렵다. 한 예로서, 1990년에 실시된 갤럽 조사에 의하면, 미국인의 90퍼센트 이상이 18가지 유형의 '보통의 상태(正常)를 초월하는 경험paranormal experiences' 중 한 가지 혹은 그 이상을 경험하였다고 한다.[191] 그리고 세 명중 두 명의 미국인이 초감각적 지각(ESP)을 경험하였다 한다. 미국인의 3분의 2 가량은 자신이 어떤 사람과 멀리 떨어져 있을 때 마치 그 사람과 접촉하는 것처럼 느낀다고 답하였다. 또한 미국인의 40 퍼센트 이상은 이미 죽은 사람과 자신이 실제로 접촉하는 것처럼 느낀다고 답하였다. 3명 중 1명의 미국인은 유령ghosts의 존재를 믿고 5명중 1명은 마녀witch가 있다고 믿는다. 그리고 거의 절반 이상의 미국인들은 점성술이 어느 정도 과학적 진리를 갖고 있다고 믿는다. 그런데 여기서 주목할 것은 이들 뉴에이지 신앙인들이 미국 사회에서 주변에 있는 사람들이 아니라는 사실이다. 이들은 미국 사회의 평균인보다 부유하며 훨씬 더 많이 배운 사람들이다. 그리고 이들은 평균적 미국인들보다 훨씬 리버럴하고(자유주의적이고), 혼인을 덜하고, 또한 덜 종교적이다.

　뉴에이지 운동의 비전이 매력을 갖는 이유 중 하나는 이것이 모든 것을 포함하는 데 있다. 달리 말해서, 이 운동 속에는 모든 사람들에게 무엇인가가 있고 아무도 그냥 내버려질 수 없다. 또 이 운동의 비전이 매력을 갖는 다른 이유는 이것이 갖다 주는 '소망hope'에 있다. 구체적으로, 뉴에이지 운동의 비전에는 통일의 약속, 그리고 종국에는 초월적 영역과 세속적 영역을 분리시키는 간극을 가로지르는 진정한 다리를 구축하는 것이 존재한다. 또한 뉴에이지 운동의 비전이 갖는 매력의 다른 근원으로서 지배적인 미국적 가치를 확장시키면서도 이 미국적 가치와 상충되지 않고 일치하는 측면을 주목할 필요가 있다. 한 예로서, 뉴에이지 운동은 인간 본성을 본질적으로 선한 것으로 인식하며 따라서 진화의 필요만 있다고 본다. 즉, 인간 본성은 완전하게 될 수 있는 것이라고 본다. '환생還生, reincarnation'을 통해서 각 개인은 진정한 영적 자각을 성취할 수 있는 기회를 한 번 이상 갖는다. 인간 본성에 관한 이 같은 관점은 인간 본성을 악하지만 완전해질 수 있는 것으로 본 청교도적 개념으로부터 출발하여 1950년대에 와서는 인간 본성의 개념을 선과 악의 혼합으로서 보는 것으로 전환되었다. 그리고 몇 해 전 새 천년으로 바뀔 무렵에는 마침내 인간 본성을 기본적으로 선하게 인식하는 뉴에이지 믿음에 도달하게 되었다.[192]

뉴에이지 운동의 비전이 미국의 지배적 가치와 연관되어 있는 또 다른 중요한 측면으로서 뉴에이지 가치는 미국 사회에서 지배적인 개인주의에 대한 강조를 포함하고 있으나, 이것에 더하여 과거와 현재 다른 사람들에 대한 보다 큰 관심이 추가되어 있다. 어떤 의미에서, 뉴에이지 가치는 개인주의와 집합주의(집단주의) 사이의 간격을 가깝게 만들고 있다. 한 예로서, 뉴에이지 운동의 가치 지향이 가장 잘 나타나 있다고 인정되는 레드필드James Redfield의 베스트셀러로서 모험 이야기인 『거룩한 예언』The Celestine Prophecy이란 책 속에서 서술된 '사람들 상호 간의 윤리'에 관한 통찰은 가족, 친구, 그리고 타인과 관계를 강조하는 반면, 환생은 과거의 삶의 직선적 관계를 강조한다.[193] 뉴에이지 운동의 가치는 종종 상대주의를 표현한다고 일컬어진다. 그러나 환생에 대한 강조는 뉴에이지 가치가 절대주의와 상대주의의 혼합임을 보여준다. 뉴에이지 운동의 절대주의적 경향성은 종종 무시되거나 간과되고 있다. 뉴에이지의 믿음 체계는 영원한 초월적 영역 즉, 순수한 영성의 영역의 존재를 전제하고 있다. 그래서 뉴에이지 추종자들은 자신들이 죽으면 일단 이 순수한 영성의 영역에 도달하게 되며, 차후 미래에 영적 발전을 위해서 세속적 세계로 돌아오게 된다고 믿는다. 간단히 말해서, 이들은 지속적인 환생과 영적 발전의 과정은 피할 수 없고, 모든 인간(그리고 모든 사회)은 필연적인 영적 진화의 길을 계속 걷게 된다고 인식한다.

한편, 뉴에이지 믿음이 주류(主流) 미국의 가치 지향과 다소 다른 측면이 있는데, 이는 바로 인간의 자연과 우주에 대한 관계이다. 뉴에이지 믿음 체계는 자연에 대한 정복을 반대하고 대신 자연과의 조화를 수용한다. 『거룩한 예언』에 나타난 새천년의 이미지를 보면, 자연을 경외하며 환경을 보호하고 작지만 지속 가능한 공동체 속에서의 삶, 그리고 생태 체계의 한계 내에서 살기 위해서 자발적으로 감소시킨 인구 규모 등의 문화를 서술하고 있다.

III. 뉴에이지 문화와 현대 미국의 문화(개신교 세계관)
: 동질성의 재인식

앞 장에서 이미 살펴본 바와 같이 뉴에이지 믿음 또는 세계관은 다양성, 혼합성, 절충성등을 보여주고 있다. 또한 이 뉴에이지 운동은 사회학적으로 볼 때 하나의 운동 조직으로서 단일의 지도자나 중앙 집권화 된 지도적 구조가 없이 단지 개인 간, 집단 간, 기업 간, 조직 간에 존재하는 느슨한 연합 혹은 연결망만 존재하는 등 한마디로 머리가 여러 개인 '다두적'(多頭的) 특성을 보여주고 있다. 이런 특징을 갖는 뉴에이지 믿음이 현 시점에서 과연 '진리' 인지 여부와 상관없이, 종교사회학적 시각에서 주목할 수 있는 측면은 이 운동이 '초월성' 에 관한 '현대적' 추구와 달리 말해서 삶의 목적과 의미를 찾고자 하는 시도라는 점이다.[194] 한마디로 이 뉴에이지 운동은 오늘 같은 사회문화적 불안과 동요의 시대 속에서 전면에 나오게 되는 이념의 증대와 이것들의 떠드는 소리를 반영한다고 볼 수 있다.

보다 구체적으로, 뉴에이지의 믿음 체계는 '전통적 가치'와 '자기실현 가치'를 혼합한 체계로서 오늘의 현대 미국 사회(세계사회)가 보여주는 벨Daniel Bell이 말한 '문화적 모순'을 그대로 드러낸다 할 것이다.[195] 지속가능한 공동체에 관한 뉴에이지의 예측은 세계적으로 환경에 대해 증대하는 관심과 자연 환경 보호를 위해서 국가적 노력이 점증하고 있는 것을 반영하고 있다. 또한 정신적(영적) 발전을 찬성하며 물질주의를 덜 강조하는 뉴에이지의 믿음 체계는 최근의 '세계 가치 조사 the World Values Surveys' 속에 나타난 경향에서 분석된 것과 맥을 같이 한다. 즉, 경제적 풍요는 물질주의적 가치로부터 탈(脫)물질주의적 가치로의 전환과 연관되어 있다.[196]

그리고 요즘처럼 불안한 시대는 스와이들러Ann Swidler 같은 문화사회학자들이 잘 지적하고 있듯이 '문화적 준거 틀cultural frameworks' 간에 경쟁을 낳고 있다. 그래서 어떤 사회운동도 여타의 문화적 준거 틀과 능동적으로 경쟁할 수밖에 없는데, 이는 적어도 한 사회의 상식과 그리고 일상적으로 대체적 전통과 이데올로기 등과의 경쟁을 수반한다.[197] 이런 측면에서 뉴에이지 운동도 예외가 아니다.

미국은 종교사회학자 벨라가 주장하듯이 개신교가 여전히 문화의 '심층 구조'를 차지하고 있다. 개신교의 미국적 다양성과 연관된 제반 가치의 제도화가 만들어내고 계속 재생산하는 주류 문화는 매우 강력하고 단단해서 벨라는 이를 '하나의 문화monoculture'라고 명명하였다.[198] 비슷하게, 에치오니Amitai Etzioni는 미국에서 다양한 집단이 실제로 동일한 미국적 가치와 열망을 공유한다는 점에서 미국을 '하나의 염색체monochrome 사회'라고 부르고 있다.[199] 다시 말해서, 일반적으로 기독교(특히 개신교)가 미국이라는 '상상적 공동체'에 아직 중심적이라는 것이다.

이렇듯 개신교가 엄연히 지배하는 미국에서 뉴에이지 운동 같은 새로운 문화 현상은, 우선 수많은 크리스천 집단들로 하여금 뉴에이지 믿음에 대해 일원론, 범신론 및 종교적 혼합주의라는 측면에서 온갖 방법을 동원하여 비판하고 공격하는 데 엄청난 노력을 하도록 만들었다. 또한 일부는 뉴에이지 운동을 불행한 대중의 미혹으로 보아 받아들이지 않고 있다. 이들은 뉴에이지 믿음의 근원은 인간이 고통의 시대 중에 미신과 비합리성으로 회귀하는 경향성에 있다고 해석한다. 한 예로서, 수학자 파울로스John Allen Paulos는 뉴에이지의 '동시발생성synchronicty'의 원칙이 허위이자 기만이란 것을 거의 불가능한 사건과 기회가 일어날 빈도에 대한 확률 이론을 통해서 증명하고 있다.[200]

어떤 것이 기만이자 허위임을 파헤치고 증명하는 것은 그 자체로서 사람들의 무지와 순진함을 시정시킨다는 측면에서는 물론 경탄할만한 노력이다. 그렇지만 뉴에이지 믿음이 과학적 사실에 들어맞는지 여부를 밝히는 것은 이 글의 주제를 벗어난다고 본다. 뉴에이지 믿음을 이성의 실추로 보고 내버리는 것은 머튼Robert K. Merton이 말하는 어떤 사물의 '현시적 기능manifest function' 밑에 있는 '잠재적 기능latent function'을 제대로 주목하지 못하고 놓치는 것이다. 이런 측면에서 분명한 점은, 수많은 사람들에게 뉴에이지 믿음이 문화적 모순에 대한 쓸모 있는 종합으로서 불안한 시대 속에서 이들이 찾는 모종의 '안내guide'를 제공하고 있다는 사실이다. 이런 쓸모 있는 종합이 과학이나 논리의 요구를 충족시킬 수 없을지도 모른다. 그러나 유용성이 이 같은 기초들 위에서만 판단될 수는 없다. 따라서 뉴에이지 믿음의 허위를 입증하고자 하는 노력은 오늘과 같은 위기의 시대 속에서 초월성을 찾는 많은 사람들에게는 별로 크게 중요하지 않다.

한편, 불안정한 시대 속에서 초월성을 추구하는 것은 '절대주의absolutism'를 좋아하는 것과 통한다고 말할 수 있다. 이 같은 '절대주의적 충동'은 부분적으로 '심리적 세력'으로부터 연유한다. 그래서 종교적 체험 연구의 권위자인 제임스William James는 일찍이 우리는 본능적으로 절대주의자들이라고 느꼈다.[201] 또한 '절대주의적 충동'은 버거와 루크만이 이미 주장하였듯이[202] 인간이 죽음의 필연성과 이것이 만들어내는 '혼란스러운 폭력'에 대한 반응으로도 볼 수 있다. 본래 절대주의는 도덕적 권위가 세속적 영역과 구별되는 초월적 영역에 있다고 믿는 것으로서, 초월적 관점에 따르면 도덕적 가치와 판단의 근원이 개인 밖에 신(종교) 또는 사회에 있다.[203] 반면에, 상대주의가 터한 세속적 관점에 따르면, 도덕적 가치와 판단의 근원이 '자아self' 속에 있다고 본다. 도덕적 절대주의자들은 초월적 영역에 자리 잡고 있는 하나의 보편적인 도덕적 코드를 믿는다. 이 같은 절대적인 도덕적 권위는 이것을 다스리는 개인으로부터 독립되어 있고 분리되어 있다. 다시 말해서, 절대주의자들에게는 신이나 사회가 선과 악의 마지막 심판자이다. 따라서 절대주의자로서는 상대주의는 병리적이며 악의 핵심이고 온갖 사회 문제의 뿌리 원인이다. 일반적으로 절대주의는 종교적 절대주의와 보수적 정치와 연관되어 있고, 상대주의는 세속적 개인주의와 자유주의적 정치와 연관되어 있다.[204]

이제 이상의 논의를 기초로 하여 본론의 마지막으로서 뉴에이지 운동의 문화(세계관)와 오늘날 대표적 자본주의 국가인 미국 문화의 기저를 이루고 있는 개신교 - 특히, 자유주의 신학의 지배하에 전반적으로 침체상태에 있는 주류 교회들과 달리 놀라운 성장세를 보이고 있는 '복음주의 진영'[205] -의 문화(세계관) 양자에서 관찰되는 '현상적' 동질성에 대해 몇 가지 측면에서 간단히 정리해보고자 한다.[206] 미국 남가주 대학 종교사회학자 밀러Donald E. Miller는 『미국 개신교의 재발견: 새 천년의 기독교』(1997)에서 '미국 개신교의 새로운 얼굴'에 주목하면서 오늘날 미국에서 급속도로 부상하고 있는 '새로운 패러다임의 교회'가 갖는 제반 특징을 크게 '열두 가지'[207]로 제시하였다. 밀러는 이 책의 결론으로서 오늘날 서구 선진국 중 물질주의적 자본주의 사회를 대표하면서도 예외적으로 여전히 높은 '종교성'을 갖고 있다고 지목되는 미국에서 대중들에게 가장 각광을 받고 있는 교회는 무엇보다도 '신앙(믿음)을 찾는 사람들에게 민감하게 반응하는 교회'(the 'seeker-sensitive' church)[208]라고 보았다.

이로부터 종교사회학자인 필자가 보기에도 현재 뉴에이지 문화와 미국의 복음주의 계열 개신교 문화 사이에는 크게 세 가지 측면에서 상당한 '동질성'을 나타내고 있다고 생각된다. 물론 이 세 가지 측면은 상호 연관되어 있다.

(1) '거룩함'(聖, the Sacred)의 추구 - 뉴에이지 문화와 복음주의 문

화 양자는 급격한 사회변동이 초래한 불안한 시대 속에서 공동체 상실을 문제로 인식하는 세속의 대중들 가운데서 각종 '소집단 운동'(예: 성경공부, 제자훈련, 간증과 토론집단, 내적 치유, 기도회, 명상, 요가, 기(氣)치료와 감수성 훈련 등)을 통해 서구에서 본래 오랜 전통을 갖는 종교적 신비주의와 연관된 '체험적' 영성을 직접 추구하는 것이 크게 증가하고 있음을 잘 말해 준다.

(2) '자본주의의 문화적 모순'의 반영이면서도 '현세 긍정'의 가치 : 뉴에이지 문화와 미국 복음주의 진영의 문화 양자는 모두 기본적으로 '전통적 가치'와 '자기실현'의 가치가 혼합된 믿음 체계를 갖고 있다는 점에서 한편으로는 경제발전의 결과 나타난 '탈 물질주의'를 지향하고 있다. 그러면서도 동시에 양자는 기본적으로 여전히 적극적 사고, 잠재력 개발, 행복, 웰빙 등 부르주아적 멘탈리티(주로 중산층 가치)와 잘 부합되는 '성공의 복음'(메시지) 곧 '현세 긍정'의 이념과 세계관을 주로 설파하고 있다.

3) '자아 종교self religions' - 본래 개인주의적 가치가 강한 서구 사회에서 최근 세계화, 정보화 및 포스트모더니즘의 영향 속에 '정체성의 혼란을 겪는 개인 편에서 의식의 '개체화'가 촉진되고 있다. 또한 현대 사회의 탈 제도화 등 구조적 변동의 결과로서 종교의 '사사화'가 확대됨에 따라 종교의 공적 영향은 줄어드는 반면 '순수한'(고유한) 종교적 의사소통은 증대하고 있다. 이런 측면에서 뉴에이지 운동과 새로운 패러다임의 복음주의 개신교는 모두 현대인들의 관심이 최근 들어 집단이나 제도보다는 자신의 '자아'로 한층 더 쏠리게 된 것을 반영하고 있다.

이는 영국의 종교학자 힐라Paul Heelas가 말하는 '자아 종교'로서의 특성을 뚜렷이 나타내는 것이다. 힐라에 의하면, '자아 종교'란 진정한 신성divinity의 근원으로서 '내적(심층적) 자아inner self'에 초점을 모으는 운동으로서 '삶으로의 전환'(a 'turn to life')을 특성으로 나타낸다.[209] 다시 말해서, '자아 종교'란 현대의 수많은 종교에서 공통적으로 나타나는 양상으로서, 종교 또는 영성이 한 차원 높은 '내세의 삶'보다는 '지금 여기' 즉, '현세의 삶'에서 성취하는 것에 대한 관심이 커진 것을 뜻한다. 이런 맥락에서 인간 본성에 대한 일반 미국인들(뉴에이지 운동 참가자들은 물론 및 일부 복음주의 크리스천 대중)의 관점이 최근 '불완전성'으로부터 '완전성' 쪽으로 점차 변모한 것과 함께 이들의 관심이 현세의 '삶' 그 자체에 우선 집중되고 있는 경향을 주목할 수 있다. 이런 흐름은 한 예로서 최근 뉴욕타임스 베스트셀러 1위에 진입한 책으로서 한국의 크리스천 대중에게도 금년 5월 번역서가 출판되자마자 현재 엄청난 인기(43판)를 얻고 있는 조엘 오스틴Joel Osteen의 『긍정의 힘: 믿는 대로 된다』(*Your Best Life Now*, 두란노, 2005)에 잘 나타나 있다고 볼 수 있다.

IV. 결론: 현 한국교회 상황에 주는 시사점

이른바 '압축적 근대화'의 표본으로 일컬어지는 한국 사회는 지난 1988년 올림픽을 개최한 것을 계기로 그동안 긴장이 만연했던 사회 전반에서 민주화, 국제화, 개방화가 뚜렷이 이루어졌다. 그 뒤 1994년 국민소득 1만 불을 달성함으로써 서구의 경험처럼 생태 환경 보호와

'삶의 질' 등을 추구하는 '탈 물질주의'가 태동하였다. 그리고 최근 세계화, 정보화 등과 함께 탈권위주의, 다원주의 등을 표방하는 '포스트모더니즘'이 대중의 의식 속으로 급속도로 침투하게 되었다. 그로부터 한국교회는 과거 고도 경제성장 과정에서 나타난 놀라운 교회성장에 갑작스러운 제동이 걸려 예전의 성장세가 반전된 뒤 현재까지 전반적으로 정체 상태를 보이고 있는 것이 사실이다. 이런 가운데도 개신교계에서 여전히 단연 두각을 나타내고 있는 목회자들 - 예로서 제자훈련으로 이름 높은 사랑의 교회의 옥한흠 목사, 경배와 찬양 그리고 성서 강해로 유명한 온누리 교회의 하용조 목사 등 - 의 예외적(?) 성공 요인을 서구(특히 미국)로부터 오늘의 한국 사회 속으로 크게 밀려온 뉴에이지 문화의 홍수와 연관시켜 현 시점에서 다시 한 번 생각할 필요가 있다고 본다.

필자는 이들의 목회적 성공 요인으로서 독특한 인격, 고유한 독창성, 창조적 리더십 등이 물론 중요하다고 본다. 하지만, 이런 것들 외에 미국 개신교 문화가 역사적, 정치적, 신학적 요인 등으로 인해서 현 한국교회에 여전히 강하면서도 직접적인 영향을 미치고 있는 사실을 재주목할 필요가 있다고 생각한다. 즉, 한국에서 앞에서 거론한 목회자들의 성공은 '새로운 대중'이 찾고 있는 것 - 예로서, 딱딱한 권위주의적 종교 집단에 속하지 않으면서도 여전히 '거룩한 것'(영적인 것)을 추구한다거나 또는 종교적 교리나 신조보다는 우선적으로 이 세상에서 '영적 체험'을 갈구 - 에 부응하여 '새로운 패러다임의 교회'를 만든 릭 워렌 목사 같은 지도자들의 영향을 일찍이 크게 받아 위에서 언급한 제반 특징들 - 대표적 예: 소그룹으로 평신도 제자훈련, 탈권위적 교회 구조

등 - 을 다른 목회자들보다 한걸음 빨리 민첩하게 한국의 목회 현장에 잘 접목하여 이것들을 효과적으로 강조한 것에 부분적으로 기인한다고 보고 싶다.

결론적으로, 세계화의 '문화적' 영향을 중시하는 필자는 한국교회는 현 시점에서 오늘의 뉴에이지 문화(세계관)와 그리고 미국의 개신교를 대표하는 새로운 패러다임의 복음주의 교회에 공통적으로 표출된 우스노우가 말하는 '정주의 영성'이 아닌 '추구의 영성'의 흐름에 새롭게 주목하는 것이 매우 중요하다고 본다. 그런데 이 때 우선 '종교적 삶'의 기초는 종교적 '교리'나 '도그마'나 '교파'나 '교단의 정치 구조' 등이 아닌 종교적 '경험'(체험)임을 전제하는 것이 요구된다. 그로부터 오늘날 안팎의 '위기'를 맞고 있는 한국교회는 뉴에이지 문화에 대한 기본적 문제제기와 경계의 자세는 유지하면서도 그동안의 피상적이고도 일방적인 비판이나 공격을 뛰어 넘는 보다 정직하고 진지한 자세가 필요하다. 그리고 무엇보다도 고도로 불안한 현실의 삶 속에서 심각한 정체성의 위기를 경험하고 있는 대중들에게 교회의 제한되고 닫힌 장(場)을 뛰어 넘어 좀 더 가깝게 다가가서 사랑과 나눔과 섬김의 사회봉사와 생생한 간증 사역 등을 통해 '성령의 은사'로 대표되는 거룩한 '영성'을 실질적, 구체적이면서도 보다 효과적으로 드러내는 것이 긴요한 과제라고 본다.

종교사회학과 기독교 문화의 유사성
"뉴에이지 문화와 현대 미국의 복음주의 개신교 문화"에 대한 논찬

최태연 교수 | 천안대 기독교학과

복음주의와 뉴에이지는 얼마나 비슷한가?

김성건 교수는 이 논문에서 미국을 중심으로 한 뉴에이지 운동the New Age Movement과 개신교 복음주의Protestant Evangelical의 문화적 유사성을 탐구하는데 집중하고 있다. 김 교수에 따르면 뉴에이지 운동과 복음주의 운동은 1960년대 이후 미국 사회의 문화적 변동과 밀접한 관계를 맺고 있다. 김 교수는 두 운동 안에 내재된 문화가 유형적인 공통점을 가지고 있으며 20세기 후반의 미국 사회에서 진행된 종교의 사사화privatization와 체험적 영성spirituality의 부흥, 그리고 현세긍정affirmation of this world의 가치관과 연결되어 있다고 주장한다. 이 논문의 후반부에서 김 교수는 다시 한 번 뉴에이지 문화와 개신교 복음주의 문화의 동질성을 재확인한다. 김 교수의 논지를 조금 더 상세히 재구성해 보면 다음

과 같다.

1. 논지의 재구성

첫째, 김 교수는 뉴에이지 운동이 1960년대 중반을 기점으로 미국 사회에 출현하여 현대 미국 사회의 중요한 종교로 정착하게 된 사회적 배경으로 다음 두 가지 계기를 들고 있다.

(1) 1960년대 대학가의 정치적 에너지가 반문화 운동과 반전 운동으로 격렬하게 분출된 결과 미국의 청년 문화에 중대한 전환이 이루어졌다. 즉 탈 정치화된 문화가 미국 사회를 지배하게 되었고 조용한 영성운동이 자리 잡을 수 있는 토양이 마련되었다.

(2) 1980년대에 이르러는 레이거노믹스Reaganomics가 보수적 문화관과 자유방임 주의적 자본주의의 기치아래 권력, 쾌락, 재산추구를 정당화했다. 그 결과 정신적이고 영적인 고갈현상이 일어나게 되었고 새로운 종교운동을 수용할 수 있는 문화 환경이 형성되었다.

둘째, 종교사회학자로서 김 교수는 문화culture의 개념을 영미 문화사회학의 정의에 따라 "특정 집단의 신념, 관습 및 삶의 양식의 전체 세트"로 규정한다. 김 교수는 이러한 문화 개념을 일종의 세계관worldview에 가까운 포괄적인 개념으로 사용하면서 그 실례로 1990년대 미국에서 일어난 보수와 진보 엘리트 진영사이의 문화 전쟁culture war의 예를 들고 있다. 따라서 김 교수는 뉴에이지 종교나 개신교 복음주의를 특정한 교리체계로 이해하거나 그 교리에 대한 가치 판단을 하지 않는다. 그는 다만 두 종교를 하나의 문화유형 내지 세계관으로서 바라보면서 주로 양자의 공통점('동질성')을 드러내는데 관심을 갖는다.

셋째, 김 교수는 현대 사회의 '구조적 특성'에 의해 종교의 사사화privatization와 체험적 영성spirituality의 부흥이 일어났다고 본다. 이 두 가지 유형은 일찍이 독일의 종교사회학자 에른스트 트뢸치Ernst Troeltsch가 개신교의 사회 윤리에 따른 유형을 (1) 루터주의Lutheranism, (2) 칼뱅주의Calvinism, (3) 분파sect 및 신비주의mysticism로 구분[210]한 중에서 세 번째 유형과 일치한다. 현대 사회는 제도의 다양한 분화 덕택에 문화적 다원주의가 생겨나면서 사사로운 개인이 재발견되는 사회이다. 이러한 사회에서는 주로 경제 영역이 공공 영역으로 힘을 얻는 반면에 종교는 '사적' 영역으로 전락하여 전에 가졌던 공공 제도적 의미를 잃게 된다. 따라서 김 교수는 종교가 사회의 공공 영역에서 힘을 잃고 사적인 영역으로 제한되는 현상에 대해 미국의 대표적인 종교사회학자 토마스 루크만Thomas Luckmann과 로버트 벨라Robert Bellah의 견해에 따라 사회의 비인간화를 묵인 내지 지지한다는 점에서 비관적으로 평가한다. 서구 기독교 문명권에서 종교의 사적 영향은 오히려 증가하는데도 불구하고 공적 영향은 쇠퇴한다는 데 현대 종교의 구조적 위기가 있다는 것이다.

김 교수가 현대 사회의 종교 현상으로 주목하는 또 하나의 측면은 '체험적 영성의 부흥'이다. 이 현상은 뉴에이지 운동이나 개신교의 오순절 성령 운동에서 나타났듯이 사회적으로는 보수적이며 철저히 개인의 영적 체험에 의존하는 종교에서 잘 드러난다. 전통적인 로마 가톨릭 교회나 루터주의나 칼뱅주의처럼 체계적이고 전문화된 조직종교systematic religion는 사회에 공적 영향력을 행사한다. 반면에 뉴에이지나 오순절 성령운동처럼 신자 개인의 종교 체험에 의존하는 종교 운동은 비록 사회적 영향력은 미미하지만, 현대 사회에서 쇠퇴하기는커녕 계속적인 성장을 보여주고 있다는 점이 김 교수가 이들 종교 현상에 주목하는 이유이다.

넷째, 김 교수는 뉴에이지 운동을 합리주의Rationalism의 일방적 지배를 거부하는 포스트모던 시대의 대중 종교로 보면서 그 본질적 특징을 '추구의 영성spirituality of seeking'으로 규정한다. 김 교수에 따르면 1980년대 이후 미국에서 새로운 대중종교로서 자리 잡은 뉴에이지 운동은 다음의 특징을 가지고 있다.

(1) 뉴에이지 종교는 기독교에 종교적 기반을 두고 근대화와 세계화가 가장 먼저 성공적으로 수행된 유럽과 북미에서 생긴 가치관의 혼란과 그에 따른 '영혼의 위기'에 대한 반작용 내지 대안으로 생겨났다. 김 교수는 미국의 종교사회학자 로버트 우스노우Robert Wuthnow를 인용하면서 현대 미국의 가치관의 심각한 위기가 교회나 성당 같은 거룩한 장소에서 초월을 경험하는 전통적인 '정주의 영성spirituality of dwelling'에 만족하지 못하게 만들었다고 진단한다. 그 대신 전통 신앙이나 물질주의에 모두 실망한 사람들은 새로운 영성의 추구를 통해 개인적인 자아실현을 경험하는 작은 초월성을 추구하게 되었다는 것이다. 이 점에서 뉴에이지는 기존의 제도화된 조직종교인 기독교에 대한 암묵적인 비판을 담고 있다.

(2) 우스노우에 따르면 두 종류의 영성 추구는 역사 속에서 언제나 공존해 왔다. 다만 시대의 조건에 따라 두 영성이 순환적으로 부침하는 모습을 보여 왔을 뿐이다. 물질적인 여건이나 정신적인 여건이 안정된 시대에는 정주의 영성이 강해졌고 두 가지가 모두 불안정한 시대에는

반대로 추구의 영성이 전면에 부상해왔다는 것이다. 뉴에이지 운동은 물질적으로는 풍요하지만 정신적으로는 불안정해진 오늘날의 서구 사회에서 과거의 영성을 새롭게 추구하고 재조직하려는 노력이다. 실제로 뉴에이지 운동은 어떤 한 종교전통에서 나온 영성이 아니라 영지주의, 점성술, 영매(강신)술, 샤머니즘, 힌두교, 요가, 연금술, 심령술, 신지학, 도교, 유사 심리학, 생태학, 페미니즘, 통전즉 의학, 동양무술, 천년왕국신앙 등의 잡다하고 다양한 신앙과 영성들의 새로운 합종연횡이라고 할 수 있다. 그동안 서구적 영성의 주류를 차지했던 기독교에 의해 소외되었거나 이교로 낙인찍혔던 주변부의 영성들의 새로운 디자인 아래 재집결한 것이다.

(3) 김 교수는 이러한 새로운 영성을 추구하는 사람들이 미국에서 이미 극소수나 주변인이 아니라고 말한다. 그에 따르면 뉴에이지 영성을 추구하는 사람들은 평균적인 미국인보다 더 부유하고 더 교육수준이 높고 더 자유로운 삶을 추구하고 덜 종교적인 사람들이다. 실제로 90년대 중반에 나온 미국의 한 종교지표에 따르면 뉴에이지 신자들은 인구의 20%를 차지하며 세 번째로 큰 종교 그룹을 형성하고 있다.[211]

(4) 그렇다면 뉴에이지 영성의 독특한 매력은 무엇일까? 김 교수는 뉴에이지 종교가 세속과 초월의 세계를 새롭게 통일시키는 약속을 주고 희망을 제공한다고 생각한다. 게다가 뉴에이지 영성은 인간의 가능성을 긍정하려는 낙관적 인간관을 제공한다. 이 점이 뉴에이지 영성이 미국의 지배적인 가치와 서로 통하는 요소이다. 그들은 인간본성이 근본적으로 선하며 영적 자각이나 환생reincarnation을 통해서 완전해 질 수 있다고 믿는다.

(5) 뉴에이지 영성의 또 하나의 모습은 개인주의를 넘어서 새로운 사회적 가치관을 제공한다는 점이다. 그렇기 때문에 김 교수는 뉴에이지적 가치가 개인주의에 대해 강조를 두면서도 개인주의와 집단주의의 간격을 가깝게 가져온다고 평가한다. 뉴에이지 영성에서 환생이 과거의 삶과의 관계를 표현한다면 '사람들 상호간의 윤리'는 타인과의 새로운 관계를 설정하려는 노력이라고 할 수 있다. 또한 뉴에이지 영성은 단순한 상대주의도 단순한 절대주의도 아니다. 뉴에이지 종교는 절대적인 영원한 초월의 영역이 존재하며 여기에 도달하기 까지 필연적인 영적 진화의 길을 가게 된다고 본다. 그러나 이 길이 하나의 길이 아닌, 다양한 길이라고 말할 때, 뉴에이지 영성은 상대주의 종교관을 가지고 있다고 할 수 있다.

다섯째, 마지막으로 김 교수는 미국의 지배적 주류 문화를 구성하고 있는 개신교protestant 문화에도 위에서 말한 뉴에이지 문화와 같은 특징을 가진 교파나 운동이 급속도로 성장하고 있다고 주장한다. 이러한 개신교의 일파가 종교사회학자 도날드 밀러Donald E. Miller가 '미국 개신교의 새로운 얼굴'이라고 표현한 복음주의Evangelical 교회이다. 밀러는 미국에서 대중들의 각광을 받고 있는 이 복음주의 교회의 특징을 '신앙을 찾는 사람에게 민감한 교회'(the 'seeker-sensitive' church)라고 보았다. 이제 김 교수는 결정적인 주장을 제시한다. 바로 이 복음주의 교회가 앞서 말한 새로운 대중적 영성을 가진 뉴에이지 종교와 문화적으로 동질성을 가지고 있다는 것이다. 김 교수는 다음 세 가지의 문화적 특징을 복음주의와 뉴에이지 종교가 공유하고 있다고 언급한다. 이 특징들은 (1) 거룩함의 추구(영성의 부흥), (2) 현세긍정의 가치(중산층 가치관),

(3) 자아중심의 종교(종교의 서사화)로 요약될 수 있다.

(1) 뉴에이지 문화와 복음주의 문화는 급격한 사회변동 속에서 공동체 상실이라는 불안을 겪고 있는 대중에게 '체험적 영성'을 경험할 수 있게 해줌으로써 제도권 종교와 다른 새로운 방식으로 '거룩함The Sacred'을 추구할 수 있게 해준다.

(2) 뉴에이지 문화와 복음주의 문화는 한편으로는 자본주의 사회의 지나친 물신주의를 극복하고자 '탈 물질주의' 내지 '영성주의'를 지향하면서도 다른 한편으로는 인간의 잠재력 개발, 긍정적이고 적극적 사고, 웰빙과 행복, 인생의 성공 같은 부르주아적 가치관에 부합되는 '현세긍정'의 이념과 세계관을 설교한다.

(3) 뉴에이지 문화와 복음주의 문화는 개인의 정체성 위기를 경험하고 있는 포스트모던 사회의 대중에게 새로운 자아 정체성을 형성하도록 돕는 '자아 종교self religions'의 성격을 강하게 가지고 있다. 이러한 종교는 모든 관심의 초점을 내적 자아에 모으고 현세의 삶 속에서의 자아발견과 성취에 비중을 둔다. 김 교수는 이러한 미국 복음주의의 자아 종교적 특징이 최근에 급성장하고 있는 교회인 릭 워렌Rck Warren목사의 새들백 교회Saddleback Church나 조엘 오스틴Joel Osteen목사의 책『긍정이 힘: 믿는 대로 된다 Your Best Life Now』에 잘 나타난다고 본다. 뿐만 아니라 그는 한국교회에서도 새로운 모델로 급성장한 교회에도 같은 특징이 나타난다고 주장한다. 예를 들어 평신도 제자훈련으로 유명한 옥한흠 목사의 사랑의 교회나 경배와 찬양과 성서강해로 유명한 하용조 목사의 온누리 교회도 이러한 특징을 공유하고 있다는 것이다.

2. 논지에 대한 비평

지금까지 논찬자는 김성건 교수의 논문이 제시하고 있는 논지를 순서대로 정리해 보았다. 지금부터는 김 교수의 주장에 대체로 동의하면서 몇 가지 의문점에 대해 질문을 드린다.

첫째, 동질성the same nature, homogeneity이란 용어가 주는 오해의 가능성.

뉴에이지 문화와 복음주의 문화는 몇 가지 특징에서 유형적으로 같다고 볼 수 있다. 그러나 '동질성'이라는 표현은 완전히 또는 거의 같다는 뜻을 함의한다. 그러나 뉴에이지 문화와 복음주의 문화가 완전히 '동질'적이라고 보기 어려운 면이 있다. 한 예로 뉴에이지 운동과 복음주의 운동이 소집단 운동을 통해 체험적 영성을 추구하는 데에는 유사성이 있다. 그러나 뉴에이지 운동은 대중의 참여에도 불구하고 소그룹 운동차원의 기도회와 명상, 감수성 훈련 과정으로 남는 반면에 복음주의 운동은 대중성을 얻자마자 잘 조직된 교회와 대형 예배로 전환되는 경우가 대부분이다. 뉴에이지 운동과 복음주의 운동이 내면적인 확신에 중점을 두는 '자아 종교'의 경향이 강한 것은 사실이다. 그러나 대부분의 복음주의 운동이 성경the Bible이라는 확고한 경전을 신봉하는 근본주의 신학을 기초로 하기 때문에 '인간의 타락과 죄성', '내세의 삶', '천국과 지옥'에 대한 신앙을 강하게 가지고 있다고 보아야 할 것이다. 대부분의 복음주의는 이 점에서 뉴에이지 운동의 인간의 신성화와는 구별된다.

둘째, 논지의 전개에서 나타나는 불일치

김 교수는 제II장에서 현대 사회에서 나타나는 종교 현상의 특징을 '종교의 사사화'와 '체험적 영성의 부흥' 두 가지로 들었다. 그러나 제III장에서는 현대 대중 종교의 대표적 범례인 뉴에이지와 복음주의의 공통된 특징으로는 세 가지 - '거룩함의 추구', '현세 긍정의 가치', '자아 종교' -를 들고 있다. 이 중 '종교의 사사화'와 '자아 종교'가 일치하며 '체험적 영성의 부흥'과 '거룩함의 추구'가 서로 상응한다. 반면에 '현세 긍정의 가치'는 제III장에서 처음으로 명시적으로 제시되었다. 만일, 제II장에서의 종교와 제III장의 종교가 같은 성격이라면 처음부터 제III장의 세 가지 특징이 제시되어야 할 것이다.

셋째, 모든 뉴에이지 종교가 현세긍정의 가치관을 가지고 있는가?

미국의 복음주의 대부분이 강하게 '현세긍정'적인 성격을 가지고 있다는 것은 이미 잘 알려졌고 상당한 비판을 받고 있다.[212] 그러나 모든 뉴에이지 종교가 '자아 종교'를 넘어 '현세긍정'으로 나아가는지는 검토해 볼 필요가 있다. 왜냐하면 뉴에이지 문화는 상당부분 채식주의, 금욕주의, 평화주의, 전원주의, 환경주의를 동반하기 때문이다. 따라서 뉴에이지 문화 전체를 부르주아적 현세긍정주의로 보기는 어려울 것 같다.

넷째, 복음주의 개신교 문화는 개인주의에 그치는가?

뉴에이지 문화와 복음주의 문화가 기본적으로 개인중심이라는 점에서는 이의가 없다. 그러나 이미 첫째 질문에서 언급한 것처럼 뉴에이지와 복음주의의 현격한 차이는 조직의 성격에 있다고 해도 지나친 말이 아닐 것이다. 뉴에이지 운동은 거대한 사회조직으로 등장하지 않고 정경과 중앙조직과 성직자제도를 갖추지 않은 소그룹운동에 머물러 있는 경우가 거의 대부분이다. 그러나 김 교수도 부분적으로는 뉴에이지 영성이 개인주의를 넘어서 새로운 사회적 가치관을 제공한다는 점을 제II장 마지막에서 언급했다.

반면에 미국의 복음주의 운동은 분명한 경전과 잘 짜인 교회조직과 성직자 제도와 확고한 개인 및 사회 윤리를 가지고 있기 때문에 개인종교로 머물기에는 너무 강한 사회적 힘과 영향력을 가지고 있다. 예를 들어 1979년에 창설된 제리 폴웰Jerry Falwell목사의 '도덕적 다수Moral Majority' 운동이나 미국의 신보수주의Neocon를 지지해서 공화당의 집권에 결정적인 영향을 미친 '미국 크리스천 연합the Christian Coalition of America'의 경우를 보면 미국 복음주의의 정치적 힘을 알 수 있다. 이 점에서 미국 복음주이 문화를 단순한 개인주의 문화라고 하기는 어려울 것이다.

다섯째, 뉴에이지에 대한 기독교의 비판의 문제

김 교수가 지적한대로 지금까지 기독교에서 쓰인 뉴에이지에 대한 서적은 뉴에이지를 신학적으로 비판하는 내용을 담고 있다. 김 교수는 이러한 비판의 대부분이 "근본주의적 기독교의 배타적 관점에서 단순히 '사탄'으로 공격하며 경원시하는 등 대체로 피상적이며 감성적으로 접근하고 있다고 판단"하고 있다. 그러나 논찬자에게 뉴에이지 종교에 대한 기독교의 비판은 두 가지로 구분할 수 있다고 생각된다. 첫째 유형의 비판은 뉴에이지 종교의 차별성을 정확하게 파악하지 못한 채, 영지주의, 점성술, 영매(강신)술, 샤머니즘, 힌두교, 요가, 연금술, 심령술, 신지학, 도교, 유사 심리학, 생태학, 페미니즘, 통전적 의학, 동양무술, 천년왕국신앙 등의 다양한 형태를 모두 사탄주의로 규정하는 비판으로서 편협하고 감정적인 비판이다.[213] 그러나 기독교의 뉴에이지 비판에는 그것의 다양성을 정확하게 파악하고 나서 그 주장이나 교리, 기독교의 차이를 분명하게 드러내면서 뉴에이지 종교의 내용을 신학적으로 비판하는 유형이 있다.[214] 이러한 비판을 모두 피상적이고 감상적인 비판으로 무시할 수는 없다고 본다. 끝으로 김성건 교수의 종교사회학 연구가 한국 기독교 문화연구에 큰 기여를 하기를 희망하면서 지금까지의 부족한 논찬을 마친다.

포스트모던 시대의 기독교적 상상력
: 뉴에이지 문화에 대한 기독교의 대안

박상진 교수 | 장신대 기독교교육학

1.

포스트모던 시대 기독교의 가장 중요한 키워드 중의 하나가 상상력imagination이다. 계몽주의 이후의 모던 시대는 합리성과 이성, 논리와 개념을 중시하였으나, 상상력의 중요성을 소홀히 여겼다. 오히려 상상력이 합리적인 사고를 방해한다고 생각하는 과학주의적 사고는 기독교마저 교리와 신학을 강조하는 합리주의적 종교로 변질시키는 경향이 있다. 그러나 과연 종교에서 상상력을 제외할 때 그 종교가 존속될 수 있을 것인가? 게렛 그린Garratt Greene이 그의 책 『Imagining God』[215]지적하고 있듯이 상상력은 "계시에 대한 인간학적 접촉점an anthropological point of contact for revelation" 이다. 초월의 세계는 오직 상상력을 통해서만 인간에게 알려진다. 상상력은 인간이 하나님을 알게 되는 자리로서, 계시의 자리이다. 인간이 하나님의 형상imago Dei대로 지음을 받은 것은 '상상할 수 있는 존재'로 지음 받은 것을 의미한다는 해석은 지나친 것이 아니다.[216] 이 동물과 다른 것은 '상상할 수 있는 존재'이기 때문이라고 말할 정도이다. 기독교적 믿음은 사실 상상적imaginative이다.[217] 믿음은 바라는 것들을 볼 수 있고, 보지 못하는 세계를 보는 상상적 특성을 지닌다. 예배는 하나님을 상상하며 그를 경배하는 행위이며, 하나님을 가장 충실히 상상하게 하는 것faithful imagination이 설교와 교육의 가장 중요한 과제이다. 역사적으로 기독교 문화는 상상력으로 인하여 꽃피울 수 있었고, 기독교의 사역자들은 상상력의 사람들이었다고 해도 과언이 아니다.

그러나 모든 상상력이 기독교적인 것은 아니다. 선한 상상력이 있는가 하면, 악한 상상력이 있다. 칼뱅이 말한 대로 인간의 마음은 "악한 상상을 생산해내는 공장과 같다" 어떤 상상력은 하나님의 뜻을 이루지만, 어떤 상상력은 하나님의 뜻을 거스르고 반역하게 한다. 그렇다면 중요한 질문이 제기되는데 "기독교적 상상력의 한계는 어디인가?"이다. 도대체 무엇을 기독교적 상상력이라고 부르고, 무엇을 비기독교적 상상력이라고 할 수 있는가? 기독교라는 이름으로 이루어진다고 해서 그 문화와 예술이 모두 기독교적 상상력에 근거한 것이라고 할 수 없고, 반대로 기독교라는 이름 없이 이루어지는 문화와 예술 가운데 기독교적 상상력을 발견할 수도 있지 않은가? 오늘날 기독교는 상상력의 중요성을 강조하는 것 이상으로 상상력의 분별의 중요성을 강조해야 할 것이다. 상상력을 가두어 놓고 있었던 근대의 빗장이 풀리고 포스트모던 시대에 접어들면서, 상상력을 근거로 한 온갖 문화가 번창하고 있다.

이 시대는 어느 때보다도 기독교적 상상력에 대한 분별과 경계를 요청하고 있다.

오늘날 뉴에이지 문화는 '기독교적 상상력'의 관점에서 주목하고 비판해야할 문화이다. 뉴에이지 운동으로까지 불리는 새로운 문화는 음악은 물론 미술, 문학, 영화 등 모든 장르의 문화와 예술에 강한 영향력을 끼치고 있으며, 요가나 명상 등 현대인들의 심리적, 정신적 필요까지 채워주려고 한다. 무엇보다 뉴에이지 운동은 유사 종교적 성격까지 지니고 있음은 주지의 사실이다. 상상력을 통해 초월을 인식하고 경험하게 함으로 근대 합리주의와 과학주의로 인해 감춰어진 초월의 차원을 다루려고 한다. 이러한 뉴에이지 문화는 비기독교인들 만이 아니라 기독교인들에게까지도 강한 영향을 미치고 있다. 뉴에이지 문화가 초월과 영성, 신비를 중요하게 다루기 때문에, 종교적 갈증을 지니고 있는 기독교인들에게도 호감을 주고, 때로 기독교 문화와 혼동된 채 이를 향유하는 경우도 발생한다. 그렇기 때문에 '기독교적 상상력의 경계는 어디인가' 라는 질문은 뉴에이지 문화에 대해서 더욱 강력하게 제기해야할 이유가 있다. Section 2, '기독교 문화와 뉴에이지 문화의 상상력' 은 바로 이러한 질문을 본격적으로 다루고 있다.

2.

Section 2는 두 편의 발제의 글과 이에 대한 두 편의 논찬의 글을 포함하고 있다. 첫 번째 발제는 최성수 교수의 "뉴에이지 문화의 상상력과 한국교회의 대응" 이라는 글이고, 두 번째 발제는 김성건 교수의

"기독교 문화와 뉴에이지 문화의 차별성과 동질성"이라는 글이다. 먼저 최성수 교수는 뉴에이지 문화가 무엇인지를 비교적 소상히 소개하고 있다. 그는 뉴에이지를 "현존하는 질서가 갖는 모순에 직면해서 시대변혁의 필요성을 절감한 사람들이 네트워크를 통해 서로 연대해 새로운 질서 혹은 새로운 세계를 만들어낼 수 있는 방법을 대안으로 제시하려는 일련의 종교혼합에 바탕을 둔(혹은 종교일치를 지향하는) 문화운동"이라고 정의하고 있다. 이 정의에서 감지할 수 있듯이 뉴에이지는 일종의 종교적 성격을 지니며, 근대 정신으로 인해 영성이 고갈된 사람들에게 상상력을 통해 초월에 대한 관심을 갖고 이를 경험하게 한다. 최 교수는 이러한 뉴에이지 문화를 이끄는 상상력의 원동력을 세 가지로 요약하고 있는데, "문제 해결을 지향하는 노력과 시대적인 흐름에 빠르게 적응하는 능력, 뉴에이지의 정체성을 규정하거나 지키기 위한 도그마가 없다는 사실"이라고 주장한다. 여기에서 '문제 해결'이라든지 '시대적 흐름에의 적응' 그리고 '자체의 도그마가 없다는 사실' 등은 뉴에이지가 오늘날을 살아가는 사람들의 필요에 민감하게 응답하고 있음을 의미하고, 영성과 초월에 굶주린 사람들에게 상상력으로 이를 경험하게 하여 만족을 주는 기능을 수행하고 있다고 볼 수 있다.

이러한 뉴에이지 문화의 등장과 확산은 반대로 기존의 종교, 특히 기독교가 오늘날의 사람들의 갈구에 제대로 응답하지 못해 왔음을 보여주는 증거로 이해될 수도 있다. 계몽주의 이후 근대를 살아가면서 규격화된 지식과 개념, 가시적 현상만을 탐구하는 과학주의와 물질 문명에 식상한 포스트모던 시대의 사람들에게 기독교가 지니는 그 풍성한 복음적 상상력을 제대로 공유하지 못하였다. 간단히 도식화한다면 포스트모던 시대의 필요를 지닌 사람들에게 여전히 근대적 형태를 지니는 기독교가 갖는 상상력의 빈곤이 뉴에이지 문화를 태동시키고 확산시켰다고 볼 수도 있을 것이다. 이러한 근대적 기독교Modernized Christianity는 원래의 기독교와는 다른 왜곡되고 편협된 모습으로 기독교가 근대를 거쳐 오면서 이성과 논리, 인지와 개념만을 강조하는 반면 영성과 초월, 신비적 차원을 소홀히 여기는 특성을 지니게 되었다. 이런 진단이 가능하다면 뉴에이지 문화의 태동과 확산은 기독교에 대한 경종이며, 기독교 문화에 대한 절실한 요청이라고 볼 수 있다. 최성수 교수가 그의 발제의 글에서 뉴에이지 문화에 대한 한국교회의 반응이 부정적 비판 일변도인 것과 동양과 한국이라는 맥락에 근거하기보다는 미국적 시각을 그대로 답습하고 있는 것의 문제점을 지적한 것은 타당한 지적이라고 생각된다. 물론 최 교수는 어떻게 기독교가 동양 문화의 상상력과 접목될 수 있을 지에 대해서 깊은 논의는 하고 있지 않지만, 뉴에이지 문화의 도전에 대해서 기독교가 해야 하는 바른 응전의 방식을 제시하고 있다고 보인다. 최 교수는 다음과 같이 선지자적으로 이 시대를 읽고 있다. "뉴에이지는 복음이 불투명해졌을 때 나타난 하나의 경종이다. 그것은 교회가 교회됨과 기독교 진리의 진리 됨을 다시 한 번 환기시켜주고 또 각인시켜 줄 뿐만 아니라, 교회가 복음의 정신을 회복해야 하는 필연성을 강조해준다."

　　최 교수의 발제에 대한 박양식 교수의 논찬은 뉴에이지 문화의 상상력이 기독교에 주는 의미를 더욱 선명하게 드러내준다. 박 교수는 "기독교는 합리주의에 뒤쫓아 가는 태도를 버리지 못하고 기독교만의 상상력으로 새로운 시대의 문제를 해결해 줄 실마리를 던져주는 상상력의 세계를 보여주지 못하였다"고 지적한다. 특히 기독교가 동양사상과의 접목을 시도함으로써 기독교 문화의 상상력을 제고시킬 수 있다는 최 교수의 제안에 대해 박 교수는 "기독교 내부 안에서 얼마든지 풍부한 상상력의 원천"을 발견할 수 있음을 강조하며 원래의 기독교가 지니는 상상력을 최대한 구현해낼 필요가 있다고 주장한다. 더 나아가 기독교가 뉴에이지 문화에 대해서 비판만 할 것이 아니라 그로부터 배울 것이 있다는 관점을 지니는 것이 바람직한데, 이는 그 내용이 아니라 형식 논리로부터 기독교적 상상력의 확대에 대한 시사를 얻을 수 있다고 언급한다. 이러한 박 교수의 논찬은 뉴에이지 문화를 '사탄의 문화'와 동일시하면서 이를 공격하는 사람들에게는 지나치게 진보적으로 인식될 수 있으나, 기독교의 상상력 부재와 이에 대한 자기성찰의 부족에 대한 지적이라는 점에서 깊이 공감할 수 있다.

"기독교 문화와 뉴에이지 문화의 차별성과 동질성"에 대해 발제한 김성건 교수는 "뉴에이지 문화와 현대 미국의 복음주의 개신교 문화"에 초점을 맞추어 논의를 전개하고 있는데 뉴에이지 문화 기독교 문화의 관계에 대한 새로운 통찰력을 주고 있다. 먼저 김 교수는 뉴에이지 문화의 확산의 배경에는 종교의 사사화privatization 현상이 존재하고 있음을 주목하고 있다. 포스트모던 시대를 사는 오늘날의 사람들은 "대중 종교로서의 뉴에이지 운동처럼 매우 사적이며 개인을 위한 정서적인 신앙"을 강하게 원하고 있다는 것이다. 김 교수는 이를 전통적인 영성인 '정주의 영성spirituality of dwelling'과는 대조되는 '추구의 영성spirituality of seeking'으로 부르는 우스노우Robert Wuthnow의 견해를 소개하고 있다. 이에 근거하여 김 교수는 현대 미국의 복음주의 개신교 안에서도 공통적인 요소가 있다고 주장하며, 이를 '거룩함의 추구, 현세 긍정의 가치, 자아 종교'의 세 가지 동질성으로 정리하고 있다. 결론적으로 김 교수는 오늘날의 한국교회가 종교적 교리나 도그마, 교파나 교단의 정치구조가 아닌 종교적 경험과 체험을 강조하며, 보다 대중들에게 열린 교회로서 거룩한 영성을 효과적으로 드러내는 과제를 안고 있다고 보았다.

최태연 교수는 김 교수의 발제에 대한 논찬에서 '동질성'이라는 개념이 지나치게 뉴에이지 문화와 복음주의 문화가 동일하거나 유사하다는 오해를 야기할 수 있음을 지적하며, 복음주의 개신교 문화가 사사화privatization나 개인주의individualism의 특성을 지니는 것으로만 인식하는 것의 문제점을 논의한다. 또한 뉴에이지 문화에 대한 기독교적 비판이 지나치게 근본주의적이며 감정적인 비판도 있을 수 있으나, 그 주장이나 사상에 대한 분명한 신학적 비판이 엄연히 공존하고 있음을 인식해야 함을 역설한다. 최 교수는 기본적으로 기독교 복음주의 진영의 입장에서 뉴에이지 문화와 복음주의 개신교 문화의 근본적인 차이에 주목하면서, 뉴에이지 문화에 대한 기독교 세계관에 입각한 비판을 설득력 있게 변호하고 있다.

3.

Section 2에서 발표된 총 네 편의 발제와 논찬은 마치 '모자이크'나 '퍼즐 맞추기'와 같이 잘 짜 맞추어져 '기독교 문화와 뉴에이지 문화의 상상력'에 대한 큰 그림을 그려내고 있다. 그리고 '뉴에이지 문화를 어떻게 바라보아야 할 것인가? '기독교 문화와 뉴에이지 문화의 경계는 무엇인가?' '기독교가 어떻게 뉴에이지 문화에 응전해야 할 것인가?' 등에 대한 응답을 주고 있다. Section 2의 발제와 논찬을 통해 얻는 지혜는 다음과 같이 요약될 수 있다. 첫째는 기독교적 상상력의 중요성이다. 상상력은 현세와 초월을 연결하는 다리와 같다. 우리의 육안으로 보이지 않는 영의 세계와 초월의 세계, 신비의 세계를 볼 수 있고 경험할 수 있게 하는 것은 오직 상상을 통해서이다. 그렇기 때문에 상상력은 기독교의 복음과 은혜를 사람들로 하여금 누리게 하는 보고의 문과 같다. 그 문을 열지 않으면 그 모든 보화들은 마치 사변적인 논쟁이 죽은 것이듯 생명력을 발휘하지 못한다. 한국의 기독교와 한국교회가 상상력의 중요성에 다시 눈을 뜨고 주목하여야 할 필요가 있고, 이것이 오늘날 시대가 요청하는 가장 강력한 메시지이기도 하다. 이러한 기독교적 상상력은 예배와 설교, 교육과 봉사, 선교와 교제 등 모든 영역에서 요청되는데, 교회 내적 사역만이 아니라 정치, 경제, 사회, 문화, 예술 전 분야에 있어서 요청된다. 모든 영역에 대한 기독교적 세계관이 필요한 것처럼 모든 영역에 대한 기독교적 상상력이 필요하다. 기독교적 세계관이 논리의 관점이라는 사변적인 것으로 흐를 위험을 내재하고 있다면, 기독교적 상상력이라는 접근은 보다 생명력 있는 변혁을 추구할 수 있다. 특히 기독교적 상상력에 근거한 기독교적 문화의 번창은 오늘 이 시대 그릇된 상상력에 근거한 문화의 홍수 속에 있는 사람들-기독교인이든 비기독교인이든 너무나 중요하다.

둘째, 뉴에이지 문화의 창궐은 기독교적 상상력의 결핍을 반증하고, 오늘의 시대를 사는 사람들이 무엇을 요구하고 있는지를 드러내주며, 그러기에 기독교의 자기성찰의 계기를 제공해 준다. 뉴에이지 문화에 대한 기독교의 정당하고도 분명한 비판이 필요하지만, 기독교가 자기성찰과 자기 변혁 없이 비판만하는 것은 하나님의 마음으로 이 시대를 읽는 선지자적 태도가 아니다. 오늘을 살아가는 사람들의 공허함 속에 기독교가 복음을 상상하도록 하기 이전에 뉴에이지가 유사 종교로서 그들의 상상력을 사로잡은 것이다. 교조 화되고 교권화된 교회는 상상력의 결핍을 경험하게 되고, 기독교의 본래적인 상상력을 상실할 뿐만 아니라 영성적, 신비적, 초월적 차원이 약화되어 사람들의 영혼을 핍절하게 만드는 것이다. 이런 면에서 뉴에이지 문화는 기독교 문화의 현주소를 알게 하고, 오늘날 사람들의 내면의 울부짖음을 듣게 한다. 그러나 이것이 뉴에이지 문화를 절대 정당화하는 것이 되어서는 안 될 것이다. 뉴에이지 문화에 대한 기독교의 분명하고도 확고한 비판은 뉴에이지 문화에 심취해 있는 사람들에게 선택의 분명한 방향을 제시할 수 있을 것이다.

셋째, 보다 적극적인 의미에서 뉴에이지 문화에 대한 기독교의 대안적 노력이 필요하다. 이는 단순히 기독교 문화의 활성화라는 과제만이 아니라 기독교와 복음에 대한 재해석이 필요함을 의미한다. 다시 말해 근대시대Modern era를 지나는 동안 '근대적 복음Modernized Gospel'으로 왜곡되고 편협 된 복음으로 변화된 면이 있다면 이를 원래의 복음Original Gospel으로 회복시켜야할 것이다. 포스트모던 시대Postmodern era는 복음의 기초마저 흔들고 복음을 더 왜곡시킬 위험이 있는 것도 사실이지만, 왜곡되고 편협 된 근대적 복음을 본래의 온전한 복음으로 회복시킬 기회가 될 수 있다. 뉴에이지 문화가 포스트모던 시대의 사람들에게 포스트모던 상상력을 제공한다면, 기독교가 포스트모던 시대에 모던적 복음의 한계를 극복한 '포스트모던 복음a Postmodern Gospel'의 상상력을 제공함으로 포스트모던 시대의 사람들을 구원하고 그들을 진정한 선한 상상력으로 초대해야 할 것이다. 스탠리 그렌츠Stanley Grenz는 [218] 그의 책 『A Primer on Postmodernism』에서 근대적 복음의 편향성을 극복할 수 있는 '포스트모던 복음'을 다음 네 가지 요소로 소개하고 있다.219) 첫째는 후-개인주의적 복음a post-individualistic gospel으로서 근대 개인주의와 사사화를 극복하는 공동체적인 복음이다. 둘째는 후-합리주의적 복음a post-rationalistic gospel으로서 근대 합리주의를 극복하는 감동 있는 복음으로의 회복이다. 셋째는 후-이원론적 복음a post-dualistic gospel으로서 근대 이원론의 한계를 극복하는 통전적 복음으로의 회복이다. 마지막으로 후-주지 주의적 복음a post-noeticentric gospel으로서 근대의 주지 주의적 복음의 한계를 극복하고 머리의 복음이 아닌 마음의 복음, 전인적인 복음으로의 회복이다. 이러한 포스트모던 복음, 원래의 복음의 회복을 위해 가장 중요한 키워드가 '상상력'이다. 기독교적 상상력은 근대주의로 지쳐있고, 포스트모던 시대 속에서 영혼의 핍절함을 느끼는 사람들에게 복음과 기독교 문화의 풍성함을 경험할 수 있게 하는 '은총의 통로'가 될 것이다.

3장

기독교 문화와 창조적 상상력

종합토론: 한국 기독교 문화의 창조적 상상력을 위한 대안

임성빈 교수 | 장신대 기독교학과

토론주제 1 : 한국 기독교 문화의 상상력은 창조적이었는가?

상상력과 복음에 대한 상관성 문제는 한국교회 안에서 뉴에이지 논쟁이 한참이었을 때 당시 본격적으로 다루었어야 할 주제였다. 사실 뉴에이지 문제는 7년 전 문화선교연구원이 창립되었을 때부터 다루고 싶었던 주제였으나 당시는 여러 가지 민감한 사안이 얽혀 본격적인 논의는 후일로 미루어 졌다. 우리, 즉 문화선교를 소명으로 받고 사역하는 이들 사이에 분열이 생기지 않을까 하는 우려 때문이었다. 그 당시는 우리가 모두 힘을 합쳐서 노력을 해도 부족한 상황에서 행여나 교회의 세상에 대한 문화변혁역량이 손상 받을 것이 가장 염려되었다. 그러나 21세기 들어 부쩍 주목을 받게 된 판타지 영화의 흥행을 보면서 이제는 시기가 되었다는 판단을 하기에 이르렀다.

이제 우리는 다음과 같은 질문을 통하여 한국 기독교 문화의 성격과 내용에 대한 차분한 정리를 모색할 때가 되었다.

우선 첫 번째로 기독교 신앙은 사실 근본적으로 상상력을 토대로 하고 있음을 알 수 있다. 믿음은 '바라는 것들의 실상이요 보지 못하는 것의 증거'라 쒸어있는 히브리서 말씀을 통해 우리는 믿음과 상상력 사이의 유기적 관계를 확인할 수 있다.

두 번째로, 그 믿음이 우리에게 전파되는 과정에서의 상상력이다. 특별히 성경 번역에 있어 신의 명칭을 '하나님'으로 옮기는 과정에 발휘된 상상력을 우리는 주목해야 할 필요가 이다. 사실 처음에는 혼합주의를 염려하는 언더우드의 반대에도 불구하고 게일과 조사들의 주장으로 '하나님'이 우리 기독교의 신을 대표하도록 채택되었다. 또한 토착 문화를 변혁적으로 채용할 수 있었던 상상력의 도움으로 복음 선교에 대단한 도움을 받은 것 역시 부인할 수 없는 사실이다. 그러나 언더우드가 처음에 염려하였던 바와 같이 '하나님' 채택과 더불어 함께 한국 기독교에는 무속적 산신령 신앙이 숨어 있음을 우리는 짚고 넘어가야 한다. 이러한 관점에서 우리는 '복음의 토착화'와 함께 '토착화된 복음의 재복음화'에도 관심을 기울여야 한다. 이것은 우리가 상상력과 복음의 상관관계를 모색할 때 항상 기억하고 주의하여야 할 주제이다.

세 번째로, 우리는 김교신으로부터 한국 기독교가 탁월하게 상상력을 발휘하였던 예를 발견할 수 있다. 김교신은 토착 문화를 통하여 성경의 맥을 꿰뚫고 있다. 그는 일찍이 누가복음 16장에 나오는 이야기, '탕자의 비유'를 누군가가 '재회의 기쁨'이라 옮긴 것을 보고 참으로 복음의 내용에 합당한 시도라고 인정한 바 있다. 그러나 그는 곧 다음과 같이 옮김이 더 나았을 것이라 덧붙인다. '아이 반가와라!' 또한 김교신은 조선의 기독교는 '김치냄새 나는 기독교'가 되어야 한다고 주장 하고 있다.

　신국원 교수는 이 문제에 대하여 역사적 증빙 사실을 첨가하였다. 신 교수는 근대화를 이끈 원동력이 기독교였음을 새삼 강조함으로써 한국 기독교의 역사적 공헌을 다시한 번 상기시켰다. 동시에 그는 초기 근대문학의 물꼬를 튼 작가들과 음악이나 미술 등 문화계의 지도급 인사들 가운데는 기독교인들이 다수 포함되어 있음을 지적하였다. 나아가 70-80년대를 풍미했던 대중음악 가수들 중에는 교회의 성가대 출신들이 많았다는 사실을 함께 강조함으로써 한국교회가 문화적 영역에서 발휘한 상상력의 주도적 역할을 제시하고 있다

　최성수 박사는 일제강점기 동안에 발휘된 한국 기독교의 상상력을 주목하고 있다. 즉 한국교회는 하나님의 약속에 기반 된 믿음의 상상력을 통해 나라 잃은 울분에도 불구하고 새로운 세계에 대한 바람을 간직하고, 민족에게 제시하는 역사적 역할을 했음을 주장했다.

　그러나 토론을 통하여 우리가 확인한 것은 기독교 신앙의 근본에는 상상력을 건설적으로 발휘할 수 있는 충분한 잠재력이 있음과 한국 기독교에서도 복음적 상상력을 창조적으로 활용한 역사적 실례들이 있다는 사실이었다. 그러나 20세기 후반부로부터 한국교회는 급격하게 변화하는 현대 문화 속에서 창조적으로 문화적 상상력을 발휘하지 못하고 있다는 비판에 직면하고 있음을 우리는 토론을 통하여 확인할 수 있었다.

토론주제 2 : 그럼, 한국 기독교는 상상력을 왜 창조적으로 발휘하지 못했는가?

토론자들은 한국 기독교가 상상력을 창조적으로 발휘하지 못하고 있는 첫 번째 원인으로 도그마의 경직성을 지적하였다. 도그마가 너무 강해서 상상력을 가로 막았다는 것이다. 토론자 중 일부는 오히려 도그마가 상상력에 도움이 되었다는 주장도 하였다. 사실 도그마란 우리를 진리로 인도하는 일종의 이정표이기 때문이다. 이정표를 목적지로 착각하지만 않는다면 그 이정표는 우리가 진리를 향한 여정에서 믿음의 상상력을 발휘할 때 잘못된 길로 빠지지 않도록 우리를 지켜 주고 안내하여 주는 역할을 할 수 있기 때문이다.

두 번째로 지적된 것은 제도의 경직성이었다. 예컨대 개혁성을 상실한 개혁교회는 제도적으로도 경직되어, 관료적인 정치 제도를 갖게 되어 청년과 여성들이 발휘하는 창조적인 상상력을 수용할 수 없게 되었다는 것이다.

이러한 한계성을 극복하는 방안이 여러 방면에서 제기되었다. 종교사회학자인 김성건 교수는 한국 기독교가 무교에 대하여 복음적인 관점에서 재인식할 필요가 있다고 주장하였다. 즉, 무교의 장점을 복음 안에서 창조적 상상력을 발휘하여 적극적으로 수용할 필요가 있다는 것이었다. 이러한 주장과는 대조적으로 조직신학자인 최성수 박사는 오히려 한/멋/삶으로 특징되는 무교가 지나친 초월과 가족 중심의 생명존중, 그리고 기복신앙과 균형을 잃은 현실긍정 등의 측면에서 한국 기독교의 복음성을 왜곡하는 데에 영향을 미쳤다고 비판하였다.

이러한 분석과는 조금 다른 관점에서 최태연 교수는 한국 기독교의 상상력 발휘가 충분하지 못한 데에는 보수 기독교의 시대적 감수성 둔감이 큰 원인으로 자리잡는다고 보았다. 최 교수는 기독교에 미친 유교의 영향에 주목하였다. 한국 기독교는 유교의 영향 아래 권위주의와 제도가 급성장하게 되었지만, 동시에 사회 문화적으로 교회와 세상 사이에는 큰 괴리가 자리하게 되었다는 것이다. 결국 교회는 내부지향성에 치중하게 되었고, 심지어는 사회로부터 유리된 게토ghetto화 되는 지경에까지 이르게 되었다. 최 교수는 개역 성경을 예로 들면서 교회에서 쓰는 언어와 사회에서 쓰는 언어가 다르다는 점을 지적하였다.

그러나 철학과 신학을 함께 전공한 김용규 박사는 도그마나 제도의 경직성은 한국 기독교가 토대를 쌓는 초기 과정에서는 필요한 것이었음을 강조하였다. 김 박사는 한국 기독 교회는 그동안 상상력, 문화, 다양성을 나눌 수 있는 시대적 여유를 가지지 못하였음을 지적하면서 이제 바야흐로 본격적으로 창조적인 상상력에 대하여 모색할 때가 되었음을 주장했다. 신국원 교수도 교리와 제도가 상상력에 장애가 되는 요인이라기보다 상상력에 기여할 수 있음을 주장했다. 신 교수는 상상력과 창조성을 항상 동일시 할 수 있는가에 대한 문제 제기와 함께 오히려 예술가들은 도제관계 안에서 독창성을 빛내었음을 상기시켜 주었다.

토론주제 3 : 같은 세상을 다르게 보는 이유는 다른 상상을 하기 때문이다. 복음 안에서 개방성(차이)을 어떻게 이야기 할 수 있을까?

건전한 상상력에 있어 성경적 상상력과 신학적 상상력은 기본이 된다. 개인적으로 "하나님이 주신 모든 것이 선하매 감사함으로 받으면 버릴 것이 없나니 말씀과 기도로 거룩하여 지니라"(딤전4:4-5절)을 좋아한다. 우리는 창조 신학과 구속 신학의 관점에서 성화에 관심하는 삶의 자세로써 문화 영역에 있어서의 소통 문제와 문화산업의 생산과 소비, 유통, 배급의 문제를 짚어 봐야한다.

김용규 박사는 해석의 능력 즉 해석자의 지평을 넓혀야 한다고 주장했다. 김성건 교수는 하비콕스의 지적처럼 예수를 이야기하여 주시는 분story-teller로 다시 부각시키면서 한국인 심성에 깔려있는 무교에 대한 재인식이 필요함을 다시 한 번 주장했다. 신국원 교수는 '아는 만큼 보인다' 는 말과 함께 수용자의 책임문제를 거론하며 오히려 산업주의 권력이 독자의 문화소비를 왜곡 축소시키기 때문에 생산과 소비, 분배에 대한 정치 경제적 기제에 대한 이해를 촉구했다. 기독교교육학자인 박상진 교수는 획일적 교육과 학교 구조가 상상력을 제한했음을 지적하면서 우리의 지평을 교육 영역으로 확장시켜 주었다.

청중석에서 어느 청년은 기독교적 상상력을 논할 때 상상력이 가공되어지는 과정이나 그 기제(혹은 메커니즘)에 대한 문화산업적인 측면의 연구가 빠진 것이 아쉽다는 지적을 하였다. 물론 우리의 논의 과정

속에서 어느 정도는 논의되었지만 이러한 지적은 앞으로 우리의 문화 선교 논의에 있어 반드시 깊이, 또한 구체적으로 모색되어야 할 주제를 밝힌 것이었다. 결론적으로 우리는 한국 기독교가 복음적 상상력을 창조적으로 발휘하기 위하여서는 복음 자체에 대한 분명한 이해와 함께, 전통 문화와 현대 문화가 어우러진 우리의 해석학적 환경에 대한 종합적 인식과 현대 문화 산업의 기제에 대한 현실적 이해가 필요조건임을 확인할 수 있었다. 그러나 상상력의 창조적 사용은 창조, 구속, 종말신앙에 기초한 변혁적 신앙과 삶의 태도가 말씀과 기도를 통하여 준비될 때 비로소 실행될 수 있을 것이다. 즉, 변혁적 신앙과 삶의 실천이 상상력의 창조적 사용을 위한 충분 조건이 되는 것이다.

참고문헌

추태화 교수 _ 대중문화의 상상력에 대한 신학적 성찰

* 1차 문헌

C. S. Lewis, 전경자 역, 『사자와 마녀와 옷장』, 서울: 열린, 1991/1997, 6쇄.

J.R.R.Tolkien, 한기찬 역, 『반지의 제왕』, I, 상, 서울: 황금가지, 2001/2002, 12쇄.

J. Rowling, 김혜원 역, 『해리포터와 마법사의 돌』, 1권 I, 서울: 문학수첩, 1999/2001, 49쇄.

D. Brown, 양선아 역, 『다빈치 코드』, I,II, 서울: 베텔스만, 2004/2005, 24쇄.

영상텍스트:
- 반지의 제왕, 1,2,3편(1: 반지원정대, 2: 두 개의 탑, 3: 왕의 귀환)

- 해리포터 시리즈, 1,2,3편(1: 해리포터와 마법사의 돌, 2: 비밀의 방, 3: 아즈카반의 죄수)

* 2차 문헌

송태현, 『톨킨, 루이스, 롤링의 환상 세계와 기독교 판타지』, 서울: 살림, 2003.

장경렬 외 역성, 『상상력이란 무엇인가』, 서울: 살림, 1997/2000, 2쇄.

추태화, 「동화 속의 신학」 『21세기 기독교 인문학의 전망』, 서울: 코람데오, 2004.

R.Abanes, The Truth Behind The Da Vinci Code, 『다빈치 코드에 숨은 거짓과 진실』, 서울: 라이트 하우스, 2004.

C.Duriez, C. S. Lewis and Tolkien. The Gift of Friendship, 『우정의 선물』, 홍종락 역, 서울: 홍성사, 2005.

Garrett Green, Imaging God. Theology and The Religious Imagination, 『하나님 상상하기』, 장경철 역, 서울: 한국장로교출판사 1996/2003, 3쇄.

H.Hanegraaff, P. L. Maier, The Da Vinci Code, Fact or Fiction? 『다빈치 코드 진실인가? 허구인가?』 김병두 역, 서울: 생명의 말씀사, 2004/2005, 2쇄.

D. B. Hart, The Beauty of the Infinite. The Aesthetics of Christian Truth, Grands Rapid: Eerdmans, 2003. J. Houghton, A Closer Look at Harry Potter, 『해리 포터를 기독교적으로 어떻게 볼 것인가?』 송태현 역, 서울: 라이트 하우스, 2004.

E.Lutzer, The Davinci Deception, 『다빈치 코드 깨기』, 이용복 역, 서울: 규장, 2004/2005, 6쇄.

L.Markos, Lewis Agonistes, 『C. S.루이스가 일생을 통해 씨름했던 것들』, 최규택 역, 서울: 그루터기하우스, 2004, 2쇄.

R. May, Man's Search for Himself, 『자아를 잃어버린 현대인』, 백상창 역, 서울: 문예출판사, 1974/1997, 3판 5쇄.

J. R. Middleton, 『The Liberating Image, The Imago Dei in Genesis 1』, Grands Rapid: Brazos Press, 2005.

F. Schaeffer, 문석호 역, 『기독교 문화관』, 서울: 크리스천 다이제스트, 1994/2002, 중판.

A.&B. Ulanov, The Healing Imagination. The Meeting of Psyche and Soul, 『치유의 상상력』, 이재훈 역, 서울: 한국심리치료연구소, 2005.

G.E. Vieth Jr., 오현미 역, 『그리스도인에게 예술의 역할은 무엇인가?』 서울: 나침반, 1994.

_____, 김희선 역, 『그리스도인에게 문학의 역할은 무엇인가?』 서울: 나침반, 1994.

R. Wood, 이승진 역, 『다시 읽는 반지의 제왕』, 서울: 기독교문서선교회, 2004.

최성수 박사 _ 뉴에이지 문화의 상상력과 한국교회의 대응

〔사전〕

Hoheisel, Karl, New Age, in: TRE 411-416.

〔단행본〕

곽용화, 『당신은 뉴에이지와 그 음악에 대해 얼마나 알고 계십니까』, 낮은울타리, 1996.

김응광, 『뉴에이지 운동의 정체』, 국민일보사, 1992.

김호, 『성경의 입장에서 본 뉴에이지 운동』, 생명의 말씀사, 2001.

박영호, 『뉴에이지 운동 평가』, 기독교문서선교회, 1992.

_____, 『뉴에이지운동 연구』, 기독교문서선교회, 1992.

엠마오 편집부, 『뉴에이지』, 엠마오, 1992.

월터 마틴, 『뉴에이지 이단 운동』, 박영호 역, 기독교문서선교회, 1992.

바실레아 슐링크, 『뉴에이지 운동』, 엠마오, 1991.

_____(공저), 『왜 뉴에이지에 사람들이 매혹되는가?』 김희성 역, 예영커뮤니케이션, 1992.

신상언, 『사탄은 마침내 대중문화를 선택했습니다』, 낮은울타리, 1999.

_____, 『뉴에이지에 대한 연구와 대책』, 낮은울타리, 2001.

이대복, 『이단종합연구』, 기독교이단문제연구소, 2000.

이만열, 『한국기독교 문화운동사』, 대한기독교출판사, 1987.

존 브롬필드, 『지식의 다른 길』,

존 로즈, 『뉴에이지 운동』, 이재하 역, 도서출판 은성, 1996.

조지 트레벨랸, 『인간의 마지막 진화』, 박광순 역, 물병자리, 2000.

〔학위논문 혹은 잡지기고〕

〔석사학위 논문〕

경문선, "뉴에이지 운동의 영성고찰", 총신대학교 신학대학원, 1995.

권옥경, "뉴에이지 운동과 그 영향에 대한 연구", 서울신학대학교 신학대학원, 1994.

김남성, "뉴에이지 운동에 관한 조직신학적 고찰", 가톨릭대학교, 2000.

김채연, "기독교 교육적 관점에서의 교회음악과 뉴에이지 음악 비교연구", 연합신학대학교, 2004.

박창석, "뉴에이지 운동에 대한 교회의 대처방안", 고신대학교, 2004.

신수정, "교회 청소년의 뉴에이지 영향에 관한 실태조사", 고신대학교, 1998.

신정윤, "뉴에이지 운동에 대한 새로운 이해", 수원가톨릭 대학교, 2004.

안영대, "뉴에이지 운동신조에 대한 성경적 변론", 고신대학교, 1993.

안용태, "뉴에이지 운동의 명상법들과 그리스도교 기도의 비교연구", 광주가 톨릭대학교, 2002.

유청, "뉴에이지 운동의 인간관에 대한 그리스도교적 고찰", 가톨릭 대학교, 2000.

이민경, "뉴에이지 운동과 교육", 고신대학교, 1993.

이상구, "뉴에이지 운동에 관한 가톨릭 교회 교리적 고찰. 신론교리를 중심으로", 가톨릭대학교, 2001.

이상덕, "여성안수에 나타난 여성신학의 페미니즘적 성격과 뉴에이지 운동의 영향", 고신대학 신학대학원, 1996.

이종필, "뉴에이지와 기독청소년 문화 영향과 그 대안 연구", 총신대학교, 1998.

정윤돈, "뉴에이지 운동에 나타난 영성에 대한 복음적 고찰", 장로회신학대학, 1994.

최윤철, "뉴 에이지에 대한 기독교 윤리학적 이해", 장로회신학대학, 1995.

〔잡지기사 및 논문〕

월간 《낮은울타리》통권 42-59호, 165-173호에서 뉴에이지 관련 기사를 연속으로 게재했다.

강인중, "시크릿 가든과 뉴에이지 종교음악", 《낮은울타리》, 2004, 9월, 90-93.

_____, "웰빙과 뉴에이지 명상", 《낮은울타리》, 2004, 5월, 105-108.

강진구, "뉴에이지 박람회와 그리스도인의 세계관적 정체성", 《낮은울타리》,

2005, 2월, 80-84.

_____, "영화 속 뉴에이지적인 요소-그 우회적인 접근의 위험성", ≪낮은울타리≫, 2004, 11월, 80-85.

곽용화, "대중문화 속에 나타난 뉴에이지 상징물을 경계하라", ≪빛과 소금≫, 1996, 10월.

_____, "대중문화 속에 나타나는 뉴에이지와 한국교회 대안", ≪기독교사상≫, 1997, 1월, 55-65.

권오덕, "한국무속과 윤회, 그리고 뉴에이지 운동", ≪교회와 신앙≫, 1997, 11월, 51-61.

김성수, "뉴에이지 운동, 그 영향과 평가", ≪목회와 신학≫, 1992, 9월, 97-119.

김용욱, "문화 속에 침투한 뉴에이지 운동", ≪목회와 신학≫, 1992, 9월, 56-68.

김원중, "뉴에이지 운동에 대한 그리스도교적 고찰", ≪신학전망≫, 1996, 68-93.

김응광, "삼위일체 하나님 부인하는 뉴에이지 운동의 한 분파", ≪신앙계≫, 1993, 5월, 124-127.

_____, "영매술은 뉴에이지와 연결된다", ≪신앙계≫, 1994, 12월, 74-77.

김인호, "뉴에이지 음악을 들어도 되는가?" ≪현대종교≫, 2001, 5월, 102-112.

김재민, "뉴에이지와 포스트모더니즘에 대한 오해와 이해 그리고 그 극복을 위하여", ≪복음과 상황≫, 1993, 3월, 224-229.

김종웅, "반뉴에이지 운동을 하시는 선배님들께 드리는 글", ≪복음과 상황≫, 1993, 1월, 136-140.

김창엽, "뉴에이지 운동 그 정체와 대책", ≪목회와 신학≫, 1992, 8월, 213-236.

김희성, "교육과 서적에 침투한 뉴에이지", ≪목회와 신학≫, 1992, 9월, 47-55.

박경복, "뉴에이지에 편승한 기·선·도 폐해", ≪현대종교≫, 1996, 2월, 58-65.

박양식, "뉴에이지 논쟁의 허와 실", ≪복음과 상황≫, 1996, 2월, 41-48.

박영호, "뉴에이지 운동 이해", ≪한국성서대 논문집≫, 1992, 401-424.

_____, "N세대 속에 파고드는 뉴에이지", ≪낮은울타리≫, 2004, 7월, 80-85.

박정관, "뉴에이지의 물결. 그 해묵은 유혹의 새 가면", ≪빛과 소금≫, 1990, 10월, 43-44.

_____, "명상음악 '주관적인 가상현실의 함정", ≪빛과 소금≫, 1996, 8월, 184-185.

_____, "뉴에이지와 사탄숭배는 다를 수 있다", ≪빛과 소금≫, 1997, 5월, 192-193.

박흥수, "마지막 시대의 유혹 뉴에이지 운동", ≪빛과 소금≫, 1990, 5월, 54-55.

손종태, "최근 미국 내의 뉴에이지운동과 교회의 대응", ≪목회와 신학≫, 1992, 9월, 69-83.

송태현, "뉴에이지와 기독교 영성", ≪신앙세계≫, 2000, 3월, 86-91.

신복윤, "뉴에이지 운동은 왜 반기독교 적인가", ≪빛과 소금≫, 1993, 7월, 93-95.

신상언, "뉴에이지 영화 감별법", ≪빛과 소금≫, 1995, 11월, 198-199.

_____, "뉴에이지의 얼굴로 우리 곁에 서 있는 사탄", ≪빛과 소금≫, 1997, 3월, 40-41.

_____, "뉴에이지 운동을 소멸시키는 교회의 대책", ≪월간목회≫, 1992, 9월, 137-143.

_____, "대중문화 속에 파고든 뉴에이지 운동과 사탄문화", ≪월간 고신≫, 1992, 10월, 86-88.

_____, "뉴에이지 운동은 과연 교회에 영적 위기를 줄만한 정도인가", ≪활천≫, 1992, 10월, 12-16.

_____, "뉴에이지 운동", ≪복음과 상황≫, (22) 1993, 48.

_____, "뉴에이지, 포스트모던의 다른 얼굴", ≪빛과 소금≫, 1996, 12월, 186-187.

신태균, "또 하나의 종말론 반뉴에이지 운동", ≪월간 길≫, 1993. 3월, 92-95.

_____, "사탄은 대중문화를 선택했는가", ≪복음과 상황≫, 1992, 11월, 132-139.

_____, "문화에 대한 매카시즘, 반뉴에이지 운동", ≪복음과 상황≫, 1993, 1월, 136-141.

안점식, "문화, 세계관 그리고 뉴에이지", ≪낮은울타리≫, 2004, 9월, 86-89.

오춘희, "뉴에이지 운동의 정체 비밀리에 번져가는 마지막 시대의 유혹", ≪신앙계≫, (통권 266호), 62-67.

이양림, "뉴에이지 운동의 세계관", ≪목회와 신학≫, 1992, 9월, 38-46.

이종윤, "뉴에이지 운동의 정체와 신학적 비판", ≪풀빛목회≫, 1992, 12월, 87-98.

이창욱, "뉴에이지 운동과 신앙생활", ≪사목≫, 1996, 4월, 22-29.

인진한, "천사론의 배후에 있는 뉴에이지 악령", ≪목회와 신학≫, 1997, 2월, 76-80.

임영금, "뉴에이지 운동 소고", ≪신학이해≫, 20(2000년), 169-194.

정동수, "인본주의의 최대정점인 뉴에이지 운동: 21세기 뉴에이지 환경의 돌파구는 베뢰아 운동이다", ≪한국신학≫, 1996, 12월, 226-251.

조규남, "교회 내에 침투해 들어온 뉴에이지적 요소들", ≪목회와 신학≫, 1992, 9월, 84-96.

_____, "UFO는 뉴에이지 운동의 그림자", ≪신앙계≫, 1991, 11월, 66-71.

_____, "포스트모더니즘과 뉴에이지 운동을 밝힌다", ≪신앙계≫, 1991, 9월, 60-64.

_____, "교회에 도전하는 제3의 물결", ≪신앙계≫, 1993, 1월, 60-65.

_____, "뉴에이지 메이킹", ≪신앙계≫, 1994, 12월, 150-151.

지원용, "뉴에이지 운동의 도전", ≪목회와 신학≫, 1990, 8월, 40-48.

차동엽, "신영성 운동(뉴에이지), 얼마나 알고계십니까?", ≪사목≫, 2004, 3월, 124-131.

차한, "힐링 소사이어티", ≪낮은울타리≫, 2004, 5월, 92-104.

최성수, "한국 신학의 '신학적 과제 인식'에 대한 신학적 성찰", 『한국문화와 예배』, 한국문화 신학회 편, 한들, 1999, 216-249.

게리 콜린스, "뉴에이지 운동을 저지하라", ≪목회와 신학≫, 1990, 8월, 49-59.

한국기독교신학연구소 편, "뉴에이지 운동을 잠재워라: 서구 신학의 한계를 극복할 신앙운동을 꿈꾸며", ≪한국 신학≫, 1998, 3월, 178-191.

함태경, "뉴에이지 운동을 태동케한 프리메이슨의정체", ≪신앙계≫, 1992, 7월, 14-19, 62-67.

허성수, "사탄의 문화 '뉴에이지운동' 의 정체", ≪월간 고신≫, 1989, 11월, 32-38.

_____, "외래의 이단 기만의 복음 뉴에이지 운동", ≪월간 고신≫, 1990, 11월, 92-97.

홍치모, "뉴에이지 운동 비판", ≪신학지남≫, 1992, 가을 호, 54-70.

주

1) "an ability to form images of things", E. Craig, *Encyclopedia of Philosophy*, Vol.4, (Routledge: London, 1998), 705.

2) Garrett Green, *Imaging God. Theology and The Religious Imagination*, 하나님 상상하기, 장경철 역, 서울: 한국장로교출판사 1996/2003, 3쇄. 29ff.

3) W.Wiersbe, Preaching & Teaching with Imagination, 이장우역, 『상상이 담긴 설교』(서울: 요단출판사, 1997). 그는 이 책에 부제를 "마음의 화랑에 말씀을 그려라"라고 붙이면서, 이미지와 관계하여 "화랑"이라는 표현을 사용하고 있다. 그의 다른 저서, 『이미지에 담긴 설교』(성경의 그림을 마음에 그려라), 역시 상상력이 설교라는 실천신학 분야에서 얼마나 유용하게 사용될 수 있는지 보여주고 있다.

4) R.Niebuhr, 김재준 역, 『그리스도와 문화』(서울: 대한기독교서회, 1958/1996, 20쇄), 52 이하.

5) 같은 책, 61.

6) P. Tillich, Theology of Culture, 김경수 역, 『문화의 신학』(서울: 대한기독교서회, 1987/1995, 11판), 52.

7) 같은 책, 77-78. 자세한 논의는 다음 책을 참조. G. Green, 같은 책, 97.

8) 종교적 상상력은 어느 종교에나 그 종교의 탄생 배경, 교리를 따라 고유한 상상력의 세계가 존재한다는 것이며, 영적 상상력 (spiritual imagination)은 종교의 초월적 측면을 강조할 때 나타나는 상상력을 말한다. 성경적 상상력 (biblical imagination)은 성경을 토대로 하여 형성된 성경 고유의 상상력을 의미한다.

9) 하나님은 빛, 어둠, 산, 목자가 아니시다. 그럼에도 하나님을 빛으로, 어둠으로, 산으로, 목자로 표현할 수 있는 것은 상상 안에서 유사성으로 연관 지어지기 때문이다. 상상은 하나님의 본질은 볼 수 없지만, 유비(analog)를 통하여 하나님에 관해 알도록 접근시킨다.

10) 이 주제에 관해서는 다음 책에 상세한 논의가 되어있어 좋은 길잡이가 됨. G. Green, 같은 책.

11) "여호와께서 사람의 죄악이 세상에 관영함과 그 마음의 생각의 모든 계획이 항상 악할 뿐임을 보시고"(창 6: 5).

12) 신학자 K. Heim은 그리스도의 주권을 인정하는 지식, 하나님의 계시를 인정하는 지식의 의미로 세례 받은 지식(getauftes Wissen)이란 용어를 사용하였다. 이를 상상력에 적용한다면, 세례 받은 상상력(batpised imagination)이 될 것이다.

13) 예를 들면 라디오의 프로그램의 구성, 연속극, TV의 구성, 드라마, 연극(대본), 영화(시나리오), 가요(가사), 심지어 CF(콘티) 등에 이르기까지 모두가 문학적 상상력을 토대로 이뤄진다.

14) 사이버 세계는 그것이 디지털문명의 개발과 발전이 있기 전에는 상상 속의 대륙처럼 여겨졌었다. 그래서 윤리, 도덕의 경계 밖에 있는 것처럼 받아들여졌다. 그러나 사이버 세계가 인터넷을 통해 가시화 되고, 사회 공동체

안으로 들어오자 수많은 문제를 야기했는데, 그 중 하나가 익명성, 사이버 테러, 사이버 폭력, 사이버 윤리의 아노미 현상 등등 지극히 윤리, 도덕적인 측면을 고려하지 않으면 안 되게 되었던 것이다. 상상력도 이와 유사하다. 상상력이 개인적 영역에 머무를 때는 크게 문제가 되지 않았고, 더구나 그 상상력이 사회 공동체 안으로 구체적인 현상을 띄고 들어오기 전에는 윤리적 질문을 던지기에 어려움이 있었다. 하지만 상상력이 대중매체를 통하여 구체적인 삶의 정황 (Sitz im Leben) 안으로 들어오게 되고, 상상력을 공유하는 시대가 되자 윤리, 도덕과 무관할 수 없게 된 것이다.

15) R. May, *Man's Search for Himself*, 자아를 잃어버린 현대인, 백상창 역, 서울: 문예출판사, 1974/1997, 3판5쇄. 메이는 현대인의 고독과 불안을 심리적으로 분석하면서, 현대인들은 "쓸데없는 것들로 채워진 인간" (stuffed men)이라고 명명한다. 33.

16) C.Duriez, C. S. Lewis and Tolkien. *The Gift of Friendship*, 우정의 선물, 홍종락 역, 서울: 홍성사, 2005. 226-228.

17) 루이스의 『나니아연대기』는 총 7권으로 구성되어 있다. 이 제목은 번역자에 따라 나니아 나라이야기, 나르니아 연대기 등으로 다양하게 번역되어 약간의 혼란을 불러일으킨다.

18) http://www.danbrown.com/meet_dan/index.html,

19) C.Duriez, C. S. Lewis and Tolkien. *The Gift of Friendship*, 우정의 선물, 홍종락 역, 서울: 홍성사, 2005. 이 책은 처음부터 끝까지 톨킨과 루이스의 생애에 걸친 개인적, 사상적, 신앙적, 문학적 영향관계를 추적하고 있어, 이 분야에 다시없는 귀중한 사료를 제공한다.

20) J. Houghton, *A Closer Look at Harry Potter*, 해리 포터를 기독교적으로 어떻게 볼 것인가? 송태현 역, 서울: 라이트 하우스, 2004. 교황 베네틱토 16세도 추기경 시절 해리 포터에 관해 자신의 견해를 밝힌 바 있는데, "어

린이에게 신앙을 왜곡할 수 있다"고 비판하였다. http://www.kmib.co.kr/html/kmview/2005/0714/091986385011141500.html

21) 다빈치 코드에 대한 반박서는 여러 권이 출간됐다. R.Abanes, *The Truth Behind The Da Vinci Code*, 다빈치 코드에 숨은 거짓과 진실, 서울: 라이트 하우스, 2004. H.Hanegraaff, P. L. Maier, *The Da Vinci Code, Fact or Fiction?* 다빈치 코드 진실인가? 허구인가? 김병두 역, 서울: 생명의 말씀사, 2004/2005, 2쇄. E.Lutzer, *The Davinci Deception*, 다빈치 코드 깨기, 이용복 역, 서울: 규장, 2004/2005, 6쇄.

22) 이 용어는 칸트의 저서 "이성의 한계 내에서의 종교"를 패러디한 것이다.

23) 앞의 책, 131.

24) R. Wood, 이승진 역, 『다시 읽는 반지의 제왕』, 서울: 기독교문서선교회, 2004.

25) C. 듀리에즈, 앞의 책,

26) F.Schaeffer, 문석호 역, 『기독교 문화관』(서울: 크리스천 다이제스트, 1994/2002, 중판.

27) C. S. 루이스, 『순전한 기독교』, 4.

28) 타당한 근거가 없는 자의적 상상력을 "Speculation"이라 부른다. 이를 번역하면 억측 또는 망상이 된다. 억측이 자신의 지극히 주관적인 관점으로 대상을 파악하는 것이라면, 망상은 어떠한 경우에도 결코 인정받을 수 없는 개인적인 생각을 말한다.

29) 모든 아름다움은 신적 창조와 섭리에 속해 있기에 분리되지 않았다. D. B. Hart, *The Beauty of the Infinite. The Aesthetics of Christian Truth*, Grands Rapid: Eerdmans, 2003.

30) 반지의 제왕의 경우가 그렇다. 반지의 제왕은 신화적 판타지 문학, 고도의 서사기법으로 인해 고전적인 작품으로 평가받고 있으나, 유감스럽게도 일부 독자들에게 가독성에 있어서 난해하다고 비판받았다.

31) 해리 포터 시리즈와 다빈치 코드가 그 경우다. 해리 포터는 여러 나라 교계로부터 어린이들에게 유해한 영향을 준다고 지적을 받았지만, 어린이나 성인에게 모두 재미있다는 평가를 받아 세계적 베스트셀러가 되었다. 여기서 확인해야할 점은 많이 읽혔다는 사실이 반드시 고전적으로 좋은 작품으로 자동 평가받는 것은 아니다. 다빈치 코드는 기독교적으로 결코 화해할 수 없는 설정들을 작품화했지만 반면 많은 독자들에게 재미와 흥미 있는 작품으로 읽혀지고 있다. 신학적 검증에 동의하지 않거나, 무시하는 독자들에게는 신학적 검증이라는 과정이 무의미한 행위로 보인다.

32) 반지의 제왕, 나니아연대기가 그 경우다. 두 작품은 신학적으로 수용하기에 무리가 없으며, 또한 상상력과 플롯에 있어서도 고전적인 통일성을 갖추고 있다. 앞으로 이런 작품 유형을 발전시켜야 기독교 문화의 가능성이 있다.

33) 만약 다빈치 코드가 미학적인 매력, 즉 스릴러, 기호학적 호기심, 기독교 역사, 예술사, 지식서 등에서 도출된 궁금증을 유발하지 못했다면 많은 독자층을 형성하지 못했을 것이다. 다빈치 코드는 미학적 구성이 신학적 메시지를 넘어선 경우이다. 작품에 대한 인기는 신학적 선악 판단과 무관할 수 있다는 반증이다.

34) 마 15:19, "마음에서 나오는 것은 악한 생각과 살인과 간음과 음란과 도적질과 거짓 증거와 훼방이니"

35) 롬 8:7-8, "육신의 생각은 하나님과 원수가 되나니 이는 하나님의 법에 굴복치 아니할 뿐 아니라 할 수도 없음이라. 육신에 있는 자들은 하나님을 기쁘시게 할 수 없느니라."

36) K. Egan, Imagination in Teaching and Learning, Chicago, The University of Chicago, 1992, p. 13 참조.

37) R. Kearney, The Wake of Imagination, Minneapolis, University of

Minenesota Press, 1988, p. 44 참조.

38) 이원일, 해석학적 상상력과 기독교 교육과정, 한국장로교 출판사, 2004, p. 109-110 참조.

39) 플라톤은 '선분의 비유'에서 하나의 선분(線分)을 그은 다음 4단계의 실체와 그것을 인식하는 4가지 능력 그리고 그 결과 얻어진 4가지 지식들을 차례로 나열했다. 불변, 영원, 유일한 '이데아'를 최고의 실체로 보기 때문에 그것을 인식하는 능력인 '사유'(변증법)와 그에서 얻어진 지식인 '철학'을 최고의 위치에 두고, 유일하지는 않지만 여전히 불변, 영원한 '수학적 대상'을 파악하는 '사고'(연역적 추리)와 그에서 얻어진 지식인 '수학'을 그 다음에 두며, 불변, 영원하지도 않지만 이데아의 모사품인 '사물'을 경험을 통해 받아드리는 '신념'(귀납적 경험)과 그에서 얻은 의견인 '자연과학'을 세 번째에 두고, 사물을 다시 모사한 '이미지'를 붙잡는 '상상력'과 그것에 의해 얻어진 '예술'을 맨 끝에 위치시켰다.(『국가』 6권 509 d 6 - 511 e 5 참조)

40) 플라톤에 의하면, 예술가들은 참된 실체인 이데아로부터 최소한 두 단계 떨어진 이미지를 표현한다. 플라톤에 있어 이미지는 "모방의 모방"이다. 예를 들어 한 화가가 침대를 그렸다고 하자. '침대'는 '침대 이데아'의 모사품에 불과하여 실재성 곧 진리의 정도가 떨어지는데, 이 '침대'를 다시 모사한 '침대 그림'은 '침대 이데아'가 더욱 적게 들어있기 때문에 진리의 정도가 더욱 떨어진다는 것이다.(『국가』 599 b 6 - 599 a 3)

41) 아리스토텔레스는 '능동적 지성'이 '감각을 통해서 얻어진 상'(phantasmata)에서 형상들을 추상하는데, 이때 이미지(imagery)를 사용하는 상상력이 필요하다고 했다. 이것들이 '수동적 지성' 안에 받아드려졌을 때, 실재로 개념들이 된다.『영혼론』, 3권, 5, 430 a 17 이하 참조.

42) 상상력에 대한 플라톤과 아리스토텔레스 사이의 차이점은 각각 중세신학의 두 거두인 아우구스티누스와 아퀴나스 간의 차이점으로도 나타난다. 플라

톤 철학의 영향을 받은 아우구스티누스는 성서에 대한 믿음과 영적인 묵상을 방해하는 환상(phantasia)과 연관시켜 해석하는 부정적 입장에서 상상력(imaginatio)을 이해했다. 따라서 상상력만으로는 진리를 파악할 수 없으며, 이미지들은 이성에 의해 감독되어야 한다고 했다. 이와 대조적으로 아리스토텔레스 철학을 받아드린 아퀴나스는 상상력이 지각(perceptio)을 통해 얻어진 것을 이미지들의 형태로 만들어 이성으로 넘겨주는 역할을 하며, 이성은 이러한 이미지들을 관념으로 고정시키는 일을 한다고 했다. 이러한 차이점은 아우구스티누스 신학 경향인 프란시스코 수도회와 아퀴나스 신학이 대표하는 도미닉 수도회 사이의 대립관계에서 계속 전승되었으며, 근대를 넘어 현대 신학에까지 암암리 영향을 미치고 있다.

43) 예컨대 대륙의 합리론자인 데카르트(R. Descartes)는 상상을 감각적인 사물들을 정신적 재생에 의해 생각하려는 능력인데, 이것은 이성의 판단을 흐리게 하는 부정적인 것으로 보았다. 그는 "우리가 태양을 매우 분명히 본다고 해서 그 태양이 우리가 보는 바와 같은 크기밖에 안된다고 판단할 수 없다."(『Discours de la Methode』)라고 하며 감각이나 상상력에 의지않고 오직 이성에 의지한 판단을 강조했다. 이에 반해 경험론자인 로크(J. Locke)는 "우리는 관념을 가지는 것 외에 어떤 지식도 가질 수 없다"(『An Essay Concerning Human Understanding』vol.2, I)라고 주장했는데, 관념이란 감각인상(sense impression)과 이것에 대한 '희미한 영상' (faint image)이라고 흄(D. Hume)은 설명했다.(『The Theolise of Human Nature』vol. 1, III.) 따라서 경험론 자에게 있어 상상력은 오성의 활동(understanding)에 본질적인 구성요소이다. 이 두 가지 대립하는 이론을 종합한 것이 칸트(I. Kant)이다.

44) 칸트는 대륙의 합리론과 영국의 경험론을 종합하여 구성주의 인식론을 구성한 그의 『순수이성비판』에서 "종합(Systhesis)은 상상력(Einbildungskraft)

의 작용이다. 상상력은 영혼의 맹목적이면서도 불가결한 기능이다."라는 말로 상상력이 감성과 오성을 종합해서 대상을 인식하는 능력임을 분명히 했다. 그리고 그 기능을 "상상력이란 그 자체로서 현존하지 않는 대상을 직관 속에서 표상하는 기능이다."라고 규정했다.

45) 이 단원 전반에 걸쳐 이원일의 『해석학적 상상력과 기독교 교육과정』(한국장로교 출판사, 2004)을 참조하였음. 특히 '담화신학'에 대하여서는 p. 246-325 참조. 이 저서로부터의 재인용은 일일이 밝히지 않았음.

46) 초기 기독교 사상가들 - 예컨대 알렉산드리아의 클레멘트, 오리게네스, 에우세비우스, 아우구스티누스, 플로클로스 등은 사도교부들을 통해 형성된 '사도적 전승'을 신플라톤주의(이들 스스로는 플라톤주의라 불렀다)와 그 안에 녹아있는 플라톤 철학에 힘입어 정리하여 그들 종교의 교리와 사상을 부지런히 이론화시켰다. 플라톤 철학이 초기 기독교사상에 끼친 지대한 영향은 이러한 작업들을 주도적으로 이끌었던 초기기독교 사상가들의 저술 안에 녹아있는 플라톤적 사유들이 웅변적으로 말해주고 있다. 또한 그들이 플라톤을 "예수가 탄생하기 400년이나 전에 존재했던 기독교인" 또는 "그리스어로 저술하고 있는 모세"(Clement of Alexandria, 「Stromata」, 1. 20.)로 평가한 것을 보면 가히 짐작할 수 있다.

47) 가톨릭의 교리신학이나 개신교의 근본주의신학을 주로 일컬음.

48) Amos Niven Wilder, Theopoetic, Philadelphia, Fortress Press, 1976, p. 54 참조.

49) 이러한 주장은 철학에서 하이데거(M. Heidegger), 가다머(H. G. Gadamer), 하버마스(J. Habermas), 그리고 리쾨르(P. Ricoeur) 등에 의해 시작되었고, 신학에서는 불트만(R. Bultmann), 본회퍼(D. Bonh?ffer), 푹스(E. Fuchs), 에벨링(G. Ebeling), 그리고 판넨베르그(W. Pannenberg) 등에 의해 하나의 중요한 학적 경향이 되었다. R. 불트만의 실존적 해석학과

E. 푹스와 G. 에벨링, E. 린네만, E. 융에로 이어지는 신해석학(Neue Hermeneutik)은 각각의 특성에 따라 약간의 차이는 있지만 '지평융합모델' 을 성서해석의 전형으로 삼는다는 점에서는 일치하고 있다. 지평융합모델에 의하면, 참다운 이해란 '과거지평' 과 '현재지평', '텍스트 지평' 과 '독자지평' 이 '지평융합' (Horizontverschmelzung)을 이룰 때 비로소 생긴다. 이 과정에서 상상력이 요구된다. 상상력은 '과거지평', '텍스트 지평' - 상상력의 언어적 기능을 통해 리쾨르가 말하는 "2차 원시성" -을 다시 복원하는 일을 한다.

50) 이러한 주장은 철학에서 훗설(E. Husserl), 리쾨르(P. Ricoeur), 메를로-퐁티(M. Merleau-Ponty)에 의해 제시되었고 신학에서 케이시(E. S. Casey), 게럿 그린(G. Green), 이건(K. Eagn) 등이 관심을 보였다. 이들의 주장에 의하면, 사물의 본질이 사물 속에 - 예컨대 사과의 본질이 사과 속에 - 들어있지 않듯이, 텍스트의 의미 역시 텍스트 자체에 들어 있지 않다. 그것은 훗설의 명제인 '사태 자체로 돌아감' (Zu den Sachen selbst)이라는 사유작용을 통해 우리의 의식 속에서 구성된다. 이 과정에서 상상력이 요구된다. 상상력에 의해 실재가 주어진 어떤 절대적인 것이 아니라 변용이 가능한 어떤 것이 되는데, 이를 통해 '사태 그 자체' 가 드러나게 한다는 것이다.

51) 예컨대, 리쾨르(P. Ricoeur)는 『악의 상징』에서 성경을 상징의 종합으로 이해하고 "상징은 생각을 불러일으킨다."라고 했으며, 맥휘그(S. McFague)는 "비유는 성경의 제일 장르이며, 예수의 가르침의 중심적 형태가 확실하다."라고 주장한다.

52) G. Kaufman, The Theological Imagination, Philadelphia, Westerminster Press, 1981, p. 11 참조.

53) 이런 주장의 선두에 R. 불트만이 서있다. "전제 없는 주석이란 없다. … 모든 주석은 해석자 자신의 개성에 의해 결정된다."(R. Bultmann, Glauben

und Verstehen, Gesammelte Aufstze III, T?bingen(J. C. B. Mohr [Paul Siebeck]), 1965, p.143.)라며 M. 하이데거의 해석학이론을 신학에 받아드린 R. 불트만은 "성서 해석이라고 해서 모든 다른 것들과는 달리 다른 조건을 필요로 하지 않는다."(R. Bultmann, Essays Philosophical and Theological. S. C. M. London, 1955, p.256.)라고 주장했다. 하지만 여기에는 논란의 여지가 많다.

54) 이런 주장의 선두에 R. 불트만이 서있다. "전제 없는 주석이란 없다. … 모든 주석은 해석자 자신의 개성에 의해 결정된다."(R. Bultmann, Glauben und Verstehen, Gesammelte Aufstze III, T?bingen(J. C. B. Mohr [Paul Siebeck]), 1965, p.143.)라며 M. 하이데거의 해석학이론을 신학에 받아드린 R. 불트만은 "성서 해석이라고 해서 모든 다른 것들과는 달리 다른 조건을 필요로 하지 않는다."(R. Bultmann, Essays Philosophical and Theological. S. C. M. London, 1955, p.256.)라고 주장했다. 하지만 여기에는 논란의 여지가 많다.

55) M. Goldberg, Theology And Narrative : A Critical Introduction, Philadelphia, Trinity Press International, 1991, p. 69 참조.

56) Mary E. Moore, Teaching From The Heart : Theology Educational Method, Minneapolis, Portress Press, 1991, pp 131-162 참조.

57) M. 하이데거가 말하는 이해(Verstehen)와 해석(Auslegung)의 차이를 분명히 하는 것이 중요하다. 그는, 우리가 어떤 것을 이해한다는 것은 그것이 무엇인가를 알아내는 것이 아니고, 그것에 '쓸모'(Zuhandenheit)의해 드러나는 자신의 '존재가능성'을 아는 것이라고 했다. 예를 들면, 바다는 해수욕가능성을 통해 해수욕장으로서 이해되고, 산은 등산가능성을 통해 우리에게 등산지로서 이해된다. 돌과 나무는 건축가능성을 통해 석재 또는 목재로서 이해되고, 식물의 열매들은 식용가능성을 통해 곡식 또는 과일로서 이해된다. M. 하이데거는 이 말을 "현사실적인 현존

재로서 현존재는 스스로의 존재가능성(Seinknnen)을 그때그때 이미 어떤 이해가능성 속으로 밀어 넣고 있다"(M. Heidegger, Sein und Zeit(1927), GA 2.(Frankfrut am Main: Vittorio Klostermann, 1977) p. 199.)라고 표현했다. 그런데 해석이란 이렇게 쓸모에 의해 드러난 대상의 다양한 존재가능성 중 어느 하나를 자신의 '처해있음'(Befindlichkeit)에 따라 자기의 것으로 하는 작업이다. 예컨대, 내가 어떤 물건을 그것의 쓸모에 따라 '망치' 라고 이해한다고 하자. 그러나 망치는 제작을 위해서는 '제작도구로서' 사용될 수 있고, 판매를 위해서는 '상품으로서' 진열될 수 있다. 그런데 만일 내가 상인이라면, 나는 나의 '처해있음' 에 의해서 여러 가지 쓸모 중 '망치를 상품으로서' 나름대로 해석하게 된다. 하이데거는 이 말을 "이해의 완수를 우리는 해석이라 부른다. 해석에 있어서 이해는 자기가 이해한 것을 이해하면서 자기 것으로 만든다."(Ibid., p 216)라고 했다.

58) "텍스트를 해석한다는 것은 내가 살 수 있는 '세계의 기획'(Entwurf von Welt)이다. '세계기획은 텍스트 뒤에 숨어 있는 의도를 드러내는 것이 아니라 텍스트 앞에서 자기를 전개하고, 발견하고 드러내는 것이다. 그러므로 이해란 '텍스트 앞에서의 자기-이해'(Sich-Verstehen vor dem Text)이다. 이것은 텍스트를 향해 고유하게 한정된 이해능력을 주입시키는 것이 아니라 텍스트 앞에 나서는 것, 텍스트로부터 더 넓어진 자기를 얻는 것, 곧 세계기획에 진정 합당한 적응으로서의 실존기획(Existenzentwurf)을 말한다." (P. Ricoeur, philosophische und theologische Hermenuetik, dt. v.K. Stock, in P.Ricoeur, E. Jungel, Metapher. Zur Hermenuetik religiser Sprache, Mnchen, 1974, p.33.)

59) M. Heidegger, Sein und Zeit(1927), GA 2.(Frankfrut am Main: Vittorio Klostermann, 1977), p. 194.

60) 그 중에는 예컨대, 어린 시절 자신의 아버지에게 상습적으로 성폭행을 당했던

'라비' 라는 여성이 같은 경험을 글로 쓴 '샬로트 베일 알렌'(C. V. Allen)의 『아빠의 여자』를 읽고 그동안 표현할 수 없는 느낌이나 감정을 표현할 있게 됨으로써, 또한 그러한 일들이 자기에게만 일어나는 일이 아니라는 생각을 갖게 됨으로써, 그리고 동시에 그 일이 자신의 '탓'(罪)이 아니라는 것을 알게 됨으로써, 커다란 위안과 용기를 얻게 되었다는 이야기가 있다. 그 후 '라비'는 새로운 삶을 살게 되었다고 한다.(J. Gold, Bibliotherapy, 이종인 역, 비블리오테라피, 북키앙, 2003, p. 92-94 참조).

61) 예컨대, 워싱턴 주 휘트니스대학의 종교학교수인 게리 시처(Gery Sittser)는 1991년 교통사고로 아내와 어머니 그리고 둘 딸 중 하나를 잃었다. 그는 그 자신과 그의 남은 아이들이 이 끔찍한 사고의 후유증을 극복하는 과정을 『변장한 은혜』라는 책에 담고 있다. 시처는 이 책에서 그의 아이들인 캐서린(당시 8세), 데이비드(당시 7세), 존(당시 2세)에게 특히 의미 있었던 한 일화를 소개했다. 사고 이후 시처는 아이들에게 '상실'을 주제로 다루는 책이나 영화를 함께 감상했다. 그러던 중에 존은 그에게 「아기사슴 밤비」이야기를 수십 번도 더 읽어 달라고 했고, 밤비의 엄마가 죽는 장면이 나올 때마다 멈추라고 했다. 때로 존은 아무 말도 않았고, 그들은 슬픈 침묵을 지켰다. 가끔 존은 울기도 했으며, 밤비와 자신이 비슷하다고도 했다. 그러나 얼마 후 존은 이렇게 말했다. "밤비도 엄마를 잃었어." 그리고는 덧붙였다. "그런데 밤비는 숲 속의 왕자가 됐어" 이어 시처는 이렇게 쓰고 있다. "캐서린은 디즈니의 「미녀와 야수」라는 영화에서 위로를 얻었다. 왜냐하면 영화의 주인공 벨은 엄마 없이 자랐지만 캐서린이 본 것처럼 독립심이 강하고 지적이며 아름다운 아가씨로 성장했기 때문이다." (J. Gold, Ibid. p. 32-34 참조) 로버트 존스톤 교수는 상당수의 신부와 수녀 그리고 목사들이 리처드 버튼(Richard Burton)과 피터 오툴(Peter O'Tool)을 스타로 만든 영화 「버킷」

(Becket, 1964)을 보고 성직자가 될 결심을 했다는 것도 소개한다.(R. K. Johnston, Reel Spirituality - theology and film in dialogue, 전의우 역, 영화와 영성, IVP, 2003, p. 32-35 참조.

62) B. Betteheim, The Use of Enchantment : The Meaning and Importance of Fairy Tales, New York, Alfred A. Knopf, 1976, p. 7, 24 참조.

63) 작품에 대한 '기독교적 해석' 이나 '신학적 해석' 이라는 말이 애매하게 들릴 수 있다. 간략하게 정의한다면 이렇다. 기독교인에게는 그가 '기독교인 임' 이 무엇보다도 본질적인 '해석학적 상황' 이다. 또한 그래야 한다. 신학자에게도 그의 신학자임이 마찬가지다. 그렇다면, 기독교인이나 신학자에게 구성된 '이해의 선 구조' 는 - 가다머의 용어를 빌리자면 전 승(Ueberlieferung) - 곧 '기독교적 전승' 또는 '신학적 전승' 에 의해 구 성된 '해석자 지평' 이어야 한다. 그가 '기독교인임', '신학자임' 은 그 가 속한 세계이자, 그가 사고하는 '의미의 그물' 이고, '사고의 전제조 건' 이며, '사고의 지평' 이어야 하기 때문이다.(W. Wink, The Bible in Human Trasformation, Fortress Press, Philadelphia, 1973, p. 23. 참 조.) 다시 말해, 기독교인은 '기독교적 이해의 선 구조' 에 의해, 신학자 는 '신학적 이해의 선 구조' 에 의해 대상을 이해하고 해석할 수밖에 없 으며, 또한 마땅히 그래야 한다. 그렇다면 작품에 대한 '기독교적 해석' 이란 다름 아닌 기독교적 전승을 '해석자 지평' 으로 하여 작품을 통해 '새로운 기독교적 존재가능성' 을 열어-밝히는 작업이다. '신학적 해석' 도 마찬가지이다.

64) 각 기독교 종파에서 죄를 정의 할 때, 약간의 차이는 있으나 기본적으로 항상 이러한 죄의 속성들을 그 내용으로 명시한다. 예컨대 프로테스탄트의 아우그스브르그(Augsburg)신앙고백에는 "죄는 신에 대한 불신앙과 현 세욕이다"(Sine fide erga deum et cum concupiscentia)라고 정의 되어 있고, 카톨릭「전례헌장」109조에는 죄를 하느님의 뜻을 거스르는 불순

종이며, 그에게서 돌아서는 것으로 묘사되어 있다.

65) '아담의 범죄' 이후 스스로를 높이려고 '자기중심적으로 사는 것' (Secundum se ipsum vivere)이 죄인의 특징이고, 순종에 의해 '신 중심적으로 사는 것' (Secund Deum vivere)이 의인의 특징이 된 것이다.(Augustinus, De ciu. dei, lib. XIV, cap. iv, XV, cap. I, 참조.)

66) 프로도와 골룸에 대한 이러한 신학적 해석에 준하여, 『해리 포터』의 주인공 해리를 해석해 보면 매우 유용하다. 프로도와 골룸의 대조는 인간의 선함과 악함이 어디에서 갈라서며 어떻게 이루어질 수 있는가를 잘 보여줌으로써, 독자들에게 이 두 가지의 존재가능성과 그 차이를 분명히 열어-밝혀준다. 즉 골룸이 흉물스럽게 변하는 과정을 보여줌으로써, 프로도가 절대반지의 유혹을 이기는 과정을 보여줌으로써 악이 악인 이유와 선이 선일 수 있는 이유도 알게 해준다는 것이다. 하지만 『해리 포터』에서는 선과 악이 타고난 천성에 의해 결정된다. 즉 『해리 포터』는 해리가 선한 이유, 볼드모트가 악한 까닭을 작품 안에서 보여주지 못한다. 해리는 '선택된 자'이고, 그에게는 악의 유혹이 전혀 없다. 볼드모트는 처음부터 악하고, 그에게는 선할 기회가 전혀 없다. 한마디로, 이 둘에게는 프로도와 골룸이 악의 유혹 앞에서 보이는 고뇌가 애초부터 필요 없다. 그러니 자연 「로마서」의 말씀도 불필요하다. 이렇게 그들은 우리들과 전혀 다르다. 이것이 해리와 볼드모트의 대립은 단순한 도덕적 메시지를 전하는 선악의 대립구도를 넘어서지 못하며, 우리에게 기독교적(또는 신학적) 존재가능성을 열어-밝혀주지도 못하는 결정적 이유이다.

67) 예컨대 R. 피셔는 상상력과 신앙의 관계를 설명하며 계시는 먼저 상상력차원에서 일어나며 나아가 신앙을 불러일으키고 양육한다고 강조한다.(K. R. Fischer, The Inner Rainbow : The Imagination In Christian Life, Paulist Press, 1983, p. 6 참조.)

68) 이 원고는 아직 완성되지 않았으며 금번 심포지엄 발제를 위해 요약 정리된 것

입니다.

69) 참고. Kieran Egan, "A Very Short History of Imagination," 상상력에 대한 논의의 역사를 잘 정리한 논문, www.ierg.net/asserts/document/ideas/History-of-imagination.pdf.

70) 근래에 와서 발타살(Balthassar)과 같은 가톨릭 신학자들에 이어 개신교 진영에서도 데이빗 몰간(D. Morgan)의 시각적 영성(*visual piety*) 연구나 윌리암 더네스 (W. Dyrness)의 예술 논의가 중요한 신학적 주제로 부상하면서 사상역에 대한 이해가 증대하고 있다.

71) Wolfhart Pannenberg, *Anthropology in Theological Perspective* (Philadelphia: Westminster Press, 1985), pp. 34-79.

72) Leland Ryken, *Triumphs of the Imagination: Literature in Christian Perspective* (Downers Grove: Intervarsity Press, 1979), "The World of the Literary Imagination," pp. 75-98.

73) 달라스 윌라드, 『마음의 혁신』(서울 복 있는 사람, 2003), p. 185-192.

74) John Gardner, *On Moral Fiction* (New York: Basic Books, 2000), pp. 5-6.

75) J. Gardner, *On Moral Fiction*, pp. 22-23.

76) Wayne C. Booth, *The Company We Keep: An Ethics of Fiction* (Berkeley: University of California Press, 1988), pp. 5-7.

77) Nol Carroll, *A Philosophy of Mass Culture* (Oxford: Oxford University Press, 1998), pp. 312-319.

78) Gregory Gurrie, "The Moral Psychology of Fiction," *Australasian Journal of Philosophy*, 73/2 (June 1995): 250-259; "Imagination and Simulation: Aesthetic Meets Cognitive Science", *Mental Simulations*, ed. Martin Davies and Tony Stone (Oxford: Blackwell, 1995), 151-169.

79) N. Carroll, *A Philosophy of Mass Culture*, p. 336.

80) N. Carroll, *A Philosophy of Mass Culture*, pp. 336-338.

81) Nicholas Wolterstorff, *Works and Worlds of Art* (Oxford: Clarendon Press, 1980), pp. 198-247; *Art in Action: Toward a Christian Aesthetics* (Grand Rapids: Eerdmans, 1980), pp. 122-155.

82) N. Wolterstorff, *Art in Action*, p. xi, 3, 12-16, 132-134.

83) Romanowski, Romanowski, William D. *Pop Cuture Wars: Religion & the Role of Entertainment in American Life* (Downers Grove: InterVastity Press, 1996), pp. 331-338. 신국원역,『대중문화전쟁』(서울: 예영커뮤니케이션, 2001), pp. 414-424.

84) Elivn Hatch, *Culture and Morality: The Relativity of Values in Anthropology* (New York: Columbia University Press, 1983), pp. 58-59.

85) William Dyrness, "The Christian Imagination," *Image*, vol. 15, Fall, 1966; p. 3.

86) H. R. Rookmaaker, *Art Needs No Justification.* (Leicester: IVP, 1978), 김헌수 역,『기독교와 현대예술』(서울: IVP, 1987), pp. 32-39.

87) 엠마오, 17.

88) 뉴에이지와 관련해서 그동안 한국교회는 기원과 배경을 소개하고, 사상적 특징을 분석하고 그 부정적인 영향력에 대해 경고해왔다. 관련서적을 번역하거나, 잡지기고와 석사학위 논문, 그리고 단행본 등에서 읽어볼 수 있다.

89) 허성수, 34. New Age의 유래에 대해서는 다양한 견해가 있는데, 홍치모(66)는 러셀 챈들러의 말을 인용하면서, "New Age"란 말의 유래를 다음과 같이 설명한다: "이들[Blavatsky]의 후계들 중에서 Alice Bailey가 그의 글 속에서 New Age라는 말을 쓰기 시작한 것이 처음이라고 할 수 있겠으나 보다 널리 전파된 것은 'Age of Aquarius'라는 노래가 1960년대 'Hair'라는 보칼 그룹에 의해서 불리기 시작한데서 비로소 'New Age'라는 말이 퍼지게 되었다." 이창욱은 17세기 프랑스 개혁 종교공동체

목사인 Gillos Castelnau가 "우리 사고방식의 개혁"(이창욱, 23)을 말하기 위해 사용했다고 한다.

90) New Age Journal, Yoga Journal, East-Wes Journal 등.
91) 그 밖의 비판가로 Ruth a. Tucker, J. Gordon Melton, Mahendra P. Singhal, Norman Geisler, Dr. Philip H Lochhaas 등이 있다.
92) 바실레아 쉴링크, 『성경적 관점에서 본 새 세대』엠마오,
93) 홍치모, 61.
94) 뉴에이지에게 음악이란 "일체의 피조물에서 스스로를 표현하고 있는 무한자의 영원한 선율의 물결"이다.(엠마오, 78) 이로 인해 뉴에이지 음악은 편안하고 부드러운 특징을 갖는다. "음악은 인간의 영혼을 순화하고 육체를 희생시키며 신을 발견하게 하는 중요한 매개체"가 된다.(엠마오, 79) "뉴에이지 음악은 일종의 가상현실체험을 목적으로 하는 음악"(박정관, "명상음악 주관적인 가상현실의 함정", 185)으로 여겨진다. 뉴에이지 운동을 위해 사용되는 음악은 장조보다는 단조를 많이 쓰고, 또 코드에 있어서는 메이저보다 마이너를 선호한다. 대표적인 뉴에이지 음악가로 인식되는 아티스트들은 다음과 같다: Jim Brickman, Michael Hoppe, Brian Crain, Andre Gagnon, Secret Garden, Kevin Kern, Steve Barakatt, Ryuichi Sakamoto, David Lanz , Isao Sasaki, Yuhki Kuramoto, Yannie 등.
95) "사랑과 영혼", "E.T.", "스타워즈", "엔젤 하트" 등
96) "악마의 성전"(이현세). "블랙홀"(허영만), "유체이탈"(조운학), "기"(박봉성), "공포의 치크라"(박원빈) 등.
97) 명상을 위한 서적과 자기 내면의 세계를 인식시키거나 내적인 능력을 자각하도록 돕기 위해 출판된 서적들이 있다. 국내에 소개된 것으로 가장 유명한 것으로는 크리슈나무르티의 『아는 것으로부터의 자유』, 『자기로부터의 자유』가 있고, 라즈니쉬의 『사하라의 노래』, 『마하무드라의 노

래』, 배꼽 시리즈, 『성자가 된 청소부』등이 있다. 임영금은 "뉴에이지 운동 소고"에서 뉴에이지 운동의 다양한 성격을 서적의 분석을 통해 보여주고 있다.

98) 뉴에이지 운동가들이 자신의 목표를 달성하기 위해 사용하는 가장 중요한 관계방식으로 여겨지며, 변혁의 도구로 평가될 정도다. 퍼거슨의 의하면, 뉴에이지 운동을 이끄는 구체적인 지도자나 조직이 없음에도 불구하고 강력한 영향력을 미칠 수 있는 이유는 공모자들의 소규모 모임과 느슨한 조직망에 기인하는데 이것이 네트워크이다.

99) 뉴에이지 운동가들의 소위 "Plan" 가운데 10번째 조항은 "학생들에게 뉴에이지의 교리를 주입시키는 데 교실을 이용할 것"이라고 명시하고 있다. 참고: 김희성, "교육과 서적에 침투한 뉴에이지"

100) 뉴에이지는 관점에 따라 다양하게 분석되고 있지만, 안점식은 "문화, 세계관 그리고 뉴에이지"에서 세계관, 가치체계, 행동양식으로 구분해서 분석한다.

101) 퍼거슨 13-14.

102) 흔히 뉴에이지의 사상적 배경으로 거론되는 것은 블라바트스키가 창설한 신지학, 그노시스주의, 전체주의(holism), 동양종교, 특히 힌두교와 비기독교적 인본주의 등이다.

103) 손종태는 "그 뿌리를 동양에 두고 있으면서 꽃과 열매는 서구 사회의 장을 통해 나타난 일종의 종교와 문화의 통합적인 운동"이라고 이해한다.(손종태, 69)

104)특히 크리슈나무르티는 『자기로부터의 혁명1-3』(범우사, 1992)이란 책에서 내면으로부터의 근원적인 혁명을 강조한다. 조지 트레벨랸 역시 『인간의 마지막 진화 호모 노에티쿠스』에서 호모 노에티쿠스를 주제로 다루고 있는데, 이는 인간의 자의식이 이미 전체와 하나라는 사실을 깨달은 단계에 이른 인간을 가리킨다.

105) 오쇼 라즈니쉬, 『배꼽』(장원, 1991), 바바 하리 다스, 『성자가 된 청소부』(정신세계사, 1989)등의 서적은 이런 사상을 코믹하고도 쉽게 읽을 수 있는 형태로 소개하고 있다.

106) 뉴에이지는 기존의 질서나 제도 혹은 구세계의 틀 속에서 단순한 개선을 겨냥하는 개혁(reformation)보다는 변혁(transformation), 곧 새로운 틀을 지향한다. 뉴에이지가 대안으로 제시하는 틀은 사실 새로운 것이라기보다는 인간의 근원적인 꿈으로 여겨진 것을 그동안 미신 혹은 우상숭배 혹은 불신앙이라고 배제됐던 동양종교나 비의적인 세계관이다. 특히 "변혁"을 말하는 이유는 그것이 인간의 사고와 사회구조의 근본을 변화시킬 것으로 기대되기 때문이다. 이러한 운동이 점진적으로 힘을 얻어가는 현상을 두고 퍼거슨은 한 사설에서 노자를 환기시키는 듯 한 말을 다음과 같이 쓰고 있다. "무언가 주목할 만한 일이 진행되고 있다. 굉장한 속도로 진행되고 있는데 뭐라고 이름 붙일 수도 없고 어떻게 표현할 수도 없다."(퍼거슨, 12) 이러한 운동을 가톨릭은 사회, 문화, 종교 안에서 새로운 대안을 찾기 위한 영성운동으로 파악한다(김원중, 69). 참고: 이창욱, "뉴에이지 운동과 신앙생활"

107) 뉴에이지 관련 운동의 출판물은 뉴에이지가 기울이는 관심의 영역이 얼마나 광범위한지를 잘 알 수 있다. 임영금(172-173)은 뉴에이지 운동을 주로 출판물을 중심으로 고찰하고 있는데, 여섯 가지로 분류하고 있다. 첫째는 인도 및 불교, 티베트 불교의 사상 계열, 둘째, 자생적인 사상들로 개인의 신비적 체험을 중심으로 기록된 저서들, 셋째, 미국의 심리치료사, 또는 정신의학자, 또는 최면 술사를 통해서 보고서 형식으로 보급되는 저서들, 넷째, 양자물리학, 또는 신과학을 중심으로 한 현대물리학과 신비주의라는 주제로 출판되는 저서들, 다섯째, UFO와 접속하여 그들의 가르침을 보고하는 형식의 저서들, 여섯째, 다른 뉴에이지 사조를 통합할 뿐 아니라, 기성 종교들, 특히 기독교의 신관과 힌두교의 수행법,

그리고 미국식 생활양식을 모두 통합하는 통합 신학적 저서들이 있다.

108) 이런 태도는 "절제되지 않은 낙천적 요소"(『왜 뉴에이지에 사람들이 매혹되는가?』, 64)로 평가되어 비판받기도 한다.

109) 퍼거슨, 19.

110) 비판적인 입장에서 다룬 것이지만 다음을 참조. 바실레아 쉴링크 외, 『왜 뉴에이지에 사람들이 매혹되는가?』.

111) 강진구, "뉴에이지 박람회와 그리스도인의 세계관적 정체성", 80.

112) 교회 안에 인본주의적인 사고가 가득할 때는 인본주의 사상이 쉽게 유입되었고, 신비주의적인 경향을 보일 때는 신비주의자들의 이단 사상이 교회 깊숙이 스며들었다. 뿐만 아니라 과학적인 사고가 시대의 문제들을 해결할 수 있는 능력을 입증하면서 합리주의적인 사고와 논리에 바탕을 둔 분석은 교회 안에서 대대적으로 환영을 받았다. 문제인식 및 해결능력이 뛰어났기 때문이었다. 그 결과 계몽주의 시대 이후의 신학은 이신론으로 지배되었고, 과학적인 사고에 바탕을 둔 신학과 성서이해에 있어서 과학적 분석에 바탕을 둔 역사비평방식이 지배적이었다.

113) 이런 이유로 인해 김성수는 "뉴에이지 의식"이 더 나은 표현이라고 보는데. 그 이유는 뉴에이지운동 자체가 본질적으로는 사고와 생활의 새로운 양상(방법)이기 때문이라는 것이다. (김성수, 98)

114) 이런 이유로 인해 뉴에이지운동은 강한 목표의식과 집중력을 갖고 있지만 사상을 체계화 하는 작업은 요원하다. 엠마오 편집부는 이를 다음과 같이 말하고 있는데, 적확한 표현이라 생각한다: "뉴에이지 신화들은 진화의 거대한 신화를 연결할 수만 있으면, 그래서 각종 요소들을 보다 전체적으로 뒷받침할 수만 있으면, 그 신화들이 체계적이거나 논리적으로 연결되어야 할 필요를 느끼지 않는다." (엠마오, 25)

115) 김성수, 117. 그 밖의 강점으로 과학 기술 문명의 폐기가 아니라 그것을 인간 삶의 새롭고도 풍부한 이해의 테두리 안에서 용해시킨다는 점과 이 시

대의 근본적인 문제들을 예리하게 간파한 점을 든다.

116) "한국기독교 문화운동사"(이만열, 대한기독교출판사, 1987)는 한국의 근대문화 형성과 발달 과정에서 서구종교인 기독교가 전래된 이후에 한국교회가 문화적인 차원에서 어떻게 기여했는지를 역사적으로 정리하고 있다. 전근대적인 세계관이 지배적이던 시대에 기독교는 기독교 문화를 통해 계몽 및 개화운동에서 선도적인 역할을 담당했다. 한국교회의 기독교 문화운동은 한국전쟁이 끝난 후에도 활발하게 진행되었고 이 운동은 60년대까지 이어진다.

117) 유동식에 의해 처음 주장되었고, 주로 월간「기독교 사상」을 중심으로 이루어진 논쟁을 말한다. 이 논쟁은 현대 한국 기독교 문화신학을 태동하는 데에 지대한 기여를 했다.

118) 한국기독교 문화 운동에 영향을 미친 70-80년대 대중문화 운동에 대해서는 다른 기회에 다룰 수 있을 것으로 기대하고 이곳에서는 뉴에이지 운동의 배경인 반문화 및 종교혼합운동에 대해서만 개괄하도록 하겠다.

119) 한국의 반문화 운동은 주로 미국에서 유입해 들어온 현상이다. 미국에서는 이미 60년대부터 히피(Hippie)와 같은 현상이 나타나 기존의 가치를 지양하고 새로운 가치를 갈구하는 사람들이 늘어가고 있었다. 한국에서 이런 문화현상들을 접할 수 있는 기회는 많지 않았는데 방송 통신 시설의 발달을 계기로 더욱 현실적이고도 빠르게 수용되었다. 이런 반문화 운동이 소수만의 문화현상을 넘어 한국교회의 문제로 대두된 시기는 80년대 말부터 90년대 중반까지의 기간이다.

120) 이것은 한국에서의 '뉴에이지 현상'에 대한 지적이 드물게 나타나고 있다는 점에서도 입증된다. 사실 뉴에이지 비판가들의 비판의 대상이 되고 있는 것들은 대개 비기독교 종교들의 현상이다. 한국에서는 이미 문화나 생활의 형태로 깊숙이 뿌리를 내리고 있는 현상들이기 때문에 비판을 한다면 타종교에 대한 기독교비판의 형태로 나타날 수밖에 없다. 그러

나 이런 형태로 비판하는 내용은 찾아볼 수 없다. 대부분은 미국에서 활동하는 뉴에이져들의 경우를 대상으로 하고 있다. 그들이 우리 대중문화 형태로 등장하게 되는 것을 염려해서 이뤄진 것이지만 여하튼 미국 비판가들의 논리가 그대로 수용되고 있다.

121) ≪낮은 울타리≫, ≪목회와 신학≫, ≪신앙계≫, ≪빛과 소금≫, ≪교회와 신앙≫, ≪고신≫, ≪현대종교≫, ≪월간목회≫, ≪복음과 상황≫, ≪기독교사상≫ 등이 있다. 최근에는 기독교 문화 사역을 자처하며 출판되고 있는 ≪낮은 울타리≫ 만이 뉴에이지를 비판하는 글들을 꾸준히 게재하고 있다.

122) 자세한 문헌은 참고문헌을 참조. 2000년대에 발표된 몇 편의 석사 학위 논문들과 잡지에 게재된 글들을 제외하면 주로 1990년대에 중점적으로 다루어져 80년대 말과 90년대 초(노태우, 김영삼 정부시대)의 한국교회의 사회 문화 정치적인 상황에 대한 관심을 불러일으킨다.

123) 김성수, "뉴에이지운동, 그 영향과 평가", 97.

124) 가톨릭에서의 반응은 1996년에 발표된 석사학위 논문을 제외하면 대부분은 2000년대 이후로 나타나고 있다.

125) 임영금, 189.

126) 다소 다른 분류를 소개하면 다음과 같은데, 엠마오 편집부는 뉴에이지 운동을 다섯 가지로 정리한다. 첫째, 반문화 운동, 둘째, 인간 중심문화를 지향. 셋째, 인간의 의식변화를 강하게 요구. 넷째, 의식의 변화를 통해 도달하고자 하는 최종목표는 사랑과 평등과 평화가 넘치는 유토피아적 세계에 있다. 다섯째, 이 모든 것은 인간이 신적 본질을 자각하고 잠재적인 능력을 개발하며, 우주와의 합일을 추구한다.

신상언은 일곱 가지로 파악한다("뉴에이지 운동을 소멸시키는 교회의 대책") 첫째는 모든 것은 하나다, 둘째, 우리 모두는 신이다. 네가 신이다. 셋째, 모든 것은 선하다. 넷째, 의식개혁, 추월, 합일사상. 다섯째,

윤회사상과 인과응보 사상, 여섯째, 더욱 적극적인 세속적인 인본주의, 일곱째, 범신론.

신복윤은 뉴에이지 사상들 가운데 성경과 다른 것을 세 가지로 정리한다.(신복윤, 95) 첫째, '모든 것은 신이다'라고 말하면서 존재하는 모든 것은 하나라는 것이다. 둘째, 의식의 변화를 통한 ß세계의 변화를 지향하는데, 변화의 주체가 하나님이 아니라 인간이라는 것이다. 셋째, 진화와 윤회를 전제하는 환생사상이다.

127) 홍치모는 챈들러의 글을 바탕으로 뉴에이지 운동의 사회문화사적인 관점에서 뉴에이지를 비판하고 있다. "뉴에이지 운동 비판"을 참조.

128) 대표적인 것이 히피족들의 출현과, 영국의 비틀즈나 미국의 밥 딜런 등을 통해 나타난 대중가요의 선풍적인 인기였다. 다음을 참조: 김창엽, "뉴에이지 운동, 그 정체와 대책", 특히 214-220.

129) 이것은 크게 두 가지로 표출되었다. 하나는 히피나 마약과 같은 반사회적인 일탈행동이었고, 다른 하나는 새로운 가치체계를 추구하는 노력이었다. 비슷한 문제의식을 갖고 시작했지만 결과적으로 전혀 다른 모습을 갖게 되었다. 흔히 오해되는 것과는 달리 뉴에이지는 후자에 속한다.

130) 김창엽은 뉴에이지를 반문화 운동의 연속선상에서 보는 것이 근거가 희박함을 지적하고, 오히려 동양의 종교와 초인격 심리학에 대한 높은 관심과 뉴에이지 사상이 제시되던 1971년대로부터 등장했다고 본다.(김창엽, 214) 필자역시 반문화운동보다는 종교혼합운동의 연속선상에서 생각해보아야 할 것으로 생각한다.

131) 당시는 미국에서 이민법이 개정되어 아시아인들이 대거 미국으로 이민하던 때이다. 이주민들 가운데 다수 포함된 종교지도자들은 자신의 종교를 포교하는 데 전력을 기울였다. 바로 이들의 활동의 결과로 미국은 아시아 종교들을 접할 수 있었다는 것이다.

132) 이러한 의미의 뉴에이지를 게리 콜린스는 "동양의 신비 사상(특히 힌두사상)

이 서구로 들어가 심리학, 신학 등의 옷을 입고 재포장된 위험한 사상운동"D,로 보고, 이 운동은 "정치, 경제, 사회, 과학 등 모든 분야와 영적, 심리적인 영역에 이르기까지 그 근본을 뿌리 채 흔들고 있으며, 인간의 잠재능력을 개발한다는 미끼로 하나님 없는 초인간적인 세계를 지향하게 한다."고 말하고 있다. "뉴에이지 운동을 저지하라"(「목회와 신학」 1990년 8월호).

133) 김성수, 98에서 간접인용.

134) 동양의 신비주의, 힌두교의 카르마 사상, 불교의 환생사상, 고대 동방의 마술 사상, 점성술, 요가 또는 초월적 명상, 샤머니즘의 접신술 등.

135) 뉴에이지는 새로운 시대에 부합하기 위한 노력을 기울이면서 그 정신적 기초를 신지학에서 발견한다. 신지학은 1875년 러시아 출신의 헬레나 페트로브나 블라바트스키(Helena Petrovna Blavatsky, 1831-1891)가 뉴욕에 창설한 협회이다. 이 협회는 힌두교 사상을 기반으로 하고 있으며, 주로 비의적인 지식을 통해서 잠재하고 있는 영적인 힘을 개발함으로써 인류의 보편적 하나 됨을 최종목표로 삼는다. 이 운동은 어떻게 보느냐에 따라 반문화·반종교운동, 혹은 '변혁'(Transformation)이나 '새로운 시대를 위한 운동'(New Age Movement)으로 여겨진다. 다시 말해서 기존의 세계관을 고수하려는 사람들에게는 전통적인 가치와 삶의 방식에 어긋날 뿐만 아니라 검증되지도 않은 사상들을 문화운동이나 혼합주의적 종교의 형태로 나타나는 주장들이 반문화 반종교 운동으로 보일 수 있지만, 기존의 가치관과 세계관에 불만을 품고 새로운 돌파구를 추구하는 사람들에게는 변혁과 새 시대를 위한 운동으로 여겨진다.

136) 그밖에 뉴에이지 운동에 고전적인 인물은 마크 새틴(Mark Satin)과 영화배우 셜리 매클라인(Shirley Maclaine)이다. 대표적인 이론가로는 존 내스비트, 프리초프 카프라가 꼽히고 있다.

137) "의식혁명"(1982)이라는 제목으로 민지사에서, 그리고 "뉴에이지 혁명"

(1994)이란 제목으로 정신세계사에서 번역 출판되었다. 퍼거슨은 기존의 질서와는 전혀 다른 세계관을 말하면서 '물병자리의 시대' 라는 점성술적인 개념을 도입했는데, 이는 상대적으로 물고기자리에서 지배적이었던 기독교적인 세계관과의 단절을 암시하는 것이어서, 기독교는 뉴에이지 운동의 초창기부터 대단히 민감한 반응을 보였다. 그 반응은 대체적으로 비판적이고도 부정적이어서 기독교는 이들의 주장과 경향을 대체로 반문화·반종교운동으로 규정한다.

138) 지원용, 40.

139) 엠마오, 37.

140) 엠마오, 169.

141) 신상언 ("뉴에이지, 포스트모던의 다른 얼굴"), 조규남("포스트모더니즘과 뉴에이지 운동을 밝힌다"). 그리고 이러한 견해에 대해 김재민("뉴에이지와 포스트모더니즘에 대한 오해와 이해 그리고 그 극복을 위하여")은 의문을 제기한다.

142) 엠마오, 35.

143) 오춘희, 63.

144) 김창엽, 214.

145) 신상언, "뉴에이지 운동을 소멸시키는 교회의 대책", 「월간목회」, 1992, 9월, 137-143: "모든 것이 하나다", "우리 모두는 신이다. 네가 신이다", "모든 것은 선하다", "의식개혁, 추월 합일사상", "윤회사상과 인과응보", "일반 세속주의보다 더 적극적인 세속적 인본주의다", "범신론".

146) 신태균, "또 하나의 종말론 반뉴에이지 운동", 92.

147) 신상언, 뉴에이지 영화감별법, 198.

148) "마지막 시대에 있어서 그리스도인의 최종적인 영적 싸움의 대상", "사탄의 고차원적인 전술전략"(조규남, "교회 내에 침투해 들어온 뉴에이지적 요소들"),

149) 그에 따르면, 뉴에이지는 "사탄의 고차원적 전술전략이라고 말할 수 있다. 왜냐하면 이것은 우리가 전혀 의식하지 못하는 가운데 우리로 하여금 하나님으로부터 멀어지게 하는 방법이기 때문이다." "신 없이 또는 신과 하나가 된 유토피아를 이 땅 위에 세우겠다는 것이 뉴에이져들의 획책"이다.(조규남, "교회 내에 침투해 들어온 뉴에이지적 요소들", 85) 박홍수 역시 "마지막 시대의 유혹"(54)에서 뉴에이지 배후에 "루시퍼 사탄이 도사리고" 있다고 말한다.

150) "하나님으로부터 인류를 분리시키고자 하는 의도를 배후에 깔은 사탄의 교묘하고 사악한 전략이다."(이양림, "뉴에이지 운동의 세계관", 38) "종교보다도, 과학보다도 더 교묘하게 인류를 하나님으로부터 분리시키는데 유력한 전략이며 종교이다."(이양림, 39)

151) "뉴에이지운동은 1960년대에 서구문명사회에서 진화론을 토대로 발전한 세속적 인본주의와 동양의 종교를 토대로 발전한 세속적 인본주의가 접목되면서 새로운 형태로 출현한 사탄의 전략이다."(이양림, 38)

152) 강인중, 93.

153) 엠마오 출판사에 의해 편집된 내용에서는(엠마오, 193) 뉴에이지를 반문화운동, 인본주의 운동, 유토피아 운동, 동양사상의 아류적 형태, 혼합주의 운동으로 규정한다. 또한 이 세상의 변혁을 소망하는 "서구사상과 문화의 한계를 극복하고자 동양 사상의 옷을 빌어 입은 운동"(엠마오, 192)이요 "유토피아 운동"(엠마오, 157)이며, "비기독교적 세계 화합 운동"(엠마오, 163)이라고 본다.

154) 손종태, "최근 미국 내의 뉴에이지운동과 교회의 대응", 69.

155) 안점식, "문화, 세계관 그리고 뉴에이지"

156) 엠마오, 173.

157) 김성수, 119.

158) 엠마오, 173-181.

159) 김원중, 92-93.

160) 신상언, "'뉴에이지 운동을 소멸시키는 교회의 대책" 「월간목회」, 1992, 9월, 137-143.

161) 특히 강진구(84), "동양문화의 본질과 기독교의 본질 모두를 바르게 인식하고 있는 한국의 기독교인들을 통해서 기독교 세계관이 중심인 가운데 서양이 미처 갖고 있지 못한 동양의 좋은 문화를 재해석하고 생산해 내는 일이 필요한 것이다." 그리고 안점식(89), "동양과 한국의 전통을 기독교와 접목시키고 동양과 한국의 문화의 토양에 기독교가 뿌리 내릴 수 있게 하는 상황화 혹은 토착화가 매우 중요하다. 이렇게 상황 화되고 토착화된 기독교의 문화 콘텐츠를 생산하는 것이 뉴에이지 문화현상의 확산을 저지하는데 있어서도 매우 중요하다고 본다."

162) 다음을 참조: 박양식, "뉴에이지 논쟁의 허와 실", 김종웅, "반뉴에이지 운동을 하시는 선배님들께 드리는 글", 김성수, "뉴에이지 운동, 그 영향과 평가", 신태균, "또 하나의 종말론 반뉴에이지 운동", "사탄은 대중문화를 선택했는가. 그리고 "문화에 대한 매카시즘, 반뉴에이지 운동"

163) 도서출판 엠마오의 편집부는 『뉴에이지』라는 제목으로 출판된 책에서 "우리나라에 나타난 뉴 에이지 운동의 경향들"(85-102)을 소개하고 있는데, 이것들은 뉴에이지 운동에 의한 결과들이 아니라 기존에 있는 것들이 뉴에이지와 같은 맥락에서 이해될 수 있음을 지적하는 것이며, 있다고 해도 그것이 동양적인 세계관의 영향력의 한 결과일 수도 있음을 말하고 있다. 왜냐하면 한국교회와 동양사상의 만남은 이미 오래 전부터 진행되어온 것이었기 때문이다. 한국 기독교는 이미 여러 측면에서 동양사상과 동양종교의 요소들을 수용하고 있었다. 내면의 변화를 통해 외부세계를 변화시키려는 메커니즘을 잘 알고 있는 한국 기독교가 뉴에이지를 반문화 반종교 운동으로 규정하며 반기독교적인 실체로 받아들이는 모습은 오히려 낯설게 여겨질 뿐이다. 김성수 역시 한국교회의 반

응이 미국의 반응을 그대로 수용한 것임을 말하고 있다.

164) 한국기독교는 초기에는 기독교 문화운동으로 인식되었지만, 후에는 문화적인 측면에서 낙후성을 면치 못하고 있었다. 토착화 논의는 기독교사상과 문화에 있어서 한국적인 특성에 대한 관심을 촉구했고, 특히 한국종교문화의 기독교적 인식에 큰 성과를 나타냈다. 한국문화신학회의 활동은 이 분야에서 괄목할 만한 결과물들을 해마다 내놓고 있다. 문제는 이러한 논의와 활동들이 뉴에이지에 의한 직접적인 자극에서 시작된 것인지는 아직 확인되고 있지 않다. 문제는 관련된 글을 쓴 저자들이 글의 출처를 밝히고 있지 않아 마치 독창적인 의견으로 비치고 있다는 데에 있다. 그러나 한국의 토착화논의는 미국과 유럽에서 일어난 동양사상을 재인식하려는 흐름과 무관하지 않다는 점에서 뉴에이지적인 문화운동에 대한 반응으로 한국기독교 문화운동이 활성화되었다고 볼 수 있다. 다음을 참고: 졸고, "한국 신학의 '신학적 과제 인식'에 대한 신학적 성찰", 『한국문화와 예배』, 한국문화신학회 편, 한들, 1999, 216-249.

165) 엠마오, 154.

166) 사탄주의로 보는 견해에 대해 다음을 참조: 엠마오, 44ff.

167) 신태균, 94.

168) 예컨대 신상언, "뉴에이지의 얼굴로 우리 곁에 서있는 사탄", 41.

169) 허성수, 34.

170) 예컨대, 뉴에이지가 비록 세속적인 인본주의를 덧입은 하나의 종교로 인식된다 하더라도 좀 더 진지한 태도가 요구된다. 타종교에 대해 어느 정도 관용적인 태도가 권장되는 이 시대에 뉴에이지를 사탄의 음모로 인식하거나 기독교 주적의 대상으로 삼는 태도는 신학적 근거가 충분하지 않은 비판일 뿐이어서 철저하게 무시될 수 있다. 또한 21세기를 이끌어 갈 과제를 갖는 기독교인의 삶에도 결코 적합하지 않다.

171) 예컨대 마약사용에 대한 태도는 전면적으로 포기됐고, 뉴에이지에 대한 표현

을 '물병자리 시대'라고 본 것은 단지 새로운 성격을 갖는 시대를 표현하기 위한 것임이 명시되고 있음에도 불구하고, 상당수의 글들은 뉴에이지가 마치 마약사용을 계속해서 권장하고 있고, 또 점성학에 근거하고 있다고 보고 있다.

172) 신복윤, 95.

173) Lucian Boia, 『상상력의 세계사』, 동문선, 2000, 21-22.

174) 이 부분의 전반부는 필자가 지난 1997년 출판한 저서 『종교와 사회』(문경출판사)의 제2장 현대사회와 종교 중 특히, 제3절 "뉴에이지 운동의 사회 문화적 의미"(41-50쪽)에 수록된 내용의 일부를 약간 수정하여 옮겨 온 것임을 밝힌다.

175) Robert Wuthnow, *Experimentation in American Religion: The New Mysticisms and Their Implications for the Churches* (Berkeley: University of California Press, 1978), 3쪽.

176) Cornel, West, "The 80's: Market Culture Run Amok," *Newsweek*, 1994년 1월 3일자, 48-49쪽.

177) Nicholas Abercrombie, et al. *The Penguin Dictionary of Sociology* (London: Penguin Books, 1984), 59쪽.

178) James D. Hunter, *Culture Wars: The Struggle to Define America* (New York; Basic Books, 1991).

179) 이 같은 문제의식은 뉴에이지 운동을 최초로 종합하고 정리하여 백과사전으로 편찬한 감리교 목사이자 신종교연구가인 멜튼(J. Gorden Melton)에 의해서 일찍이 제기된 바 있다. 즉, 그는 "반(反) 뉴에이지 운동에 관한 문헌들의 질은 의심스럽다. 이것들은 뉴에이지 운동을 경멸하는데 만족할 뿐, 이 운동에 대해서 정면으로 맞서서 정직한 비평을 내놓지 못하고 있다"고 주장하였다. J. Gorden Melton, *New Age Encyclopedia* (New York: Gale Research Inc., 1990), xxxi 쪽 볼 것.

180) 유일신 및 인격적 신관을 갖고 있는 기독교 진영에서 나온 출판물과 웹사이트들은 대체로 뉴에이지의 신조와 믿음 중 특히 일원론(monism), 범신론(pantheism) 및 종교적 혼합주의(religious syncretism)를 비판하고 있다. 즉, "모든 것은 하나고, 모든 것이 신이며 또한 신은 모든 것이어서 결국 모든 종교는 진리이다"는 식의 뉴에이지 진영의 주장을 비판한다.

181) 필자는 현대 사회의 구조적 변동과 종교의 변용(變容)에 관한 이론적 배경으로서 제도적 분화, 권위와 정당성의 위기, 다원주의, 사사화(私事化)에 주목한 바 있다. 김성건, 『세계화와 문화변동』(서원대 출판부, 2005), 제1부 세계화와 현대 종교의 구조적 위기, 특히 14-16쪽 볼 것. 종교의 사사화와 영성의 세계적 부흥에 관한 이 글의 이하 논의는 이 부분에 크게 의지하고 있음을 밝힌다.

182) Thomas Luckmann, *The Invisible Religion: The Problem of Religion in Modern Society* (New York: Macmillan, 1967); Robert Bellah, "Civil Religion in America," *Daedalus*, 96, 1967, 1-21쪽.

183) 이와 관련하여 보다 자세한 논의로서, 필자의 『세계화와 문화변동』, 제1부 "세계화와 현대 종교의 구조적 위기"(11-70쪽)를 볼 것.

184) 김성건, 『세계화와 문화변동』, 59-60쪽.

185) Russell Chandler, *Racing Toward 2001: The Forces Shaping America's Religious Future* (Grand Rapids, Michigan: ZondervanPublishing House, 1992), 191-198 쪽.

186) Robert Wuthnow, *After Heaven: Spirituality in America Since the 1950s* (Berkeley: University of California Press, 1998).

187) Thomas Luckmann, "Shrinking Transcendence, Expanding Religion"? *Sociological Analysis* 50 (1990), 127-138쪽.

188) Wayne Baker, *America's Crisis of Values: Reality and Perception* (Princeton, NJ: Princeton University Press, 2005), 168쪽.

189) Harold Bloom, *Omens of the Millennium* (New York: Riverhead Books, 1996).

190) Wuthnow, *After Heaven*. 우스노우는 미국에서 영성의 증가는 옛 영성과 새로운 영성 그리고 종교적 요소들이 혼합한 것이라고 본다.

191) Baker, *American Crisis of Values*, 168 쪽.

192) Baker, *America's Crisis of Values*, 169쪽.

193) James Redfield, *The Celestine Prophecy* (New York: Warner, 1993), 180-217쪽.

194) Baker, *America's Crisis of Values*, 170-171 쪽.

195) Daniel Bell, *The Cultural Contradictions of Capitalism* (New York: Basic, 1978).

196) Ronald Inglehart, *Modernization and Postmodernization. Cultural, Economic and Political Change in 43 Societies* (Princeton, NJ: Princeton University Press, 1997).

197) Ann Swidler, "Culture in Action: Symbols and Strategies," *American Sociological Reivew*, 1986(April), 280 쪽.

198) Robert Bellah, " The Protstant Structure of American Culture: Multiculture or Monoculture?" fall lecture in Culture and Social Theory, Institute for Advanced Studies in Culture, University of Virginia, 2000

199) Amitai Etzioni, *The Monochrome Society* (Princeton, NJ : Princeton University Press, 2001).

200) Baker, *America's Crisis of Values*, 172쪽.

201) William James, *The Will to Believe* (Cambridge: University Press, John Wilson and son, 1896). 4 쪽.

202) Peter Berger and Thomas Luckmann, *The Social Construction of Reality* (New York: Anchor Books, 1967), 101-103 쪽.

203) Baker, *America's Crisis of Values*, 66쪽.

204) 윗글, 91쪽.

205) 세계적 시사주간지 TIME(2005년 2월 7일자)은 최근 미국에서 베스트셀러 『목적이 이끄는 삶』(The Purpose Driven Life)으로 잘 알려진 저명한 릭 워렌(Rick Warren) 목사 등 가장 영향력 있는 복음주의자 25인을 선정하여 커버스토리로 크게 다룬 바 있다. 이 커버스토리의 주인공으로 새들백교회를 이끌고 있는 릭 워렌 목사는 이 기사에서 양복 정장 대신 검정색 남방셔츠를 걸치고 나왔는데, 그의 책 『목적이 이끄는 삶』이 지난 2년간 2000-\만권 이상이 팔렸으며, 미국의 '새로운 대중'(New People)을 이끌어가는 대표 목회자로서 빌리 그레이험(Billy Grayham) 목사의 계승자라는 찬사를 받고 있다. 미국의 개신교중 대중들에게 최근 급부상하고 있는 새로운 패러다임의 복음주의 계열 교회에 관한 훌륭한 연구로서, Donald E. Miller, *Reinventing American Protestantism: Christianity in the New Millennium* (Berkeley: University of California Press, 1997) 볼 것.

206) 그런데 여기서 필자는 양자 사이에 '현상적' 수준의 동질성은 뚜렷이 있다고 보면서도 양자 간에 '본질적' 동질성이 존재하는지 여부에 대해서 논하는 것은 사실상 이 글의 범위를 벗어난다고 판단한다.

207) 1. 1960년대 중반이후 출발함 2. 회중 구성원의 다수가 1945년 이후 태생으로 비교적 젊은 세대임 3. 목사(목회자)의 신학 교육이 필수가 아닌 선택사항임 4. 예배(worship)가 현대적임 5. 평신도 지도력이 높게 평가됨 6. 수많은 소집단 사역을 하고 있음 7. 목사와 회중들이 통상 비공식적인 옷차림새를 함 8. 서로 다른 개인적 스타일에 대한 관용이 높이 평가됨 9. 목회자들이 잘 드러나지 않으며, 겸손하고, 또한 자기 계시적임 10. 예배 속에서 단순히 인지적인 참여가 아닌 신체적 참여가 정상임 11. '성령의 은사'가 긍정되고 강조됨 12. 성서 중심적 가르침이 주제

설교보다 우위에 있음. Miller, *Reinventing American Protestantism*, 20쪽.

208) 밀러는 미국에서 현재 '영성'을 추구하는 사람들에게 민감하게 반응하는 가장 대표적인 교회들로서, 빌 하이벨(Bill Hybels) 목사가 목회하는 일리노이 주 싸우스 베링턴에 있는 윌로우 크릭(Willow Creek) 커뮤니티 교회와 릭 워렌 목사가 개척한 캘리포니아 주 레이크 포레스트에 있는 새들백(Saddleback) 교회를 꼽고 있다. Miller, *Reinventing American Protestantism*, 237쪽, 각주 20.

209) Paul Heelas, "The Spiritual Revolution: From 'Religion' to 'Spirituality'", in Linda Woodhead et als, ed. *Religions in the Modern World : Traditions and Transformations* (London: Routledge, 2002), 357-377쪽.

210) Ernst Troeltsch, *The Social Teaching of the Christian Churches*, Vol. II, Trans. by O. Wyon (Loisville, Kentucky: Westminster/Kohn Knox Press, 1992), 515, 576, 691.

211) George Baring, "*The Index of Leading Spiritual Indicators*", (Word Publishing, Dallas: 1996). http://www.religioustolerance.org/newage.htm에서 재인용.

212) 대표적인 예로 마이클 호튼, 『미국제 복음주의를 경계하라』(서울: 나침반, 1996), 같은 이,『세상에 포로된 교회』(서울: 부흥과 개혁사, 2001), 같은 이,『미국제 영성에 속지 말라』(서울: 규장, 2005).

213) 곽용화,『당신은 뉴에이지와 그 음악에 대해 얼마나 알고 있습니까』(서울: 낮은 울타리, 1995); 립링거,『뉴에이지 성경역본들』(서울: 말씀보존학회, 1998); 신상언,『뉴에이지에 대한 연구와 대책』(서울: 낮은 울타리, 2001).

214) 박문수, 주원준,『한국의 종교문화와 뉴에이지 운동』(서울: 성바오로딸수도

회, 1998); Mark Albrecht, *Reincarnation: A Christian Critique of a New Age Doctrine* (Downers Grove: IVP, 1987); D. Clark, N. Geisler, *Apologetics in the New Age: A Christian Critique of Pantheism* (Grand Rapids: Baker, 1990); Richard Kyle, *The Religious Fringe* (Downers Grove: IVP, 1993).

215) Garrett Green, *Imagining God: Theology and the Religious Imagination* (San Francisco: Harper & Row, Publishers, 1989).

216) Ibid., 89.

217) 이때의 상상(imagination)은 가상(imaginary)이나 허상(illusion), 또는 환상(fantasy)과는 구별되어야 할 것이다. 상상은 실재하지만 육안으로 보이지 않는 대상을 볼 수 있고, 경험할 수 있는 통로이다.

218) '포스트모던 복음'의 개념은 복음이 시대마다 변한다는 것을 의미하는 것이 아니라, 포스트모던 시대에 모던 시대 복음의 편향성이 극복되어 원래의 복음으로 회복된 복음을 지칭하는 것이다.

219) Stanley J. Grenz, *A Primer On Postmodernism* (Grand Rapids: Eerdmans, 1996), 167.